JN155286

話者の言語哲学

［著］泉子・K・メイナード

日本語文化を彩る
バリエーションとキャラクター

To Michael

まえがき

筆者はここ数年、日本のポピュラーカルチャーのディスコースを中心に分析してきた。本書は、それら一連の研究を通して浮かび上がってきた「言語行為をする主体、つまり話者とは何か」というテーマを追うものである。分析にあたってキャラクターとキャラという概念を応用し、その言語使用をキャラクター・スピークとして日本語表現を分析する。より根本的には、考察の対象となるディスコースの言語現象から日本語における主体・話者という概念に迫り、ひいては言語行為をする私達自身を理解しようとする試みである。

本書では、ライトノベル、ケータイ小説、テレビ・ラジオのトーク番組、テレビドラマ、少女マンガという五つのジャンルのデイスコースを分析の対象とする。特に焦点を当てるのは、言語のスタイルを含むバリエーションである。具体的には、会話分析で明らかになった会話行為やストラテジー、社会言語学や語用論のテーマである方言やジェンダーを想起させるバリエーションやそのシフト、談話研究のテーマと関連するモノローグやレトリックの綾、などの諸相である。本研究では、これらの言語表現が根源的には私達の自己表現や演出のツールとしてあり、話者がアクセスできるリソースに他ならないという見方をする。そして脱デカルト的視点のもと、言語行為を主体的にしかも状況や必要性に応じて使い分ける重層的なパフォーマンスとして理解し、話者をその複合性という概念で捉える。話者についての問いかけは、我、自己、自分という永遠の哲学的テーマに繋がっており、筆者はその探求態度を「話者の言語哲学」と名付けたい。

私達は同一の話者が同一の会話で複数のキャラを演じ分けたり、ある特定の場において異なった個性を強調したり、他者のイメージに瞬時に乗り移ったりする現象を目の当たりにする。一般的に「キャラを演じる」とか「キャラが違う」と言われている現象を含め、いろいろな話者のイメージが混在する現象とは何なのだろうか。一方、私達は言語のバリエーションのステレオタイプを逆手にとって、話者のある側面を強調したり、補足したり、隠したり、さらにエンターテインメント効果を狙って意図的に使ったりする。

確かに一貫して一定の視点から語るディスコース（例えば法律の言語など）も存在する。しかし、今多くの日本人に消費されている日本語文化は、実に多種多様のバリエーションに彩られている。少なくとも、大衆に支えられた言語の主体としての話者とは、通常考えられているよりはるかに複雑で流動的な存在である。もはや、従来のアプローチのみでは、日本の言語文化の状況を充分説明できないという焦燥感に駆られる。

本書では、話者の根源を日本の哲学や宗教が前提とする絶対無の空白の場所における自己と認識し、それを埋める複数のキャラクターやキャラとして多重的・流動的な存在として捉えていく。自己が解放されているからこそ、そこには多くの話者が具現化し、バリエーション豊かな表現を通して複数の話者が登場するのである。

日本語学の観点から言えばこの立場は、主語的論理から述語的論理へのシフト、命題よりモダリティ・陳述の重視、日本語に観察されるいわゆる主観性・間主観性の問題などに繋がる。ただ、従来の研究の多くは日本語の文法を中心に論じてきており、談話上のスタイルや言語のバリエーションという問題と充分関連付けられていない。本研究では、この問題意識に基づいて筆者の場交渉論、トピック・コメントという軸、パトス的な言語としての日本語、などをヒントとしながら、懸案として残されている話者の正体を直視していきたい。

本書でテーマとする話者とは私達自身であり、それは定着し孤立した我として存在するわけではない。日々の瞬間を重ねながら、私達は変動する自分を表現し演じ続ける。それはキャラクター・スピークとしての言語を利用することで可能になり、そのプロセスで複数のキャラクターやキャラが設定される。この意味で、言語は私達にどんな自分をも創り得る力を与えてくれる。自分はひとつではなく、ましてや社会によって規制されるのではなく、揺れ動く複数の側面を持っている。そこに認められる話者の複合性は、私達がひとつの固定された自己という息苦しさから逃れ、自由になることで救われることを可能にする。本書で展開する話者複合論は、がんじがらめになった自分ではなく、社会に拘束されつつも、それを打ち破って幾つもの自分を生きることを可能にする世界を提供する。

西欧の学問は、ともすると独我論に陥りがちであった。明治以降の学校文法の不自然さは言うに及ばず、理論言語学や認知言語学にしてみても、日本語にうまく応用できない点があるにも関わらず、世界に共通する学問として提唱され、また、日本の学識者達もそれをそのまま受け入れてきたように思う。例えば関連性理論という分析の枠組みを紹介がてらそのまま受け入れ、それが日本語にいかに応用できるかを示すことが学問だと考えている風潮がなきにしもあらずである。現在、このような過ちを認め、例えばEmancipatory Pragmaticsなどのアプローチが提唱されているが、その日本語を含むプロジェクトにおいても、むしろ膨大な日本の学問を軽視しがちである。従来日本で成されてきた伝統的な学問を無視し、あたかも新しい学問として紹介するという片手落ちの研究態度が見え隠れする。未だに日本・日本語から説得力のある理論を発信することが充分に成されていないことを考えると、日本と西欧の両者の学問の流れを振り返りながら前進するという作業の必要性と緊急性が大きく浮かび上がる。

筆者は本研究で話者という概念にチャレンジするため、西洋と日本の伝統を取り入れ、言語哲学のアプローチを試みる。筆者は他の学者の理論や分析の枠組みをそのまま従順に受け入れるのをよしとせず、過去の研究においても西洋の言語研究の主流に常に疑問を投げかけてきた。言語学者が勝手に作り出す例文をデータとしていたのに対し、言語の実際を分析することの重要性を指摘し、書き言葉中心であった言語分析を実際の話し言葉を分析する会話分析に導き、同時に文という単位を超えた談話としての言語を見つめてきた。言語の規則や慣例を逆手にとった自由な言語表現に焦点を当てたり、会話におけるノンバーバル記号や、ポピュラーカルチャーのディスコースにおけるビジュアル記号を無視しない立場をとってきた。理論の枠組みに関しては、なるべく広く西洋と日本の先行研究を参考にしてきた。そして独自の言語理論を打ち立て、分析・考察してきたが、本研究でさらにそれを深めたいと思っている。

この作業は日本語による日本語の分析というしごく日本的なものである。分析するデータは日本語ならではの特殊な言語文化の財産として存在する。そして、今、筆者が書き綴っている日本語という言語は単なる言語現象ではなく、その言語を含む社会や文化が存在し、その深層には日本・日本語的な我・自己・自分の概念が潜んでいる。本研究はそのような知のコンテクストで生まれたものであり、その誕生は運命的なものであるかもしれない。

しかし筆者は、日本の言語文化という特殊な現象を課題としていても、いやそうだからこそ、それを広く深く追求することで、言語の普遍性に繋げていくことができると考えている。複数の知のあり方が、インターネットを含む様々なメディアを通してグローバルな舞台で競われる時代が到来した昨今であればこそ、日本と日本語を出発点とする研究が何らかの答えを提供することができるように思う。本研究の話者複合論に代表される言語哲学の立場は、従来の言語理論を覆すことになり、それはある意味危険な作業であるかもしれない。しかしそこに学問のオリジナリティが隠されているのであり、それこそが、日本・日本語から世界に向けて発信できる新しい知の姿のひとつになり得るのではないかと思う。

本書には日本の、特にポピュラーカルチャーとしての言語文化を彩る多くのディスコースが登場する。これらの言語現象は、従来の日本語の使用をはるかに超えた創造的なエンターテインメントとして現存する。本書で分析する作品の制作に関係した多くの方々、作者の方は言うまでもなく、ラジオやテレビ番組に登場する俳優、タレント、監督、プロデューサーの方々に感謝の意と尊敬の念を表したい。ポストモダン社会の日本では、研究者が注目せざるをえないような興味深い言語文化が日々制作され続けている。今、日本の言語文化を彩る作品群は、多数のメディア関係者の方々による努力の結晶なのであり、分析する立場にある研究者としてそのデータに真摯に向き合っていきたい。

なお、筆者のポピュラーカルチャーの分析で、最近の拙著には『ライトノベル表現論　会話・創造・遊びのディスコースの考察』（明治書院2012）、『ケータイ小説語考　私語りの会話体文章を探る』（明治書院2014）、及び*Fluid Orality in the Discourse of Japanese Popular Culture*（Amsterdam: John Benjamins, 2016）があるので参照されたい。本書は日本語で綴ったものだが、外国語としての日本語を読む研究者が増加している昨今、日本語で書かれた本書も、ポピュラーカルチャーの多くの作品がそうであるように、より広いコンテクストで読んでいただけるのではないかと思う。

本書の出版にあたり、くろしお出版の斉藤章明さんに大変お世話になった。筆者は1993年に出版された『会話分析』以来、くろしお出版さんにお世話になり続けている。言語学、日本語学、日本語教育学は、学問領域のすべてがそうであるように、大きく変化しているが、常に筆者の学問上の冒険をあたたかく受け止めてくださるくろしお出版の皆様に感謝いたします。

2016年夏
ニュージャージー州にて

目　次

第1章
話者という根本問題と言語哲学

1.1. 話者について問う意味：話者複合論へ

私達は言語を通して他者と繋がっている。その他者とのインターアクションにおいて、相手が直接目の前にいる時もいない時も、私達は言語の主体として機能する。この言語の主体をここでは広く「話者」という表現で捉えたい。話者は言語行為に従事する者という意味で、書き言葉も話し言葉も含み、言語が談話として実際に使われる時に具現化する。そして、話者も他者も一貫した個として存在するわけではなく、流動的で可変的であることにも留意しておきたい。話者は言語理論ではその存在意識が薄く、多くの場合議論されることのないまま、何らかの方法で文を作ってそのまま発話する人、といった主体性のない存在として捉えられてきた。筆者は話者を根本的には、創造的に言語行為に参加し複数の自分を演じる者として捉えたい。

話者の行為は一種のパフォーマンスとして理解することができるのだが、そのパフォーマンスを通して、私達はいろいろなイメージとともに自分を提示する。その瞬間、私達は「言語の主体」としてそのような自分を生きている。確かに言語を通さない直感というようなものもある。例えば自然の美しさに心が洗われた時とか、深い愛情や友情に感動した時など、言葉にならない感情が押し寄せることもある。しかし、その時でさえ、感情の種類や程度は言語を基盤としたイメージを通して経験することが多い。そして私達が日常生活で経験する「私」という意識は、何らかのコミュニケーション、それも相手とのインターアクションを通して、しかも言語を媒介とした思索や情意を通して、具体化することが多い。

そのような言語の主体である話者とは、一体何者なのか。話者は言語を通してどんな私を表現し、どんな自分を生きているのか。私達は言語で何をしているのか。具体的には言語を使用することと人間の存在はどういう関係にあるのか。言語文化の中に現れる言語のバリエーションやスタイルは、話者とどういう関係にあるのか。そしてより根本的には、私達は言語を通して自分や相手である話者をどう理解し得るのか。これらの問いは、言語学的であると同時に哲学的である。言語哲学的であるというのは、もともと哲学とは言語によってものごとの本質を捉えていく営みだからである。そして哲学的思索の根底にある「私」とは何なのかという存在論的な問いが、常に言語を通して成され、その答えも言語で表現されることが多いからである。

古来、多くの哲学者や思想家達はその思索を深め、「我」や「主体」の概念を問い正す時、それが不充分で誤解を招くような方法であったとしても、何らかの形で言語の問題に触れないわけにはいかなかった。この傾向はいわゆる西洋の言語哲学にも、日本の哲学や国語学にも認められる。言語における主体の問題は、異なった分野の分析や解釈を巻き込むものであるが、特に話者の概念は言語研究者にとって、過去・現在・未来にわたる永遠のテーマであり続けるにちがいない。

一方、そのような学問上の必然性を除いても、私達の日常の言語使用にはむしろ素朴な形で、自分や相手がどう把握されるかについてのヒントを与えてくれる現象が存在する。それは「私」という語彙が使われたり避けられたりすることや、「自分」という再帰代名詞が使われることだけでなく、話者の発話・発想態度を示す一連の陳述表現、広くは「談話のモダリティ」(discourse modality)を指標する表現(Maynard 1993)が使われることにも観察できる。加えて言語使用に観察される豊かなバリエーションやスタイルは、話者としての自分と他者としての相手との、間主観性に支えられた相関関係を無視しては語れない。言語はあくまで誰かによって創造され、何らかの対象や相手に向けて発表され、その文化の中で消費されるからである。ひとりごとを言ったり、自分に向かって話しかける時でさえも、自分という相手が想定される。そこには常に間主観化された話者と他者、自分と相手といった要素がつきまとう。そしてそこで体験される自分は孤立した単一体ではなく、必然的に相手との関係性の中で変化しつつある複合体である。

言語と話者の関係に焦点を当てる言語学の領域のひとつに、語用論がある。Mey (1993) は、まず、語用論は言語そのものを扱う科学ではなく、生身の人間が何らかの目的のために、自らの力の及ぶ範囲で使用する言語の様相を研究する科学であることを強調し、語用論とは「言語の使用者との関係から言語を見つめる科学」(1993: 5) であると主張している。[注1] そして、言語が伝える情報より、言語の使用状況に焦点を当てることの重要性を説く。Meyは実際のところ、言語学者として「人々が言うことの真偽を問うより、なぜそのようなことを言うのか、その理由を明らかにする方が興味深い」(1993: 14) とも述べている。[注2]

もっとも、語用論の立場に限らず、言語を考察することは言語行動に従事する話者に繋がる。もちろん言語をどう捉えるかにもよるのだが、言語を人間の営みとして理解するために、話者の解明という最も根源的な問いかけに辿り着くのは、ごく自然の成り行きであろう。筆者は言語と人間の思想・感情・心理を探る学問の中で、特に話者 (主体、自分、自己、自我など) と、相手 (他者、他我など) とその言語行為との関係を探ることが、最も根本的な研究テーマのひとつであるとしてきた。本書は、筆者が考えている言語哲学という立場から、このテーマを追う試みである。具体的には、言語の主体としての話者と、言語表現を通して具現化するキャラクターや、後述するようにステレオタイプ化されたキャラクターの一側面としてのキャラとの関係性を、キャラクター・スピークという分析ツールを用いて観察・分析・考察する。そして最終的には話者を単独で孤立した個体として捉える立場に反論し、肉体的にはひとりの人間であっても、言語の出来事に参加する話者は重複性・複合性を帯びるという話者複合論を展開する。

1.2.　話す主体・私としての話者

本書の中心概念である話者には、類似した表現が幾つかある。それらの相

注1　原文では the science of language seen in relation to its users (Mey 1993: 5) となっている。

注2　原文では it is much more interesting to try and find out *why* people say something than whether *what* they say is true or false (Mey 1993: 14 イタリックは原文のまま) となっている。

違点について、ここで簡単に触れておきたい。

話者とは、言語行為に参加する者で、その発話に焦点を当てて捉えた行為者を意味する。話者はいわゆる書き言葉にも話し言葉にも登場し、英語のspeakerと同じように言語行動一般に関して使う。「主体」とは話者を存在論的に抽象的に捉えた概念で、「自分」や「自己」と同様、内省的な概念である。哲学では主体に関しては、「我」や「自我」が使われることが多い。自己や自分は対象化され経験的に捉えられた自我であり、多くの場合、一定の社会状況に位置付けられた存在である。本書では話者を「私」として捉えることがあるが、それは行為の仕手としての自分に言及する際に使う。

要するに、話者とは談話に参加し、相手を支えたり相手と役割を交替したりしながら、何らかのコミュニケーションをする者である。会話ならその会話に参加する者、創作作品の中なら登場人物（作中人物）、語り手、作者などが含まれる。ところで、小説や一般的にポピュラーカルチャーの世界では、登場人物を指して「キャラクター」という表現が使われるが、本書ではキャラクターを分析用語として用いるため、データ分析の際には「登場人物」を使う。

話者と相関的に使われる「相手」は、話者が誰か・何かに向けて行動するその相互行為の参加者を指す。実際の言語行動では、相手は常に話者として交替する可能性を持っている。相手には会話の相手のみならず、作品の受け手としての読者・視聴者なども含まれる。哲学では筆者の言う相手は「他者」という表現が使われているので、筆者もこれに準じる。本書では話者に関連した多くの概念を以上の定義に従って使うが、文献の中で研究者が使う用語はそれに準じる。

1.3. 言語哲学的アプローチの試み

筆者は本書で新しい言語哲学として、日本の言語文化におけるポピュラーカルチャーのディスコースに焦点を当てて、話者の概念を洗い出すことを試みる。その作業は言語学と哲学の接点における考察を必要とする。そこでまず、先行研究の中から、広く言語哲学的アプローチと言える学問として、ふたつ例をあげよう。ひとつは、哲学するために有効な用語を発見するというあくまで哲学中心のアプローチであり、もうひとつは、言語分析から哲学的概念を拾い出すという言語学の枠内に入るアプローチである。最初のアプローチを代表して、哲学者和辻哲郎が日本語をベースとして試みた研究、特に『人間の学としての倫理学』(1934) と『人間存在の倫理学』(2000［1934］) を中心とした言語学的哲学をあげる。二番目のアプローチとして、言語学者Emil Benveniste が言語現象から話者の概念に迫る哲学的言語学のアプローチをあげ、特にその人称代名詞の研究 (1971) に触れる。この両者の研究には主体・話者をどう理解するかの試みがあり、その意味でも本書のテーマに関連している。さらに継続する項 (1.4.) で、言語哲学の研究を代表する発話行為理論について論じ、続けて、それらのアプローチの問題点を指摘し、本書で筆者が試みる言語哲学への理由付けとしたい。

1.3.1.　和辻：日本語ベースの哲学

和辻は日本語の表現を解釈・考察することを通して、日本的な哲学を打ち立てる。哲学者が言語について考察することは珍しいことではない。ただ、和辻は日本語の語彙や語句の特徴を敏感に捉え、その意味や概念をヒントに哲学的な思索をする点と、日本語の中に哲学の概念として通用する (または通用させることができる) 表現を探る点が独創的であり、この意味で言語と哲学の接点における考察であると性格付けることができる。

和辻が『人間存在の倫理学』(2000［1934］) の中で選ぶ日本語表現は、彼が唱える人間の学としての倫理学という観点を支えるための語彙である。まず最初に「人間」という語彙の語源を探り、次のような考察をする。「人」という表現は、自分をも含む人類としての人であるが、その中には同時に他人を指す使用法もある。この自分と他人を含む「人」に「間」を加えた場合、それは、単に自分、他人、世の中の人、を示すのではなく、これらの概念が人と人との関係に基づいていることを意味する、つまり、人間関係が限定されることによって自分と他人という意識が生じる、と理解できる。加えて和辻は、人の全体性 (つまり世間) を意味する「人間」が同時に個々の人をも意味することは、部分が全体においてのみ可能となり、全体が部分を通して全体になる、という弁証法的関係を示していると論じている。人間とは世間であると同時に、世の中に存在する人をも意味するのである。和辻はさらに、この現象は日本語の他の名詞にも観察されると言う。例えば「友達」という表現がひとりの友達の場合もあり、多くの友達を指す場合もある。日本語に単数・複数の表現上の違いが見られないことも、部分と全体の相関関係を物語っているとする。

人間は単なる人でもなければ単なる世間でもないという人間的な分析を通して、和辻独特の倫理学が生まれる。確かに人間を「世間」と「人」との二重の意味で使うことは、人間の本質をよく見抜いている。私達は言葉を持つ限り、個人の言語行為を通して社会的な意味をも伝えているのであり、孤立した自己としてのみ自分を捉えることはできない。和辻の人間的な倫理学は、その発表の数年前ドイツでハイデガーと交流したことに影響されてはいるが、むしろそれ以前から考えていた日本語的な哲学の体系化の試みとして注目に値する。[注3] ここには、独立し、社会を超越したデカルト的自我の解釈はない。和辻の思想は、17、18世紀の「我思う、故に我あり」という西洋個人主義的人間観(つまり、間柄に先立って存在し、契約によって社会を形成するという人間観)への挑戦であり、デカルト的自我が単なる仮構に過ぎなかったことを示唆している。

和辻(2000[1934])の言語哲学的なアプローチの例をもうひとつあげておこう。それは哲学上議論され続けてきた存在(Seinまたはbeing)という概念について、日本語でどう対処するべきかという問題提起である。まず、日本語では存在の概念を「あるということ」という表現で捉えるが、和辻はこの言い回しについて、次のような哲学的思索を重ねている。まず「ある」という概念を取り上げる時、それが「あるというもの」と言えないのは、「あるということ」という表現の中に、日本語が好む表現として出来事志向があるからであるとする。次に「という」という動詞表現に人称別がないことに注目する。「あるということ」の「いう」は誰が言うのか。それはそのまま誰にでも当てはまるのであるが、だからといって抽象性を意味しない。そうではなくて、具体的に、我言う、汝言う、彼言う、人々言う、など、特殊な人

注3　和辻哲郎は1927年ベルリンへ留学し、1935年その成果とされる『風土　人間学的考察』を出版する。これはハイデガーの『存在と時間』に対抗して場所を重んじる、つまり時間性だけでなく空間性をも組み入れた理論とされる(小牧1986)。

称を代表して誰かが言うと解釈するべきである。日本語に人称の特殊性を示す必要がないだけであって、そこに人称が不在であるわけではない。むしろ、特殊な人称を避けることでその言葉のスペースを空とし、一般性を支えているのである。その結果「あるということ」という表現が、「ある」や「あり」という哲学的な概念を示す表現として成り立つ。和辻は、以上の考察を次のような言葉で綴っている。

> 日本語は何人が言うかを度外視してただ「あるということ」と言い現わすことができる。しかしそれによって「言う者」がないことを現しているのではない。むしろ逆にすべての人が言う者となるゆえに特に何人が言うかを示す必要がないのである。だからこそこの「言うこと」が「あり」を一般的に現し得るのである。(2000 [1934]: 232-233 傍点は原文のまま)

こうして和辻は、「あるということ」という表現が、ドイツ哲学の「存在」という概念に匹敵するものだとして、その学問上の有効性を主張する。和辻のこの立場は、日本語を使って哲学的思索を深めるという意味で、確かに言語哲学の一部を成していると言える。ただ、後述するように、筆者が本書で探求する言語哲学は、日本語の語彙を中心として哲学用語を探すといったアプローチではなく、言語のバリエーションやスタイルに焦点を当て、それらが複数のジャンルを代表する実際のディスコースで、どのように使われるか、その表現元としての話者とは何かを論じるものである。

1.3.2.　Benveniste：言語表現から語る主体の概念へ

Benveniste (1971) はその人称代名詞の研究を通して、言語における主体の概念を探る。まず、一人称と二人称が三人称と根本的に異なる事実を指摘するのだが、Benvenisteは次のように説明する。言語はソシュールの言うラングのような抽象的なシステムではなく、コミュニケーション行為、つまりディスコース (談話・言説) として存在する。ディスコースは話し手によって現実化され、その都度一回きりの出来事であり、それを理解するのにはいわゆる語用論的な観点が必要になる。実際一人称代名詞の「I」という語の意味は、その語を含むディスコースの具体例によって、そしてそれのみによって解釈される。というのは「I」という表現が、それを発言するパロールにおいてのみ存在するに過ぎないからである。語の意味は一般に意味論の分野に属する問題であるのに対して、「I」の場合は、私達がディスコースの中で実際に「I」と「you」という間主観的関係を形成し、それを生きることでしか、その意味が理解されない。それゆえに「I」と「you」は、三人称と根本的に違うのである、と。

確かに私達は、一人称と二人称が会話の場面で常に入れ替わるのとは対照的に、三人称では指し示す他者が一定していることを知っている。大切なのは、主体という存在が、互いをサポートしながら「I」と「you」とを確認する言語行為とそのプロセスにおいてのみ可能になるという事実を認識することである。ここで、考える我として思索の中でのみ静的に捉えられてきた概念が、ディスコースに参加することで可能になる動的な「語る主体」として生まれ変わるのであるが、このプロセスをBenveniste (1971) は次のように捉えている。

> 人間の主体（主観）を構成するのは、言語において、また言語を通してのみ可能となる。なぜなら、言語だけが存在を形作る現実の世界の中で我を確立することができるからである。（略）我とは、「我」と言う者を指す。ここに我々は主体性（主観性）の基礎を認めることができる。その主体性（主観性）とは、人間の言語的立場によって決定される。(Benveniste 1971: 224筆者訳) [注4]

Benvenisteの「我」と言う者が我であるというテーゼは、コギトの我から語る主体・話す主体へのシフトを強いる。そして、考える主体ではなく言語行為に参加する主体を重視する方向、つまり、観念論ではなく語用論的談話論への方向転換を意味する。

興味深いことに、Benveniste (1971) は主観性を具体化する言語表現を「空白の」(empty) 記号と呼んでいる。言語には、話者が自分を「I」とし相手を「you」として意識することで、人 (person) として認識することができる

注4 原文は次のようである。It is in and through language that man constitutes himself as a subject, because language alone establishes the concept of “ego” in reality, in its reality which is that of the being. (…) “Ego” is he who says “ego.” That is where we see the foundation of “subjectivity,” which is determined by the linguistic status of “person.” (Benveniste 1971: 224)

ように、空白の記号が用意されているのだと主張する。そして話者は談話に参加する際に、人称代名詞をコミュニケーションの諸事情にふさわしい方法で使用することで、自分を人として認識するのだと言う。

こうして、Benvenisteはディスコースにおける人称代名詞の語用論的分析を通して、話す主体という概念を提案するのだが、特に自分という認識が、誰か・何かとの相関関係を通して初めて可能になることを強調する。人間は話し手として誰かと言語行為をしている時にのみ、「I」という代名詞を使う。その「I」は相手からは「you」となり、その相手は自分を「I」と表現する。この相互交渉プロセスで、人間は新たに相手の視点から捉えられた自分を「I」として提示することができる。この「I」は、自分の内面を指す「me」とは異なり、外側(exterior)を捉えたものである。Benvenisteは、「I」と「you」と「me」のこのような把握の仕方は他にはない言語使用独特の現象であり、私達が「I」と他者「the other」を理解するのは、弁証法的関係に支えられた相関関係によるのだと主張する。

人称代名詞がディスコースでどのように使われるかを観察することで、他者に依存する「I」と「the other」及び「I」と「me」の関係を明らかにすることができるとするBenveniste の立場は、確かに言語哲学的である。同時に、Benveniste(1971)が主張する話す主体の概念は、言語の構造のみならずその使用状況が、人間存在のあり方に課すひとつの条件であると理解することもできる。ただ、Benvenisteのアプローチもあくまで語彙レベルの観察に終わっているのであり、言語哲学のアプローチとしては不充分であると言わざるを得ない。

1.4.　言語哲学の手法

1.4.1.　発話行為理論という言語哲学とその問題点

前項で言語学と哲学の接点にあるふたつの研究を言語哲学的アプローチの代表として示したが、ここで「言語哲学」という研究分野について確認しておかねばならない。筆者は言語哲学という表現を従来の意味より広義で捉え、その新しいアプローチを提案するのだが、一般的に言語哲学として扱われる分野は、西洋では、linguistic philosophy とphilosophy of languageという二種類の研究領域として知られている。前者は言語を基盤にした分析哲学研究のことであり、後者は言語の構造、意味、使用、レトリック、などについての哲学的解釈を中心とする研究を指す。筆者の研究に関連しているのは後者であるが、その中でも特に言語研究に関連しているのは、後期 Wittgensteinの研究に影響を受けたとされる、日常言語に基づいた語用論的言語哲学である。言語使用の多様性が次第に明らかになり、言語の意味は論理構造の中からでなく、むしろ日常生活の中から明らかになることを指摘した学問の流れである。ただ、このアプローチは、根本的には言語自体についての問いかけを目的としていたわけではなく、あくまで哲学体系のためどのような言語理解が役立つかが意識されていた。

この流れの中から、従来の意味論に不満を感じていた特に英語圏の学者達による哲学が生まれる。彼らは、論理学上の抽象的なシステムの中でどのような意味が可能かを探るといった立場を避け、言語が日常言語として実際使われる場合、どのような意味を持つのかを考察しようとした。Austin (1976［1962］)、Searle (1994［1969］)、Grice (1975) に代表される「発話行為理論」(speech act theory) である。発話行為理論では、例えば記述文 (constative) に対する遂行文 (performative) の重要性を指摘したり、発話行為を、発語行為 (utterance act)、命題行為 (propositional act)、発語内行為 (illocutionary act)、発語媒介行為 (perlocutionary act) に区分けしたりする。そして使用される言語の意味には、会話の含意 (conversational implicature) が含まれることを指摘した。

次に、発話行為理論について、その弱点を幾つか指摘しておきたい。発話行為理論では発話行為動詞を使用する場合、ある一定の条件を満たせばそれが発話行為と判断されるという見方をする。しかし、動詞の表現をそのまま行為の遂行と結び付けることには、問題点が残る。言語行為動詞と言語行為の概念を同一視しがちで、その想定された関係性が誤解を招きやすい。例えば「promise」という動詞であるが、私達はそれを使わなくても約束することはいくらでもある。日本語に当てはめてみても、約束するために「約束します」などと言う必要のないことが多い。「じゃ、三時に」「三時ってことで」「いつもの時間に」などで、三時に会う約束をすることができる。発話行為動詞を伴うことが言語行為の指標であると言えるのだろうか。

「promise」に関しての問題点は、これだけではない。発話行為理論の枠組みでは、約束するという言語行為の必要条件として、例えば、話者に約束する事柄を実行する意図や能力があること、話者は約束する行為が相手に最良の利益をもたらすと信じていること、話者は未来の出来事を予言する意志があること、などの哲学的論拠をあげている。しかし、日常会話において、話者は上記のような条件をどの程度満たすのだろうか。そしてそのような哲学的立場は相手に伝わるのだろうか。伝わるとしたら、どのような表現を通してなのだろう。もし伝わらなくてもいいとするなら、話者に課された必要条件にはコミュニケーション上何の意味があるのだろう。実際問題として、話者は相手がどのように理解しているかを完全に把握することなどできない。しかし発話の条件を羅列するだけでは、実際のコミュニケーションで話者がどのようにしてその条件をどの程度満たしているかを相手に伝え、それが相手にどう受け止められるかという言語行為の根本原理を示すことはできない。結果的には片手落ちのアプローチに終わっているのである。

また、約束という行為についても、その意味はコンテクストに左右されるのだが、発話行為理論では、約束がどのような個人的及び社会的な要素と絡んでいるかについての配慮がなされていない。[注5] 誰かと会うというような約束なのか、社会的なルールを守るというような意味なのか、または、長い間守り抜く誓いのような約束なのか。「約束します」という表現が意味する約束は一様ではない。従って言語行為の条件なるものも当然異なってくるはずであるが、それについての考察はない。

Grice (1975) の「協調の原理」(cooperative principle) についても同様の問題点がある。Griceは会話に参加する者は、その表現が相手に正しく伝わるように努力するが、それは量の原理 (principle of quantity)、質の原理 (principle of quality)、関連性の原理 (principle of relevance)、作法の原理 (princi-

---

注5　筆者は今まで日本語の著書で、text と context のカタカナ表記として、テクストの代わりにテキストを、コンテクストの代わりにコンテキストを用いてきた。しかし、昨今の日本の文献では、テクスト、コンテクストという用語が主流を占めているので、本書ではそれに準じる。

ple of manner）という四つの原理に支えられているとする。ここではあくまで誠実な話者の努力が想定されるのだが、その原理が完全に守られているかどうか、その遵守の程度をどう伝え、それを相手がどのように受け取るのかという点が無視されている。四つの原理は、根本的には話し手側の原理であり、意図的に守らない場合も含めて、それが確かに守られているか、そしてその状況が相手にどう伝えられるか、または伝えられないか、がはっきりしない。要するに相手の反応への配慮が欠如していて、あくまで、孤立したままの話し手中心の理論に終わっているのである。

語用論的研究の先駆けとされ、話者と相手との関係を重視するべきであると唱えているものの、発話行為理論の立場は、根本的には相手不在の原理に依拠しているのである。話者はあくまで独立した個、つまりデカルト的我として、自分の意思に基づいて行動する者と考えられている。一方、それが相手に伝わるような表現になっているかどうか、相手がどのように呼応・反応するかについては充分な考察が成されない。その結果、デカルト的アプローチを踏襲した理論に終わっていると言わざるを得ない。

また、発話行為理論の会話の含意（conversational implicature）という概念については、文化的な差異に充分な注意が払われていない点が残念である。「ちょっと寒いね」と客に言われて窓を閉めるというようなシーンが確かに認められるとしても、会話の含意に当たるものは数限りなくあり、日本語の会話と英語の会話では大きな差がある。例えば「今朝、スギ花粉の予想出たよ」または「PM2.5の分布予測だと今日は多いらしいよ」と言われて、窓をどうするかには多くの要素や条件が関わっていて、その場合の会話の含意とは何なのかを明示することは簡単ではない。いずれにしても、この場合も話者の発話のみに焦点が当てられていて、根本的には、発話の状況は相手を無視したパラダイムから抜け出ていない。

これらの誤解は、発話行為理論が発話行為を解明する理論として、あくまで実際使われる日常言語を分析するという名目でありながら、実際の会話分析をしていないことに起因する。実際の言語使用の現状を垣間見れば、発話行為がいかに複雑で変化に富んだものであるか、いかに相手の存在や行為に影響されるものであるかが一目瞭然なのだが、従来の哲学的アプローチには生きた言語が不在だったのである。そこでは話者はあくまでアプリオリな概念として理解されてきた。

なお、「言語哲学」を英語圏の言語哲学より広義に解釈すると、現象学、解釈学、実存主義、脱構造主義、批判理論、などのアプローチも含まれるとする立場もあることを付け加えておこう。ただし、これらのアプローチでは、存在や自我といった概念が追及されてはいるものの、具体的な言語現象の分析は成されない。このため、言語を基盤とする言語哲学の観点からは、有意義なものとは言えない。筆者の考えている言語哲学は、言語現象を観察することが必須条件であり、あるジャンルのディスコースから話者・主体を洗い出すことを目的としている。

また、既に触れたことであるが、和辻とBenvenisteの言語哲学的アプローチについても、不充分な点があることを確認しておきたい。和辻の語彙・語源ベースの解釈的アプローチでは、現在の日本の言語文化に観察される豊かなバリエーションやスタイルを視野に入れることができない。同様に、Benvenisteの人称代名詞の語用論的アプローチでは、談話レベルの現象を重視しているものの、分析するのは人称代名詞やその他の指示表現などを含む指標マーカー(indicator)のみで、バリエーションやスタイルには触れていない。分析の対象となる言語は、相変わらず語彙レベルにとどまっているのである。

1.4.2.　バリエーションから話者を洗い出す言語哲学

筆者は本書で次のような言語哲学を試みる。日本語の談話上の特徴、特に文体、話のスタイルなどをも含めた広義のバリエーションに焦点を当て、それをヒントに話者の本質に迫る。[注6] このプロセスで分析上のヒントとするのは、現在日本の社会とその文化に顕著に見られる「キャラクター」や「キャラ」という概念である。言語のスタイルやバリエーションが、ディスコースでどのような機能を果たしているかを分析する過程で、その表現選択の動機を探り、それがどんなキャラクターやキャラの設定と関連付けられるか、そ

注6　バリエーションには標準語、共通語、方言、世代差や性差を想起させる言語などの諸相のみならず、いわゆるスタイルも含まれる。ただしレトリックの綾や特に文体を意味する時は、それを強調してスタイルという用語も併用する。

れを介してどのような話者が提示されるのか、を探る。

例えば、内面描写としてのモノローグ内にいろいろなスタイルが使われる時、そこに現れる話者とは何かを問う。また、日本語のバリエーションのひとつであるおネエ言葉が、おネエキャラクターとして認められている話者、または、そうでない話者によって使われた場合、どのような話者のイメージを提示するのかを問う。さらに、フィクションとしての方言が使われ、そこに話者の意図的な受容や回避行為が認められる場合、それが話者とどのような関係にあるか、話者はどんな自分を表現したがっているのかを問う。筆者が考えている言語哲学とは、哲学上のテーマである「自我」「自己」「我」「自分」などの概念を、ディスコース現象の中の話者として洗い出す研究姿勢である。結論的には、話者は複合した話者として提示されるという考察に繋がる研究である。

このような言語哲学の手法として、次の手順が考えられる。まず、哲学上の問いかけについて、その先行研究を復習する。本書では、話者・主体の概念、特にその複合性について探求することを目的としているので、その立場が従来どのように扱われてきたかを調べる。具体的には、西洋哲学の歴史の中で、デカルト的な我がどのように理解されてきたか、どのようにして反デカルト主義・脱デカルト主義という方向が顕著になってきたかについて理解する作業である。加えて日本の哲学者が論じてきた「我」や「自己」の概念を明らかにする。

次に、日本語文化の一部であるポピュラーカルチャーから、後述する五つのジャンルを選びその談話をデータとし、言語の主体としての話者を洗い出す。ポピュラーカルチャーをデータとするのは、それがポストモダンの日本の言語文化の代表的なディスコースだからである。ポピュラーカルチャーに観察できる日本語表現は、言うまでもないことだが、私達が日常生活で使う自然な日本語ではない。しかし、現在消費されているエンターテインメントの多くがポピュラーカルチャーの作品であることを考えると、若者を含む大衆の言語文化を理解するためには無視できないジャンルである。

データの分析方法は、あくまで質的で解釈的、つまり定性的(qualitative)であり、定量的手法(quantitative)は原則として使わず、第10章でごく限られた方法で導入するのみである。談話分析、会話分析、社会言語学、語用論、対照言語学、などの分析方法を適宜応用するのだが、本研究の定性的分析は、演繹的（deductive）と帰納的（inductive）方法の両者を応用したものである。筆者は先に、ポピュラーカルチャーを代表するライトノベルとケータイ小説のディスコースを分析したのだが、その研究（メイナード2012, 2014）を通して明らかになったことは会話体文章というスタイルであり、そこには登場人物と語り手の複数の話者の姿が観察された。この結果を受けて、さらにポピュラーカルチャーの他のジャンルでも同様の現象が観察できるのではないかという仮説を立て、話し言葉を含む他のジャンルをデータに選び、fluid orality（流動する口語体）という現象を考察した（Maynard 2016）。本研究ではこれらの研究結果を応用してさらに考察を進め、話者の言語哲学を新しく試みる。なお、本研究ではその分析目的に従い、あくまで限られた分析方法を採用していることを断っておきたい。例えば日常会話の分析においては、詳細な発話の様相を記述し分析することが期待されるが、本研究ではバリエーションやスタイルに焦点を当るため、それに有効な分析に制限してある。

なお、本書の前半で紹介する多分野にわたる先行研究の言説は、それ自体が分析するデータのコンテクストを提供する。このため言説自体も、広義のデータであると言える。哲学を含む先行研究と日本語分析を統合することは、従来の言語分析や談話分析では余り例を見ない。筆者はその意味でも、哲学的言説をガイドとして言語現象を考察する本研究の言語哲学的アプローチを、新しい試みとして捉えている。

ところで、筆者は本書で「バリエーション」という用語を使うが、日本語学には「位相」という用語も存在するので、それに言及しておくべきだろう。位相・位相差研究は、従来、用語面、特に語彙の差異や対立に見られる現象中心だったものが、より広い現象、例えば語法、文章や文体、言語に対する意識や価値観の対立、などの研究を含む分野を形成している。例えば、田中（1999）がその全貌を明らかにしているように、性差と世代差、社会階層による言葉の違い、専門語などの社会分野による特殊な言葉、タブーなどの心理的要因による言葉の違い、表現様式による言葉の違い、などが研究テーマとなっている。本書で扱うバリエーションは、特に、性差、世代差、地域差などによる言葉と、表現様式やレトリックの綾を含むスタイルである。

本書で焦点を当てるバリエーションには、例えば日本語の談話に用いられる借り物スタイルがある。借り物スタイルは第4章で復習するように、話者が他者のスタイルを一時的に借りてきて、そのスタイルがもたらす話者のイメージを効果的に導入する手法である。スタイルを混合することは、そのようなスタイルを用いる他者をステレオタイプ化し、そのイメージを自分の一側面として追加するストラテジーである。筆者は、このようなアプローチを通して、日本語に表現される話者の様相を探っていく。

ところで、和辻が日本語の動詞には人称別がないと述べたことは先に触れた通りであるが、そのような言語であればこそ、日本語ではバリエーションによってその人称別を伝えるのだと考えることができる。言語の構造自体のみに頼っていては容易に表現しにくい、または、表現できない側面をバリエーションを通して豊かに表現しているのである。日本語学的に言えば、叙述の方法に欠けている側面を陳述（広くは談話レベルのモダリティ）で補っているのである。それは主観性や間主観性という視点から見れば、日本語ではある言語手段が欠けていても他の手段で補うことで、主観化や間主観化が充分に実践されているということでもある。[注7]

なお、日本の学問の世界では、言語哲学という領域は西洋の学風に多くの影響を受けているものの、研究領域としては未だ確立していない。服部(2003)は数少ない試みのひとつであるが、言語哲学は「言語について考察を加える学問」であり、それは「言語についての疑問に答えようとする営み」(2003: 1)であるとしている。そして、特に、いわゆる言語学が答えられない疑問に答えようとするのが言語哲学であると強調し、例えば指示表現や固有名詞とその意味との関係、さらにはサピア＝ウォーフの仮説、語用論なども研究範囲に入れている。服部が考える言語哲学は、狭義の言語学が扱わなかったテーマを追うというものであり、筆者が考えている研究態度と無

注7　主観性や間主観性については第5章を参照されたい。

関係ではないものの、異なったアプローチである。

最後に、筆者が本書で試みる、言語のバリエーションをヒントに話者を探求するという作業は、より素直な意味で哲学的であることを確認しておきたい。それは筆者の言語哲学が、抽象的な理論言語学のアプローチに疑問を投げかけ、話者を軽視する学問の姿勢それ自体に挑戦するという意味においてである。私達は、広義の言語学の研究においても、ともすると、その根底に横たわる枠組みを鵜呑みにして、慣れ親しんできた手続きに従って研究活動に従事しがちである。このような場合でも、それなりに満足のいく研究を深め発展させることはできる。しかし、その手続き自体を深く問い正すことを怠りがちである。それは、言語の分析に焦点を当てるあまり、哲学することを忘れているからに過ぎない。学問の意味を問い、そのアプローチの仕方を問い、最終的には人間の根本的な課題に繋げていく行為こそが、哲学的な営みに相違ないのである。その意味で、言語とその使用に見られるバリエーション現象に潜む話者のあり方を探る、という本書の新しい試みは、(言語)哲学的である。

1.5.　話者と言語の相対的関係

さて、言語の主体としての話者の様相を考察する前に、確認しておかなければならないことがある。そもそも、談話現象から話者を洗い出すことは可能なのかという問いである。それに答えるためには、言語と話者の関係及びその両者が置かれた社会や文化との関係を確認しておく必要がある。特に問題となるのは、言語と話者の認識や思考の関係である。そこで、話者が言語と文化(より具体的にはコンテクスト)とどのように関連しているかを確認しておこう。

言語と文化の関係は、言語の相対性というテーマで論じられてきた。それは、ややもすると語彙レベルで短絡的に片付けられることがある。例えばある文化には「米」と「飯」という表現があるのに、ある言語には「rice」しかなくあくまで「boiled rice」と言う必要があるが、それは米を主食とする農耕文化においては細分化された意味の範疇が必要だからである、というような類のものである。ここでは、このような安易な思考経路を避け、言語と文化の関係、つまり、言語の相対性というテーマを掘り下げるために、Whorf (1956)、池上 (1981a, 1981b)、Vygotsky (1962 [1934]) のアプローチに触れておこう。これらの研究をヒントにすることで、談話現象の中に話者を探すことの可能性が浮かび上がってくるはずである。

1.5.1. 言語と思考の関係

Whorf (1956) がいわゆるサピア＝ウォーフの仮説のもと、文化的な傾向と言語のパターンの間に何らかの相関関係がある、という立場をとったのは半世紀前である。以来、言語と文化、思考の関係は、音韻体系、形態素、語彙、統語論のレベルで論じられてきた。またMaynard (1998) やメイナード (1997, 2003, 2004) で試みたように、それを超えた談話レベルでも考察されてきた。この学問の動向に関連して、Whorfが主張した「好まれる話し方のスタイル」(fashions of speaking) という現象が興味深い。例えばWhorf (1956) は「時間」とか「物質」という概念は、ある言語の文法体系によって決められるのではなく、典型的な文法上の類型の枠を越えたものとして理解しなければならない、と言う。語彙、形態素、統語レベルだけでなく、むしろ慣習的に決められた経験の基盤にある、好まれる傾向によって決められるからである。言語と文化の関係は、個別の現象に基づくのではなく、より全体的な傾向として捉えるべきだという立場である。

このサピア＝ウォーフの仮説をさらに深めていくと、人間の言語・思想・感情が文化の影響を受けるという考えに至る。そのような立場に池上 (1981a, 1981b) の考察がある。池上 (1981b) は言語の相対性を考える際には、言語の中に潜む精神あるいは基層とか原理と考えられるものをも追求するものでなければならない、と言う。池上は文化記号論的アプローチを採用することを勧めているが、その枠組みでは言語を文化活動の基本的モデルとして捉え、他の文化的様相を「第二次モデル化体系」とすることにより、文化を類型的に捉えることが可能であるとする。池上は『「する」と「なる」の言語学』(1981a) の中で、広範囲の日本語と英語のデータを対照分析した結果に基づき、それが作業仮説に過ぎないとしながらも、言語を対照的に捉えるには、文化や精神を含まざるを得ないと強調する。

言語と文化や思想の関係が、語彙や文といった単位から次第にそのレベルを拡大し、より深く考察されるようになったのは、ある意味当然のことのように思える。そして最終的には、談話レベルに観察される言語現象に基づいて、話者とは誰か・何か、という哲学的なレベルに到達するべきであろう。

さて、具体的にどのような意味で、言語使用と思考が関係しているかという問いに答えるには、Vygotskyの思想がヒントを与えてくれる。Vygotsky (1962 [1934]) は言語と思想と社会の関係を探る際、言語心理学の実験データに基づいて言語習得の過程を理解する。子供の思考認知能力は、言語を「内言語」(inner speech) として「内在化させる」(internalize) 過程を通して完成する。つまり、私達は最初、両親をはじめとした他者との接触を通し、その社会の中で人間関係を形成するものなのだが、言語が本当の意味で習得されるのは、この自己と他者との相互関係において存在する言語を、各個人の思考の中に内在化した時である、とする立場である。そして人間の高度の思考能力や認知能力は、この内在化された内言語を通して育てられるものであり、最初は人間と人間の間にあった言語が、人間の思考の内的な存在となっていく、という見方である。

大切なのは、言語の源泉が社会における人間の相互関係にあるように、その内在化した言語も、経験した社会の人間関係を反映するのだと理解することである。ここに言語と社会、そしてある社会の中で決められた言語を話す者の思考の相関性が見出せる。このVygotskyのアプローチをさらに広義に捉えたWertsch (1979) の立場を引用しておこう。

> もう一歩進めて考えていけば、人間の全ての高度能力は動物学的な進化論とか純粋な発生論などによって説明できるものではない、という考えにたどりつく。実際、高度な思考認知能力の基を成すそのメカニズム自体が、社会的な人間相互の行動の様相をそのまま移しとったものなのである。つまりすべての高度な思考認知能力は、人間の社会的な行動の「内在化」したものなのである。(略) 我々が思考作用のまっただ中にいても、その作用は擬似社会的プロセスなのだと言える。個人がプライバシーを守るその思想の空間においてさえ、人間は社会的な人間相互の行動としての思考を保ち続けているのである。

（Wertsch 1979: 164筆者訳）[注8]

Vygotskyは哲学的な思想や思索について言及していないが、人間の高度の思考がその話者を育んできた言語社会に影響されているのだとすれば、話者とは何かという哲学上の問いに対する答えも、やはり、ディスコースの中に発見できるのではないかと考えることができる。

1.5.2.　コンテクスト操作と自己コンテクスト化する話者

筆者はかつてMaynard（1989）やメイナード（1993）で、対照会話分析の視点から日本語とアメリカ英語の日常会話を比較した。その際、言語の特質だけでなく、人と人との接触の仕方（例えば会話管理のストラテジー）も内在化されると考えることができると主張した。本研究ではそれをさらに進めて、私達が言語の主体としての話者をどう理解するのかという点にも、私達が使う言語や経験してきた社会などが深く影響している、という立場を採る。

ところで、言語と社会の関係をより具体的に考察する際に浮上してくる概念として、コンテクストがある。コンテクストは社会言語学や語用論の重要な概念であり、テクストとコンテクストの相関関係がいろいろな方法で分析されてきた。ここでは、話者である言語の主体と密接に繋がっている「自己コンテクスト化」（self-contextualization）（Maynard 1989; メイナード1993）について復習しておきたい。自己コンテクスト化の概念で前景化される言語のストラテジーが、話者を理解する手法を提供するからである。

自己コンテクスト化とは、具体的には日常会話の話者の態度に観察される。話者が会話のある時点で、様々なコンテクスト情報をもとにある表現を選ぶ時、そのプロセスを自己コンテクスト化（self-contextualization）と呼ぶ。日常会話では、コンテクストの要素として具体的な会話の場や相手が認められ、話者の言語表現のひとつひとつは、そのコンテクスト情報に応えるよう

注8　原文は次のようである。We may even go further and say that all higher functions are not developed in biology and not in the history of pure phylogenesis. Rather, the very mechanism underlying higher mental functions is a copy from social interaction, all higher mental functions are internalized social relationships.（…）Even when we turn to mental processes, their nature remains quasi-social. In their own private sphere, human beings retain the functions of social interaction.（Wertsch 1979: 164）

に形成されている。また、一方、会話のやりとり自体がさらに互いのコンテクストを形成しているとも言える。つまり、コンテクストは発話を動機付けるが、その発話はまたコンテクストを形成する、という相互作用である。

自己コンテクスト化は、マクロレベルとミクロレベルで考えられる。マクロのグローバルな会話構造と、よりミクロのローカルな会話管理のストラテジーである。いずれにしても、自己コンテクスト化する時に選択される言語表現を観察することで、その表現を通して具現化する話者や話者のイメージを理解することができる。この意味で、コンテクストを重視する研究態度は言語哲学的アプローチにとって不可欠である。言語表現のみならず、マクロレベルとミクロレベルのコンテクスト（さらにそれに関する先行研究）を考察することで、話者は誰か・何かという疑問に対するひとつの答えを発見することができるからである。

1.6.　データ

1.6.1.　使用データ

私達は日本語のディスコースを分析する際に、何を日本語とするかという根本的な問題に直面する。研究者はどんな研究であっても全ての日本語を網羅することはできないわけで、どうしてもあるジャンルの談話を分析の対象として選ぶことになる。本研究では、ポピュラーカルチャーのディスコースを選んだのだが、その理由は次の通りである。

現在、日本の言語文化では、いわゆるハイカルチャーの影響力が限られたものになりその消費量が減少しているのとは対照的に、ローカルチャー、ポピュラーカルチャー、サブカルチャーと言われる領域の作品が多く創造され消費されている。マンガやアニメは言うに及ばず、ライトノベルやケータイ小説といった文芸が若者や青年層で人気を呼んでいる。アジアに、そして世界に進出するJ-Popを含むエンターテインメント作品の数々は、日本の言語文化を語る際には無視できない現象となっている。

言語学者や批評家は、しばしば正統的な文化の遺産となりうるもの（いわゆるハイカルチャー）を分析の対象としてきた。このような学問的風土の中で、筆者は何年もポピュラーカルチャーのジャンルを含む日本語を分析してきた。ドラマ、雑誌記事、マンガなどをデータとして選び、特にここ数年は、ライトノベル（メイナード2012）とケータイ小説（メイナード2014）を中心として、テレビ・ラジオのトーク番組、テレビドラマ、少女マンガを含むポピュラーカルチャーのジャンル（Maynard 2016）の研究に従事してきた。従来の枠組みを超えて新しいジャンルのデータを考察することは、それが、日本語文化の現状から見て妥当なだけでなく、日本語の本当の姿を知るために大切である。それだけでなく、新しいデータを考察することで得られる観点が、言語現象一般の理解や理論構築に繋がる可能性があることも忘れてはならない。異なった言語現象を観察することが、研究の枠組み自体を再考する契機になることが期待されるからである。

本研究ではライトノベル、ケータイ小説、テレビ・ラジオのトーク番組、テレビドラマ、少女マンガという五つのジャンルを選んだわけだが、その理由は次のようである。ライトノベルとケータイ小説は、ポピュラーカルチャーの書き言葉を代表するジャンルを構成している。ライトノベルは男子中・高生や20代・30代の男性を主な読者ターゲットとしていて、ファンタジーの世界を描くことが多い。その登場人物の言語やスタイルには多様なバリエーションが観察できる。ケータイ小説はその作者のほとんどが10代から20代の女性であり、読者層は女子中・高生が中心であり、20代・30代の女性も含まれる。内容的には恋愛経験を物語として告白調に綴ったものが大半を占めるため、語り部分に主体としての話者の言語行為を観察することができる。[注9]

ポピュラーカルチャーの話し言葉を代表するものとして、テレビやラジオのトーク番組を選んだ。トーク番組はもちろん編集されているので、自然の会話とは言い難い。しかしドラマと比較すると、より自然なままのインターアクションが観察できる。特にバリエーションのひとつとして、いわゆるオネエ言葉を研究テーマとするため、そのような喋り方をするタレントが登場する番組を中心に選んだ。

次にテレビドラマであるが、ドラマには日常会話にあるようなシチュエー

注9　ライトノベルとケータイ小説というジャンルについての詳細は、メイナード（2012、2014）を参照されたい。

ションを模した言語が使われる。それは、あくまでドラマの言語であるが、少なくとも大衆が理解できるような言語行為を模して（またはそのような意図で）プロデュースされ、多くの国民に消費される。ドラマでは意識的に方言を選ぶ登場人物が、フィクションとしてのバリエーションを利用するという興味深い現象が観察できる。本研究ではNHKの連続テレビ小説『花子とアン』と『あまちゃん』を主な分析対象とする。『あまちゃん』では、時には語り手の役目も果たす登場人物達が、意図的にフィクションとしての岩手方言を選択したり拒否したりする。そのディスコースには話者が自分をどう提示するか、その方策としての方言の受容と回避が観察できる。

最後に少女マンガであるが、少女マンガは吹き出しの外に置かれたモノローグの多さがその特徴のひとつとされる。吹き出しの外には、登場人物の発話や語り部分、さらにマンガ家のコメントと言えるような表現が登場する。この複雑な重層的なスペースに観察できる表現は、それぞれの話者の思想や感情を伝えるわけで、そこに具現化する話者の諸相に関連して興味深い考察が期待される。

以上のような理由からデータを選んだわけだが、本書で考察する現象は、その程度差はあるものの、これら以外のジャンルにも、そして日常使われる日本語にも観察できる現象であり、必ずしも特殊なものではない。[注10] もちろん、例えば日常会話に登場する話者がポピュラーカルチャーの日本語表現をどの程度使っているかを探ることは、本研究の範囲を超えているため、将来の研究に委ねなければならない。であるとしても、話者の言語哲学は日本語文化全体に、そして、他のジャンルの言語現象や日常会話にも観察できるということを指摘しておきたい。

なお、データとして選ばれた作品の中には、分析の過程でネタバレしているものがあるので、承知しておいていただきたい。

1.6.2.　記述方法

データの記述方法については、原則として原作に使われている日本語をそ

注10　例えばコスプレとしてドラマに使われる方言が、ケータイメールや首都圏若年層の言語使用に類似しているとする田中（2011）や、マンガのジェンダー表現が日常会話にも観察できるとする李（2011）などがある。

のまま再現する。ただし、ライトノベルとドラマのシナリオの縦書き文章は横書きに、マンガを含む書き言葉の原作のルビは省略、また、例として見やすくするために改行し、文ごとに番号を付けてあるものもある。

トーク番組と、脚本が入手できないテレビドラマは、次の記号を用いて筆者が記述した。

(( ))	あいづち
?	上昇イントネーション
。	発話末、下降イントネーション
,	発話の切れ目
[	話者と相手が同時に発話する時点
=	ラッチング、発話の直後、相手によって話者交替がなされる場合
#	ポーズ
〈 〉	発話や状況に関する筆者の説明・コメント

マンガについては、原作のビジュアル記号は再現せず、言語表現を中心に次の要領に基づいて提示する。

1. 縦書き文章は横書きにし、原作の横書き文章に限ってH(horizontal)を文頭に付ける。
2. 同一の吹き出し内、または、モノローグのスペース内に複数の段落がある場合、行変えで示す。
3. 原作の行変えは、一文字空けで示す。
4. 文字が手描きの場合はM(manual)を最初に付ける。
5. マンガで使用される数々の長音については、正しい長さを再現するのが困難なため、すべて、一文字分の長さとして示す。
6. 次の符号を使用する。

==　==	フレームのマーカー(ただし、フレーム内のすべての文章が提示されない場合はマーカーなし、または片方のみ使用)
「　」	吹き出し(しっぽ付きの風船型で発話内容が提示される)

『　　』　　吹き出し（泡型しっぽ付きの風船型で思考内容が提示される）

［　　］　　吹き出しの外で、単線の枠（四角枠や多角枠、また風船型を含む）に囲まれた浮遊するテクスト

7. モノローグで枠なしで浮遊するテクストは、そのまま提示する。

なお、データ提示の際下線を施す部分があるが、その方が見やすいと思われる個所にのみ、あくまで便宜上用いることにする。

1.7.　本書の構成

第1章では、まず本研究のテーマである話者について、筆者の根本的な立場を明らかにし、次に言語哲学を提唱する意図を述べる。言語と哲学の接点を論じる過去の研究を振り返り、その弱点を乗り越えるため、バリエーションの中に話者の本質を探究する新しい言語哲学を紹介する。その作業を支える背景として、言語と思考の関係と自己コンテクスト化を紹介し、さらに日本語言語文化の一部としてのポピュラーカルチャーに触れながら、本書で分析するデータについて説明する。

第2章では、広く西洋の哲学に目を向け、その中で「我」や「主体」がどのように理解されてきたかを追う。そして次第に支持されるようになってきた、より人間的で複雑な主体の捉え方について説明する。その過程で、20世紀後半言語学の主流となっていたChomskyの言語観とその反論に触れる。この章では西洋の言語哲学が相反する立場を維持しながら、文学評論や認知科学など広い範囲で複数の主体を認めるようになってきた動向を確認する。

目を日本に向け、言語の主体としての話者や自分という概念が、どのように解釈されてきたかを追うのが第3章である。日本の哲学、社会学、心理学などの広範囲にわたる研究から幾つかのヒントを得ることができるのだが、全体的に、孤立した話者を否定しむしろ空白としての自分を重視しながら、複数の自分の存在を主張する立場が顕著に見られることを確認する。この章では西田幾多郎の哲学、宮沢賢治の詩、平野啓一郎のエッセイという異なったジャンルの業績を考察のヒントとして紹介する。

第4章では、本研究の分析のキー概念となる「キャラクター」と「キャ

ラ」の概念の背景を探り、特に日本社会で使われるキャラとの違いを明らかにする。また、キャラクターやキャラに彩られる日本のポピュラーカルチャーに関する先行研究に触れ、キャラクターやキャラが主体を具現化する状況について説明する。さらに、本研究の分析概念としてキャラクターやキャラを実現する「キャラクター・スピーク」を紹介し、他のアプローチと比較する。

第5章では、話者の概念が日本語の現象とどのように呼応するかを明らかにするために、江戸時代からの国語学・言語学の成果を顧みる。筆者の「場交渉論」「パトスのレトリック」「談話のモダリティ」などについても簡単に触れながら、日本語の特徴である主体の潜在性や、言語表現に観察できる間主観性について復習する。そしてキャラクター・スピークを媒介として具現化する、複数の重複するキャラクターやキャラの提示に支えられる話者複合論の、構想と可能性について述べる。

第6章から第10章の五つの章では、それぞれ具体的な日本語データの分析を通して、話者のあり方を洗い出す作業にとりかかる。まず、第6章では、ライトノベルの作品の登場人物の会話部分に焦点を当てながら、話者がどのような主体として提示されるかを考察する。登場人物が一貫して使う特殊なバリエーションやスタイルシフト、また、一時的に使うキャラを付加するキャラクター・スピークなどによって話者の複合性が実現する様子を考察する。

第7章では、語り手としての話者がどのような様相を見せるかを、ケータイ小説の語り部分のキャラクター・スピークの分析を通して理解する。語り手は、心内会話や自分ツッコミなどの表現方法で、バリエーションを交えながら複数の話者として登場する。ケータイ小説は私について語る文芸ジャンルであり、その語り手としての行為を、話者の複合性に結び付けて考えることができる。

言語と性差については多くが語られてきたが、その中でも最近特にメディアに登場するおネエ言葉というバリエーションについて論じるのが、第8章である。おネエ言葉を自己提示の手段として一貫して使うキャラクターの場合も、時々導入することでエンターテインメントの一部として演じる話者の場合も、それぞれ複合する話者を実現する。この現象を、テレビやラジオのトーク番組の分析を通して考察する。

第9章では、言語のバリエーションのひとつであるフィクションとしての方言が、その使用、非使用、シフト、混合などを通して、複合した話者の表現となる現象を分析する。キャラクター・スピークとしての方言が重要な要素となるテレビドラマの分析を通して、方言が登場人物と語り手の両者のキャラクターやキャラを創り、話者の諸相を表現する手段として使われていることを考察する。

分析の最終章である第10章では、少女マンガの分析を通して登場人物と作者の話者複合性を探る。具体的には少女マンガの作品『ホットロード』『僕等がいた』『君に届け』の吹き出しの外に浮遊するモノローグに焦点を当てることで、バリエーションやスタイルシフトというキャラクター・スピークを通して複雑な内面が重層的に表現されることを理解する。具体例として、少女マンガに登場する男性的と言えるキャラクターを想起させるジェンダーバリエーションや、言いよどみという会話のストラテジーが頻出する状況を捉え、それが話者の表現ツールやリソースとなっていることを指摘しながら、話者複合性に繋げていく。

本書の最終章となる第11章では、話者とバリエーションの諸相をまとめ、日本の言語文化が複数のキャラクターやキャラとしての話者によるパフォーマンスとして形成されることを強調する。そこには、話者概念をサポートする哲学的思想を背景として、キャラクター・スピークというツールが言語文化を豊かに彩る様子が観察できる。最後に本書で探求する話者複合論というテーマを、言語哲学のひとつの姿として、世界に向けてその理論的立場を発信する可能性について語りたい。

第2章
西洋における主体と話者の捉え方

2.1. 対立し続ける立場

2.1.1. デカルトとHume

話者という研究課題は、「我」や「自我」の概念を追求する哲学と関係してくる。西洋哲学では我や自我の問題は古代からの懸案であり、特に近代ヨーロッパの哲学では最大の課題であった。具体的にはデカルト主義、そしてその解体という流れとして、哲学的考察の中心を占めてきたと言える。つまり、思索を通して確立した我を前提にした世界の構築を唱えるデカルトと、そのような我の概念を否定し、経験を通して変容する世界における感じる者と経験する者としての可塑的な我を唱える立場との対立が始まったのである。

デカルトが「我思う、故に我あり」という命題に至ったのは17世紀初頭である。人間の思索は過ちに満ちているかもしれないが、そう考える行為こそが、自分が存在する証であるという哲学の根本原理である。自我は外界から独立して、それ自身で存在する実体として捉えられた。自分の思惟を唯一の証とし、それを世界の一切を秩序付ける超越的意識に昇格させたのである。

デカルトはその代表作 *Meditations on First Philosophy*（Descartes 2001［1901］）の最初の省察で、哲学における第一段階は懐疑であり、哲学的探求は従来の見方や知識を疑うことから始めるべきだと説く。そして次にConcerning the nature of the human mind: That the mind is more known than the bodyという項目のもと、次のように述べている。

> 私は、先にこの世には何も存在しないという（懐疑的な）結論に達した。空も、大地も、精神も肉体も、何もないという考えに達した。そ

> れなら、同時に私も存在しないという結論に達したのかというと、全くそうではない。私が今このように結論付けたということは、そこに私が存在することになる。(略) さらに私は誰かに惑わされ騙されたとしても存在する。私は何かとして存在すると自分を説得させ続ける限り、どんな力によっても私は存在しないという考えに乗っ取られることはない。要するに今、私はすべて注意深く熟考する結果、次のような結論に達するのである。すなわち「私はある、私は存在する」という命題であり、この命題は私がこれを言い表し、または自分の思索の中で把握するたびに、必然的な真理としてある。(Descartes 2001 [1901] 筆者訳)[注1]

すべてを否定しても、内面の思惟行為だけは存在するというコギトの思想が、近代西洋哲学の根本原理として受け入れられるようになり、それは「我思う、故に我あり」という命題として思想界の中心概念となったのである。

しかし、自己というものが内面の思惟という超越的意識に依拠するとする立場を固執するデカルト思想には、その前提となる精神の肉体からの分離と、他者の否定という重大な問題が隠されていた。デカルトの立場では、思惟することが存在であると思惟するわけであるが、その思惟する者を前提としていない。しかし、身体がないのなら、つまり生身のデカルトがいないのなら、デカルトの意識だけがどこかに浮遊しそれが考えるという行為をすることになるのだが、これは奇妙な状況としか言いようがない。実際、私という人間がいないのにどうして私が考えることなどできるのだろうか、という疑問が残る。デカルト的思索では理性的に考えるという行為が余りに重視されたため、身体を備えた自己は精神の背後に追いやられた。その結果、考えることと生きることが同一視されたのである。

注1　原文では次のようになっている。But I had the persuasion that there was absolutely nothing in the world, that there was no sky and no earth, neither minds nor bodies, was I not, therefore, at the same time, persuaded that I did not exist? Far from it. I assuredly existed, since I was persuaded. (…) Doubtless, then, I exist, since I am deceived; and, let him deceive me as he may, he can never bring it about that I am nothing, so long as I shall be conscious that I am something. So that it must be maintained, all things being maturely and carefully considered, that this proposition (pronunciatum) I am, I exist, is necessarily true each time it is expressed by me, or conceived in my mind. (Descartes 2001 [1901])

同時にデカルト主義では、自我は外界から、つまり一切の他者から独立した主体とされた。自我は実体がないだけでなく、孤立したものとされたのである。こうしてデカルトは、酒井(2005)の指摘にもあるように、思惟と自我は同一のものであり、その自我は自己の内部で統一的に連続した存在としてあり、主体として考えたり行動したりするという「同一・連続・主体的という近代的自我概念の形成」(2005: 45)を成し遂げたのである。しかし、この他者を無視した自我の形成には、重大な問題が残された。

反デカルト、脱デカルトを唱え、正に、この同一的・連続的・主体的自我という概念に疑いを投げかけたのが、イギリス経験主義を代表するHumeである。Humeはデカルトから約1世紀遅れて登場するのだが、デカルトとは対照的に、理性より感情や直感・感知・感覚・印象を重視する。そして、理性のみによって到達できる真実を否定し、すべての真実は絶対的なものではなく変化するものであり、経験を通してのみ正しく理解されるとする。そして、人間の自我とは身体を通して感受するものであり、それは想像もつかない速さで継起し、絶えず流れ動いている様々な表象の束(a bundle of a collection of different perceptions)であるとする。人間の心は常に変化するもので、それを構成するのは絶え間なく成される感受のみであると唱えたのである。

Hume(1963)はまず自分の経験からして、あるものを感知することなくして捉えることはできないし、また自分が観察できるのは感知・感受して経験する以外にないという確信から出発する。[注2] そして、この感受という概念を基盤として、人間について次のように述べる。

> 我々人間は、感知・感受された異なった表象の束か、その集合であり、その表象は我々が知ることができないくらいの速さで連続し、それは常に流れ動いている。(略)我々の意識は演劇のステージのようなもので、幾つかの感受された表象が次々と現れ、過ぎ去り、また現れ、静かに去っていき、そして無限の対人的態度や状況の中に混在するものである。実際、その流れの中では、ある瞬間ひとつを抜き出してみ

注2　原文ではI never can catch *myself* at any time without a perception, and never can observe anything but the perception.(Hume 1963: 174 イタリックは原文のまま)となっている。

ても「単純性」は見られないし、異なった瞬間を通しての「同一性」も見られない。我々がそのような「単純性」や「同一性」があると想像したくても、そうはできないのである。(Hume 1963: 174 筆者訳)[注3]

この考え方は正に反デカルト主義であり、Humeの立場ではデカルト的自我が否定されるのみならず、人格の同一性も虚構に過ぎないとされる。デカルトは、根本的には近世の自然科学に数学を加えた知を重視したが、Humeにとっては、自然科学の科学たる所以は経験を重んずるところにあり、自我とはあくまで経験に基づいた受動的な存在であった。Humeの自我は流動的なものであり、本書で筆者が論じる話者複合論の立場と矛盾しない。

デカルト主義と反デカルト主義という哲学上の対立は、言語学の根本原理を左右することになる。デカルト主義を前提とする言語学は、その考察の基盤をあくまで自己の内面に依拠することになる。しかし問題は、その考察自体が何らかの私的言語を伴わなければならないことにある。抽象的な理論の枠組みを作り特殊な記号を駆使するとしても、思考の基盤は研究者や哲学者が使う言語によって可能になる。しかもその言語自体が、誰とも連動せず全く孤立したものであるはずもない。そうなると、社会と無関係の言語の理論などというものがそもそも可能なのか疑わしい。言語の意味は、個人の脳裏に浮遊する私的な財産などではなく、人と人との交渉によってはじめて意味が相互依存的に解釈される(メイナード2000; Maynard 2002)ものなのである。言語はあくまで対話性に支えられているのであって、孤立した話者によって実践されることは不可能であると言わざるを得ない。他者を無視するデカルト主義を前提とした言語学は、根本的な問題を抱え込むことになった。

一方、Humeの思想に基づく言語学とはどんなものだろうか。すべての「真実」は絶対的なものではなく変化するものであり、経験を通してのみ正

注3　原文では次のようになっている。I may venture to affirm of the rest of mankind that they are nothing but a bundle or collection of different perceptions, which succeed each other with an inconceivable rapidity and are in a perpetual flux and movement.（…）The mind is a kind of theater, where several perceptions successively make their appearance, pass, re-pass, glide away, and mingle in an infinite variety of postures and situations. There is properly no *simplicity* in it at one time nor *identity* in different, whatever natural propension we may have to imagine that simplicity and identity.(Hume 1963: 174 イタリックは原文のまま)

しく理解されるのであるから、言語を研究するためには多くの実例を経験として分析し、そこに発見できる意味や使用状況を吟味しながら考察を重ねていくより外ない。これは語用論を代表とするアプローチに繋がる。人間の自我が絶えず流れ動いている様々な表象の束であるように、そして心が継起する表象のみで形成されるように、言語の意味もまた、その瞬間ごとに可能となるものと理解できる。このような経験主義的言語学は、その枠組みや分析の方法が複雑になりやすいのだが、それは言語という現象を素直に受け止めている証でもある。

2.1.2.　心理学と主体

19世紀になると、アメリカの哲学や心理学が台頭してくる。本書のテーマと直接関係するのは、William Jamesである。哲学者・心理学者であったJamesの著作は多岐に及んでいるが、最も重要なものは心理学の根本思想を紹介する*Psychology Brief Course*（1984 [1890]）である。James（1984 [1890]）は、その著書の「自分」（self）というタイトルの章で、まず、自分は知る自分としての「I」と、知られた自分としての「Me」という関係の中で経験するのだと指摘する。つまり、私には自分が経験する対象である「Me」があり、その「Me」を知っている「I」は「純粋の自我」（pure ego）である。「Me」には、物質的自分（material me）、社会的自分（social me）、精神的自分（spiritual me）の三種が認められる。物質的自分とは体や衣服であり、社会的自分とは自分と関わりのある人から与えられるその人の価値である。そして、精神的自分とは自分の意識の総体を指す。

一方、自分を知る人としての「I」は、独立・確立したものではなく、それは「意識の流れ」つまり意識が過ぎていく状況（passing state of consciousness）としてある。そして、その流れは次から次へと繋がってはいるものの、孤立した物体として存在するわけではない。Jamesは「意識の流れというものがあると想定すれば、私達が何かを知るということは、その流れの中の鼓動、脈打つ一瞬、を指して言うと考えるのが最も自然である」（James 1984 [1890]: 178）と述べている。[注4] 確かにこの引用からは、Jamesの心理学が反

注4　原文では、*The simplest thing, therefore, if we are to assume the existence of a stream of consciousness at all, would be to suppose that things that are known together are known in*

デカルト主義として打ち立てられたことが伝わってくる。他の文面からも読みとれるのだが、Jamesは従来の誤ったアプローチを次のように性格付けている。まず、意識の背後に一定の永続する物質があって、それが意識の流れを変えたり、常置された行為者に行為を促したりする。その行為者は独立して考える者であり、意識はあくまで考えるための単なる道具か方法に過ぎない。そして、その永続する考える者としての自分が、今まで、魂、超越的自我、精神などと呼ばれてきたのだ、と。もちろんこの理解の仕方は、Jamesの反デカルト主義への動機付けに他ならないのだが、彼の立場が何についての反論なのかを理解するために有効であり、またそれは私達がともすれば陥りがちな信条への警告でもある。

Jamesが本書の内容と関係してくるのは、この流動的な自分の概念である。筆者が考えているキャラクターとキャラを通して具現化する話者は、常に変化するものであり、瞬時に認められるに過ぎない。デカルト的自我は単純明快であるとしても、言語使用の現状とは相容れないものであり、言語を観察・分析・考察する作業には有用ではない。

一方Jamesの宗教観や純粋経験という概念は、後に日本の哲学者、西田幾多郎に影響を与えることになる。[注5] Jamesは宗教を「個人が何か神聖だと考える何ものかとの関係に立ち、孤独の中に自分を置く時発見する感情、行動、そして経験」(James 1929[1890]: 379)であると定義している。[注6] 彼の寛容的な立場は、やはり従来のキリスト教という一神教に基づいた哲学や学問一般に対して異論を唱えたものである。筆者にはこれが単一の我を否定する契機となり、さらに独裁的で独善的な学問から、より開かれた学問へ繋がったように思える。

ところでJamesにとっての経験は、宗教的な経験の場合もそうであるが、

---

single pulses of that stream. (James 1984[1890]: 178 イタリックは原文のまま)となっている。

注5 後述するように、西田の場合は純粋経験という概念をさらに深め、それは無の場所における主客未分のままの経験を意味していた。

注6 原文では、Religion (…) shall mean for us *the feelings, acts, and experiences of individual men in their solitude, so far as they apprehend themselves to stand in relation to whatever they may consider the divine.* (James 1929[1890]: 379 イタリックは原文のまま)となっている。

明確なものだけでなく、輪郭のない漠然とした経験や状況なども含む。[注7] さらに、経験と他の経験の関係は、ある経験を促す対象と同じように重要であること、ある対象を理解するにはその他者に与える効果を知る必要があること、そのため物自体ではなく、あくまでそれを経験する過程で得られる理解が重要となること、を説いている。彼のアプローチは徹底的なものであり、原理的経験主義（radical empiricism）と言われるが、それはものごとの判断以前に純粋の経験が必須であるという、彼の揺るぎ難い立場の所以である。

こうして、デカルト的世界観から距離を置く心理学がアメリカに生まれ、それはプラグマティズムに繋がっていく。その根本には自分という概念がJamesの言う「I」と「Me」の関係に見られるように、純粋経験という根源的な経過を通して浮かび上がるものに過ぎないとする確信があり、そこには複数の側面を持った自分の姿が垣間見られるのである。

2.2.　言語学の動向と話者

2.2.1.　独立・孤立した話者というChomsky神話

近代における西洋の学問は、デカルトのコギトに象徴される理性的な内省と明瞭で理論的な考察という名目のもとに、あくまで科学的な分析と理解を目的にする傾向があった。そこではロゴスの知が求められ、人間的な、例えば記憶、心理過程、感情、想像力、神話などを含む「パトスの知」（メイナード1997, 2000; Maynard 2002）は否定されてきた。つまり、Buber（1970）の言う「I」と「you」という人間関係を基盤とした知識は無視されがちで、「I」と「it」（対象物）という関係に基づいた知識が高く評価された。人間が思惟する過程でのみ得られる抽象的な知識が重要視されたのである。と同時に話者という概念も、相手不在のままそして思考する身体を欠いたまま、独立・孤立した理性的な誰か・何かとして理解された。この近代思想を最も忠実に受け止めた言語学者はChomskyである。

Chomsky（1957, 1965）は、当時のアメリカの言語学者が考えていた言語学、つまりフィールドワークを通して生きた言語の記録と記述に従事する研

注７　この考え方は第５章で触れる西田幾多郎や宮沢賢治に、少なからぬ影響を与えることになる。

究態度を否定し、科学的な言語学は話者や話者が属す社会という概念とは隔離して（というよりそれらを否定して）、構築されるべきだと考えた。Chomskyにとって言語とは抽象的なシステムであり、ソシュールのパロール（Saussure 1966）を完全に理論構築から除外するかたちで、形式言語学を提唱した。Chomskyの生成変形文法（Generative Transformational Grammar）は、結局20世紀後半のアメリカ言語学会を牛耳ることになったのだが、この一連の学問の流れでは、生きた話者つまり実際に言葉を使う話者という概念は否定され、理想とされる話者（ideal speaker）が前提とされた。実際の言語行為はChomskyの言う「performance」という彼独自の概念と関連付けることで、Beaugrande（1998）が指摘するように、理想の言語とすりかえられ、言語の社会的な基盤を無視することに成功したのである。

Chomskyにとって言語理論とは独立した観念としてあるもので、実際の人間の言語行為とは別の世界に存在する。文構造を中心とする文法や音声学はそれなりの成果をもたらしたものの、広義の言語研究、つまり、社会言語学や語用論、加えて文より大きな単位を考察の対象とする談話分析などで現在テーマとなっている多くの課題は、理論の外側に置かれ無視されることになった。そして言語学では抽象的な思考が高度な知であるとされ、理論で説明できない事実に直面すると、その理論はミニマリスト・プログラム（Chomsky 1995）に代表されるように、ますます抽象化した。形式言語学の分野では内部的な批判はあるものの（Johnson and Lappin 1997）、Chomskyの「言語理論は理想的な話し手・聞き手が完全に同質の言語社会において、その言語を完璧に知っている者に限って構築するものである」（1965: 3）という基本的な態度は維持されている。[注8] これによって、前例を見ない徹底したかたちで極度に抽象的で理想的な言語学の世界が構築されたのであり、それは話者の概念にも影響を与えた。生きたコミュニケーションに参加する話者をあくまで抽象的な理論の枠組みの外に置くことが、理論上必須であるとされ、それは一部の言語学者にとっては実に好都合だったのである。

注8 原文では、“linguistic theory is concerned primarily with an ideal speaker-hearer in a completely homogeneous speech-community, who knows its language perfectly”（Chomsky 1965: 3）となっている。

2.2.2.　反・脱Chomsky言語観

しかし、言語の実際はそう簡単に片付けられるようなものではない。話者をどう捉えるかという問題は、言語をどう研究するかという根本問題に関わってくるだけに無視できない。その抽象的言語学と実際の言語を考察する研究態度の対立は、そのまま現在に持ち越されている。21世紀に入り、形式言語学的アプローチはその絶対的な信頼性を失ったものの、言語学やより広義の言語研究においても、根本的な話者への問いかけは充分に成されないまま現在に至っている。

このような動向の中でChomskyの誤ちを明示し、その理論に挑戦するのはBeaugrandeである。Beaugrande (1998: 791) は、理想の言語と本当の言語の違いをリストアップしているので、その一部を転載しておきたい。

理想の言語	本当の言語
文を単位	発話を単位
言語の潜在的な能力を重視	言語の実際の行為を重視
直感・内省による学問	発見のための手法に基づく学問
目に見えない事実を重視	観察できる発話を重視
フォーマルな記号に変換されたデータ	実際の言語行為を記録したデータ
理想の話し手・聞き手	実際の話し手・聞き手
完璧な、例外なしの知識	規則から外れた現象・知識
単一・同一の言語社会	複数・複雑な言語社会

このリストによって、理想の言語（それは虚構の言語でもあるのだが）が、私達が日常考えている言語の姿といかに無縁のものであるかが明らかになる。言語学に従事する者は、生きた人間が本当の意味で誰か・何かとの間主観性に支えられた場で発話する言語の実際を、無視してはならない。言語は抽象的な仮想の単位やシステムとしてではなく、複雑な言語社会において実践する人間の行為として存在するからである。そしてその言語には、言うまでもないことだが、規則から外れた行為を含む創造性に満ちた表現も含まれていることをも、承知しておかなければならない。

ところで、Chomskyの抽象的な言語とそれを作り出す理想的な話者、という命題には不思議なアイロニーが隠されていることを指摘しておきたい。それはChomskyが公の場で、言語学者と政治論評家・活動家というふたつのキャラクターとも言える側面を同時に持っていることから知れる。この場合の話者は複数であるばかりでなく、片方で言語(理論)の抽象性を唱えるにも関わらず、実際は実在する言語を現実的に使用して政治活動をするのである。あたかも、ふたりの話者がふたつの主体を表現しているかのように、である。この現実は、本書で論じる重層・複合した話者という論点を支える証となるデータを提供していると考えることもできる。

日本の言語学は、ともすると欧米の学問を鵜呑みにして、それらが日本にどう応用できるかという報告をするものが多かった。しかし、Chomskyの生成変形文法のアプローチに根本的な疑問を投げかける学者もいる。土屋(2008)は、Chomskyの誤解と称してその過ちを、生物学的還元主義と能力内在主義に結び付ける。生物学的還元とは、人間の能力のすべては身体(具体的には神経組織の構造)に還元できるという科学的な立場である。能力内在主義とはその能力(Chomskyの能力とは知的な能力であり、言語に関して言えば言語能力であるが)は誰にも内在していて、それをあるシステムを通して行使することで、正しく理想的な言語を創り出すことができるとする立場である。

土屋(2008)は、このChomskyの誤解、特に能力内在主義を次のように批判する。実際に使用される可能性を無視して言語の意味を語ることはできないのであり、たとえ実際の使用から離れたところに意味論を構築したとしても、それは失敗に終わる。一見成功し得たかに見えたとしても、そのような意味論は所詮私達が使っている言語とは無縁のものなのである、と。

以上見てきたように反・脱 Chomsky 言語観を唱える学者は確かに存在する。しかしChomsky に直接反論する論述は、形式言語学の主流から一歩距離を置いた立場から語られているのも確かである。なお、Chomsky 理論を超える文法論として認知言語学や語用論などの枠組みから、幾つかの文法が試みられている。Cognitive Grammar、Emergent Grammar、Construction Grammarなど(Laury, Etelämäki, and Couper-Kuhlen 2014)であるが、いずれの文法においても話者については詳しく論じられていない。談話分析の機能文法的な

Discourse Functional Grammarにしてみても、その全体像は明らかになっておらず、限られた現象の分析が試みられているだけである。これらの構想では言語のバリエーションについての考察は充分でなく、そして本書のテーマである話者、またはspeakerについての解明は充分に成されていない。

2.3.　話者の複雑性を論じる人類学

2.3.1.　話者の多様性と文化

一方、30年前から人類学や民俗学などの分野で、話者の多様性を指摘する動きが拡がっている。その代表として人類学者Geertzの立場がある。Geertz (1984) は、ともすると西洋世界中心になりがちな学問のあり方を批判し、頻繁に引用される次の文面でその立場を明らかにしている。

> 西洋の「人」という概念は個別でユニークであり、どちらかと言うと、統合され動機付けられた認知的な宇宙を成すと考えられている。そしてそれは、同じように形成される他者やその社会的自然的背景との対立を通して組織化された感覚、感情、判断、行動の中心であると理解されている。このような概念は、我々には全く訂正すべき余地のないように思えるかもしれないが、世界中の文化的コンテクストを考慮するとかなり奇異なものである。他者の経験を上記のような概念の枠組みの中に位置付けるのではなく、(略) 彼らを理解するには、彼ら自身の経験を彼らが考えている自分という枠組みで理解する必要がある。そして少なくとも、ジャワ島、バリ島、モロッコ、においては、彼らの考えは我々の考え方とははっきり異なり、しかもそれらの地域間でも、よりドラマチックで示唆的な差異性が認められるのである。(Geertz 1984: 126 筆者訳) [注9]

注9　原文では次のようになっている。The Western conception of the person as a bounded, unique, more or less integrated motivational and cognitive universe, a dynamic center of awareness, emotion, judgment, and action organized into a distinctive whole and set contrastively both against other such wholes and against its social and natural background, is, however incorrigible it may seem to us, a rather peculiar idea within the context of the worlds' cultures. Rather than attempting to place the experience of others within the framework of such a conception, (…) understanding them demands setting the conception aside and seeing their experiences within the framework of their own idea of what selfhood is. And for Java, Bali, and Morocco, at least, that idea differs markedly not only from our

このGeertzの言葉にもあるように、既成の概念を鵜呑みにすることを避け、日本の社会・文化の中に見られる「人」の概念を理解することが、話者についての理解を深めることに繋がる。筆者が探求するのもこの課題に他ならない。

なお、Geertzの立場に沿ったかたちで、西洋の「自分」(self)が複数のアイデンティティ(identities)に基づいているとするBurke and Stets(2009)の考察もある。Burke and Stetsは、デカルト主義が維持する単一のアイデンティティは存在せず、むしろ複数のアイデンティティを認める必要があると主張する。アイデンティティは、社会的な役目によって異なってくるのであって、常に一定の一貫したアイデンティティを維持するわけではないとしている。より具体的な研究としてTurner(2012)があるが、西洋の人間も含めて、次の四つの(それぞれ複数ある)アイデンティティを認めている。まず、ある人間に一貫したアイデンティティであり、それは中心のアイデンティティ(core identities)と呼ばれる。次は社会的アイデンティティ(social identities)で、ある社会の異なったカテゴリー(性別、人種、階級など)で意識される思想や感情を指すアイデンティティ、三番目はグループのアイデンティティ(group identities)で、自分があるグループや組織に属していると意識するアイデンティティ、最後は役割アイデンティティ(role identities)で、人が社会的なコンテクストで果たす役割・役目を指す。特に注目したいのは、それぞれのアイデンティティが複数あり、それらは複雑な網目のような形で内在すると考えられている点である。デカルト的自我とは、ほど遠い自分の捉え方である。[注10]

文化的背景と自分の概念の関係をさらに論じたMarkus and Kitayama(1991)は、「自分」という概念はその文化ごとに形成されるものであるとす

---

own but, no less dramatically and no less instructively, from one to the other.(Geertz 1984: 126)

注10 複数のアイデンティティの網目のような関係は、リゾームとして捉えることもできる。Deleuze and Guattari(1987)は、伝統的な西洋の学問が理想とする知の構造であるピラミッド型のツリー・モデルを否定し、学問を多方向に拡散する地下茎として捉えるべきだという発想の転換を提案する。この哲学的なパラダイムシフトはひとつの統制されたアイデンティティではなく網目のように共存する複数のアイデンティティという視点に繋がっている。

る立場から、次のように説明している。Geertz (1984) が批判した西洋の「人」の概念は、個人としてユニークな存在、コンテクストから離脱した存在、そして何よりも、思惟や思考の行為者・主体としての存在であった。しかし人の概念自体は、あくまで自分を形成するプロセスの違いによってもたらされるものである。自分形成は、独立したプロセス (independent self-construal) と相互的なプロセス (interdependent self-construal) というふたつのタイプに分けることができる。独立した自分形成では独立した個別の存在が認識され、相互的なプロセスでは、社会的コンテクストの内部に組み込まれたあくまで社会的な存在が意識される、と。そしてそれぞれの社会や文化によってこのふたつのプロセスの意義が違うのだが、例えば東アジアの社会では相互的な自分形成の傾向がより強く見られる、と付け加えている。この立場は、デカルト的自我が根本的にはある社会に特殊な理解に基づいたものであり、それは必ずしも普遍性を意味しないことを示唆している。なお、人類学で論じられるアイデンティティという概念は、特にそれが複数認められ、文化によって異なった特徴があるという点で、筆者が第4章で論じるキャラクターやキャラの複合性に繋がっている。

2.3.2.　主体のパフォーマンス

ところで抽象的な speaker をより具体的な話者として捉える動向は、人類学の分野の伝統である。人類学では話者を捉える際、言語行為、特に、観衆を意識したパフォーマンスが重要視される。その中でも演劇のパフォーマンスを比喩的に用いて自分 (self) について論じた Goffman (1959) が、本研究の話者という概念にヒントを与えてくれる。

Goffman は、自分はいろいろな自分の側面を、あたかも演劇のステージ上で演じるように表出・提示 (self-presentation) しているのだと考える。その中でも重要なのは、自分が他人に与える印象を管理し操作することである、と言う。Goffman は演劇用語を使ってパフォーマンスとしての言語行為を説明していくのだが、特に大切なのは、本書のキー概念となる「キャラクター」という用語を使っている点である。まず、ドラマと人生が類似していることについて、Goffman はドラマはあたかも本当の人生のような印象を与えるが、それは人生というものがドラマとして演じられるものだからに相違ないと主張する。そして「もちろん世界の全てが演劇のステージに喩えられるものではないだろうが、基本的にそうでないという具体例をあげて論じることは難しい」(1959: 72)と述べている。[注11]

こうして演劇のステージに置かれた話す主体としての話者はパフォーマーであり、より具体的には、パフォーマンスする「キャラクター」である(a character in performance)と性格付ける。続いてGoffmanは次のように論を進める。個人というのはふたつの部分に分けることができる。まず、個人はパフォーマーであり、それはしごく人間的なパフォーマーとして自分自身を演出する任務を担う。次に、個人はそのパフォーマンスを通して呼び起こすことができるキャラクターでもある。このふたつを統合すると、「自分」とはパフォーマンスされたキャラクターという結論に至る。ただ、このキャラクターは、人間がある環境に生まれ成長し死んでいくというような性格を持ち得ない。キャラクターとはあくまで、ドラマの幾つかのシーンから生まれる印象の混合として生まれるものである、と。

Goffmanにとっての自分は内面に存在する意識ではなく、インターアクションという経験を通して表出・提示することによって具現化するものである。自分はキャラクターとして演じたものであり、それは幾つかのシーンで印象を与えた複数のイメージの集合体として存在する。そして自分が他者に提示するイメージは、相手がそれを受け入れなければ成功しない。ここでも確かに、デカルト的自我には認められていない相手との相互関係が強調されている。筆者が考えている話者も、誰か・何かに向けたパフォーマーとしての側面を無視できないものであり、本書で論じるキャラクターについてもGoffmanの思想と密接な関係がある。

誤解のないように付け加えておくと、Goffman(1959)は自分の表出・提示ということを、演劇に喩えて論じているが、それはあくまでメタファーに過ぎない。実際彼は自分は演劇について論じているわけではなく、社会的な人間同士の接触のその構造、つまり、ある人がもうひとりの人間の近くにい

注11 原文では次のようになっている。Scripts even in the hands of unpracticed players can come to life because life itself is a dramatically enacted thing. All the world is not, of course, a stage, but the crucial ways in which it isn't are not easy to specify.(Goffman 1959: 72)

る時経験する、その接触の構造について述べているのだ、と主張している。

2.4. 自己の概念を疑うポストモダン

ポストモダンまたは後期ポストモダンと言われる現代においては、自己の概念も変化を続けている。従来社会と自己の関係については伝統的な心理本質論（psychological essentialism）が主流を占めていた。この心理本質論に異論を唱える代表的な研究者はGergen（1996, 2000 [1991]）である。Gergenは次のように論じる。心理本質論の枠組みでは個人がその内面にある心的過程を経験するのだが、それは原理的なものであり、基本的に外部からの影響を受けないと考える。この従来のアプローチは長い間西洋心理学の基盤を成し、広く応用されてきたのだが、現在のグローバル社会というコンテクストでは、この心理学のアプローチは次第に、しかし明らかに崩壊しつつある。現在起こっているのは、個人の内面に本質的に存在する自己の虚弱化であり、それとともに次第に進化していく「自分の空白化」（emptying of the self）である、と。私達は次第に、人間の内面に個別化し認識でき、しかも重要な意味を持っていると信じる自分という存在を諦めつつあるのだと指摘する。Gergenは、現在「我々は主体や存在の中心となる主観性、行動主、そして『私』というものへの信頼を失っていく現状を目撃しつつあるのであり、それに立ち向かい続けるのである」（2000 [1991]: 128）と述べている。[注12]

Gergen（1996）は、こうして空白化された自分が拠り所とするのは対人関係であり、関係性自体が重要な荘厳な意味を持ってくる、と言う。それが自分の代わりに重要度を増す「関係性の荘厳化」（relational sublime）である。この傾向はメディアによってもたらされるものであるとし、メディアが人間関係の重要性を繰り返して伝えることで、全般的に人間関係に敏感で傷つきやすい社会が生まれると説明している。Gergenがこのような自分の喪失を指摘してから20年が経っている。現在のテクノロジーの進歩や、特にSNS

注12 原文では次のようになっている。And, as beliefs in an identifiable, knowable, and significant world of the personal interior decay, so are we witnessing (and will continue to confront) a progressive emptying of the self — a loss in the credibility of subjectivity, agency, the “I” at the center of being. (Gergen 2000 [1991]: 128)

などのインターネット上のコミュニケーションが人間のあり方に及ぼす影響を観察すると、弱化した自己と繋がりの重要性とが相関関係にあるとするのは、確かに説得力がある。

さて、関係性の重要度が増し、自分が失われ、その代わりに人間関係が重要となるポストモダンの社会では、その空白の自分を埋めるためにその中に多くの人を招き入れることになる。Gergen (2000 [1991]) はその状態を「飽和状態の自分」(satulated self) という言葉で表現している。この飽和状態が続くと、自分は関係ある相手との互いのパスティーシュ、つまり相手を真似たその集合となり、好ましい状況があれば自分の行動に相手の行動を取り込むようにさえなる。[注13] あたかもそれぞれが相手に成り代わり、相手の代理人になるようなものでもある。Gergenの言葉を借りよう。

> より広義に考えるならば、この世紀が進むにつれて、自分は次第に相手のキャラクターによって占拠される。我々はひとつでも数人でもなく、Walt Whitmanの言うように「複数性を含んでいる」のである。我々は、互いに単一のアイデンティティをもち、一つに統合されひとつの布からできているように感じている。しかし、社会の飽和作用が高じるにつれ、我々ひとりひとりが隠れた才能を持った他の多くのキャラクターを保有するようになる（略）。(Gergen 2000 [1991]: 71 筆者訳) [注14]

なお、自己の内部に住む複数のキャラクターの存在の重要性が極度に増すにつれ、病的な症状を生み出すことがあり、その状態をGergen (2000 [1991]) はマルチフレニア (multiphrenia) と呼んでいる。マルチフレニア症候群は、通常、ある個人が同時に複数の自分を大切にすることで、それらの自分の間に分裂をもたらす状態を言う。それは自分の中に余りに多くの人を

注 13 パスティーシュ (pastiche) とは、文学、芸術、音楽などで、ある作家の作風を模倣することを指す。オリジナルの作品に影響を受けて、その雰囲気などを模倣するもので、パロディも一種のパスティーシュである。

注 14 原文では次のようになっている。To put it more broadly, as the century has progressed selves have become increasingly populated with the character of others. We are not one, or a few, but like Walt Whitman, we "contain multitudes." We appear to each other as single identities, unified, of whole cloth. However, with social saturation, each of us comes to harbor a vast population of hidden potentials (…). (Gergen 2000 [1991]: 71)

住まわせていることに起因するのだが、さらに多くの関係を維持するために努力しようとすることに伴う弊害でもあるとのことである。いずれにしてもGergenが複数のキャラクターを保有する自分の存在を認めている点は、特に本研究にとって重要である。

2.5. 認知科学における話者

認知科学においても、複数の「自分」を唱える研究があるのだが、言語表現と関連付けながら自分を論じるNeisser (1988) とHaiman (1995, 1998) について、簡単に復習しておきたい。

Neisser (1988) は自分を単一のものではなく、次の五つの側面から捉えることができると言う。つまり、(1) 他者と相互関係にある自分 (interpersonal self)、(2) エコロジカルな自分 (ecological self)、(3) 概念的な自分 (conceptual self)、(4) 拡大された自分 (extended self)、そして (5) プライベートな自分 (private self)、である。このように複数の分割可能な自分を提示している点が大切であるが、この中で特に注目したいのはエコロジカルな自分である。エコロジカルな自分とは、ある状況の中で発話する行為者を捉えたものだが、言語上はゼロ記号として扱われる。日本語では他の自分に加え、このエコロジカルな自分が重要であり、話者は言語に表現されないままでいることが多い。例えば「富士山が見える」というような何かの刺激に対する反応としての表現がある。この場合富士山が見えるのは話者なのだが、話者はゼロ記号のままで発話されない。この現象は、日本語の話者が、Neisserの言うエコロジカルな自分としても存在することを示しているわけで、それは話者が複数存在することを現実的に捉えていると言える。[注15]

同様にHaiman (1998) は、再帰代名詞に基づいて分割された複数の自分 (divided selves) の現象を明らかにしている。具体的には、単純ではない言語表現 (un-plain speaking) という一連の言語使用に焦点を当てることから始める。単純ではない言語表現とは、例えば皮肉のような言語の表層的な意味と意図する意味が異なる表現を指す。皮肉として使われる表現を正しく理解

注15　ここで指摘される日本語表現については、第5章で間主観性と関連して考察するので参照されたい。

するためには、聞き手は話し手が発話の表層的な内容と距離を置いていることを感知する必要がある。つまり、話者がその言語表現を使う場合、もうひとりの話者が登場し、その意味が字面どおりに受け止めたのでは意味を成さないことを伝える必要がある。この際、話し手としての自分は二役をこなすわけで、二分されていると言える。

これ以外にも、分割された複数の自分が存在することを伝える言語表現は多くある。Haiman (1998) があげるのは、(1) 自分に向かって発話すること、(2) 自分について言及すること、(3) 恥の意識を持ってそれを伝えること、(4) 人前であがることなどに見られるように、強い自意識が感じられる態度を示すこと、そして (5) 再帰代名詞によって自分に言及すること、である。

Haiman (1998) はまず、代名詞の目的格の使用と非使用を比較する。例えば (1) と (2) は両方とも可能であるが、(1) は自分を提示しない表現 (non-representation of the self) で、言語表現上、話者はゼロとなる。(1) は (2) と比較すると、話者が自分から離れているばかりでなく、自分が置かれた世界からも離脱している。(2) では「me」という表現が使われているため、話者は自分を意識しているばかりでなく、自分を軸にして状況を描写している。ここには話者と「me」という複数の自分が認められる。

(1) There's snow all around—.

(2) There's snow all around me.

次に、分割した自分を提示する英語表現として、「I expect myself to win.」というような再帰代名詞の例をあげる。ここでも期待する自分と期待される自分という分割された自己が表現される。Haiman (1998) は、英語の再帰代名詞はもともとひとりではなくふたりの自分を想定していたのであって、そこに複数の分割された話者が存在すると主張する。そして現代でも英語に再帰代名詞が使われることが、分割した自分が想定されていることの証拠であると述べている。

ここでは認知科学のアプローチの中から、言語を直接データとする研究に触れたが、言語の主体としての話者が、従来の孤立した同一性に基づいた自我とは大きく異なった姿として捉えられている。なお、本研究で試みる日本のポピュラーカルチャーの分析には、認知科学が明らかにする複数の自分や自己が多く認められることを指摘しておきたい。

2.6.　社会言語学が明らかにする複数の話者

西洋における主体と話者の研究の中でより具体的な研究として、社会言語学のあるアプローチに触れておきたい。スタイルとアイデンティティの関係についての考察で、ランゲージ・クロシング（language crossing）という概念を用いた一連の研究（Bucholtz 1999b; Cutler 1999; Rampton 1999）である。これらの研究でも、話者複合性と矛盾しない研究結果が報告されている。

Bucholtz（1999b）は、アメリカ中産階級の若者がアフリカ系アメリカ人のスピーチ・スタイル（AAVE African American Vernacular English）を使うことと、その使い手のアイデンティティとの関係について次のように論じている。若者には白人としてのアイデンティティと、アフリカ系アメリカ人としてのアイデンティティの間を行き来する様子が観察される。分析したある少年は、白人社会と対抗しながら黒人の話し方を真似てランゲージ・クロシングをするのだが、それにはアフリカ系アメリカ人の男らしさを強調したいという理由がある。しかし、同時に少年の物語には、アフリカ系アメリカ人の文化を白人社会から見ていることを示す表現も使われる。少年は白人社会とアフリカ系アメリカ人社会との間で、両者のどちらにも完全には溶け込まない状態に置かれ、複数のアイデンティティの間を行き来することを強いられるのだ、と。

Cutler（1999）は、ニューヨーク市の上流中産階級である白人の若者が使うAAVEについて、次のような報告をしている。白人の若者はAAVEを使い、ヒップホップ文化にどっぷりつかっていて、好む音楽の種類やファッションなどを観察する限りアフリカ系アメリカ人とそっくりである。しかし白人の若者はヒップホップ文化を受け入れる一方、自分をどう捉えるかという問題が未解決のままになる。アフリカ系アメリカ人にはなれず、その文化にも100％同調できない自分を発見し、アフリカ系アメリカ人とはある距離感を維持し続ける。こうしてアフリカ系アメリカ人ではないものの、伝統的な白人でもないという相反する感情が、同時に存在するアイデンティティを意識するようになるのである、と。

上記の研究は言語のスタイルの選択が、自分のアイデンティティの形成に強い影響を与えることを示している。そしてこの場合、話者は単一ではなく、自分の生育社会を横断して入り込むもうひとつの社会というふたつの世界に住んでいる。その複雑な声が響くディスコースには複数の話者の存在が認められ、重層するアイデンティティの間を行き来する話者がいる。

さらに複合した話者として自分を提示する例として、他者のバリエーションを真似る言語使用がある。Bell (1999) はニュージーランドのマオリ族の歌が、異なった文化を伝える人々によって歌われる状況を考察している。歌うのは母語話者に似た発音をするマオリ族のオペラ歌手、アイルランド系のバーにいるグループ、AAVEを使うアフリカ系アメリカ人、そして若いイギリス英語話者である。定性的及び定量的分析の結果Bellは、対象となった者すべてのパフォーマンスにはいろいろなスタイルが混合されていて、それぞれがニュージーランド人になりきれない状態に置かれていると報告している。

Bell (1999) は、どのスタイルを選ぶとしても、それには社会的と同時に個人的な要素が反映されるのであって、結局アイデンティティとして前面に出るのは幾つかのスタイルの混合に過ぎない、と言う。ニュージーランド人のアイデンティティは、英国系文化とマオリ族の文化の間にあり、それぞれの話者が他者のスタイルを真似るものの、そのどれにもなれない状態にあると言うのである。この場合もアイデンティティは複数あり、話者は複合性を伴うのであり、複数のアイデンティティの中で、どれが正しいのかとか、どれが中心なのかという議論も不要であることが分かる。話者のアイデンティティはそのたびごとに、話者の意思によってある側面がクローズアップされたりされなかったりするからである。

このような社会言語学の研究からも、話者とはひとつのアイデンティティとして存在するのではなく、社会的な状況や話者の意図によって複合性を帯びたものであることが分かる。本項で触れた社会言語学的アプローチは、特に本書の第9章でキャラクター・スピークとしてのフィクション化された方言を分析する際、再度触れることになる。方言やスタイルとその選択には、話者の複数のアイデンティティを具現化する力があり、キャラクターを立てるために重要な機能を果たすからである。

第3章
話者と日本の文脈

本章では、話者という概念が、日本の社会・文化の中でどのように理解されてきたかを顧みながら、筆者の立場への導入としたい。このテーマについては日本で多くの思索が繰り返されてきたのだが、哲学、文学、社会学、心理学などの広範囲の学問分野に及ぶ膨大な文献を紹介することは不可能であり、また有益でもない。それらの中から、筆者の話者の考察に深い関係のあるものを選び、限られた考察に触れるのみとする。また、日本の学問と言えども、その多くが西洋の学問の影響を受けていることもあり、前章で扱った学問の動向に挑戦したり同調したりする研究を選んだ。

具体的には、西田幾多郎、宮沢賢治、平野啓一郎、の思索を取り上げる。この組み合わせは一見無作為な印象を与えるかもしれないが、三者ともその論述の中で、反･脱デカルト主義の立場をとっているという共通点がある。また、哲学者の論考、詩・童話作家の作品、小説家の新書としてのエッセイという従来の言語学研究からは除外される分野の研究や創作の中に、幾つかの新鮮なヒントが隠されているのではないかという筆者の冒険心もある。

加えて本章では、話者と相手との関係を特にテーマとする幾つかの研究をも簡単に振り返る。その中には、哲学者の思索のみならず、社会学や心理学的なアプローチにおける複数の話者についての研究が含まれる。本章で選んだ学者達の考察は、それぞれ目的は異なっているものの、すべてが西洋の近代的自我に直面し、それを超える立場をとっている。このような知の潮流は、筆者が考えている話者複合論に矛盾せず、加えてキャラクターやキャラという概念への応用を可能にしてくれる。

3.1. 西田哲学：無の場所に現れる話者

3.1.1. 純粋経験と場所の論理

西田幾多郎は、日本語で構築された数少ない哲学をうち立てた哲学者として知られる。しかしそれは単に西洋と日本を対立させるというより、西洋の哲学を超えることで根本的な哲学的理解に至るその過程で、日本的な（特に禅）思想に回帰したという方が正しい。西田は西洋哲学から多大な刺激を受けながらも問題意識を深め、その著作、例えば西田（1949a, 1949b）にあるように、日本的な答えを出そうと努力したのである。

ちなみに、筆者の言語学・日本語学に対する立場も、西洋の言語学の根本原理を疑問視し、そこに筆者のある意味日本的な答えを出そうとするものであり、西田の学究態度には学ぶところが大きい。言語に関する多くの学問でも、日本発でありながら日本を超え、西洋を超える理論や解釈方法の登場が待たれる。

西田哲学では、独立した同一的で主体的な我は、最初から全く想定されていない。ありのままの経験に焦点を当て、あえて自己の本質を深く問い続けることで、西田独特の探求を開始する。西田は「我」とは客体を意識する以前のものであり、主体はまだ主体と客体を区別することがないそのままの状態であることに注目した。あたかも私達が我を忘れて何かの芸や技に打ち込む時のように、それは思考以前の状態である。確かにそんな経験をしているその瞬間を捉えると、そこには主体と客体が融合した未分化な状態が認められる。西田はその経験を「純粋経験」と呼んだ。純粋というのは、真に経験をそのままの状態で受け止めるという意味で純粋なのであり、純粋経験は私が経験するというより、経験する過程で私という自己が生み出されるという経験を指す。それは何よりも直接経験であり、自己の意識状態を何も介さず経験することである。ここでは主観と客観、精神と物質、自我と自然など、ふつう実在すると考えられている存在は、唯一の実在である純粋経験を通してのみ、そして経験的反省によってのみ現れるに過ぎないと解釈される。西田哲学では通常考えられている個人と経験の関係は逆転し、しかも真の実在は知情意の合一したものとして理解される。正にこれこそが西田の言う、個人があって経験があるのではなく、経験があって個人があるのである、という根本原理である。

西田の論述で特に重要なのは、経験が常にある「場所」において生じるという理解である。この場所の論理が西田哲学の基軸であるが、それは西洋哲学と根本的に異なっている。近代西洋哲学はデカルトによって存在自体が確認されると、次第に存在するものの本質の探究へと向かった。そして存在という哲学的な問いかけは、長い間その根本に一神教としてのユダヤ・キリスト教の神を置くことで昇華され、解決済みとされていた。西洋哲学の普遍的な理性の肯定には、その根底に神という存在があったのであり、逆に言うと、神のような究極的な絶対的存在を想定しないと、存在という概念が理解できなかったのである。しかし、それなら神とは何なのか、宗教というものがなぜ必要なのか、という問いかけに充分に答えることはできない。前章で見たHumeやJamesの立場は、デカルト的自我を疑う立場をとっているが、デカルト主義に対抗する立場も含め、その学問はキリスト教とその伝統から切り離すことはできない。

一方、一神教の神が不在の日本で実生活を営む西田には、そのような神は経験できない。何かがあってそれを経験するとか経験しないというより以前の、存在の根本の根本を問う必要があったのである。そのための純粋経験を可能にするのは場所であるが、なぜ場所が想定されなければならないのかについて、西田は次のように述べている。

> 物は空間を排するのではなく、物は空間に於てあるのである。働くものといへども、それが働くものとして考へられる以上、それが於てある場所が考へられねばならぬ。（西田 1949a: 264）

西田の場所とは何よりも「意識の野」を意味していて、その「於てある場所」という概念をまず認めなければ、存在自体が不在となると主張する。西田はその立場を「従来の認識論が主客対立の考から出立し、知るとは形式によって質量を構成することであると考へる代わりに、私は自己の中に自己を映すという自覚の考から出立して見たいと思ふ」（1949a: 215）という言葉で表現する。自己の中に自己を映すという自覚が成されるのは場所なのだが、その場所はおのれを照らす鏡のようなものである、と西田は言う。さらに西田は、その鏡を通して意識が成立する働きを次のように説明している。

> 此の如き自己自身を照らす鏡ともいふべきものは、単に知識成立の場所たるのみならず、感情も意志も之に於て成立するのである。我々が体験の内容といふ時、多くの場合既に之を知識化して居るのである、此故に非論理的な質料とも考へられるのである。真の体験は全き無の立場でなければならぬ、知識を離れた自由の立場でなければならぬ、此場所に於ては情意の内容も映されるのである。知情意共に意識現象と考へられるのは之によるのである。(西田 1949a: 213)

純粋経験では、場所のうちに自己が包まれるという事実を知ることが大切である。このような場所では、あらゆる存在がそこにおいて体験され限定されて現れるのだが、場所自体は何によっても限定されていない。従ってそれはいかなる存在でもあり得ない。西田はこのような場所を「無の場所」と呼んだのであり、それには相対的な無の場所と絶対的な無の場所があるとする。相対的無の場所とは、有の場所の背後にある意識の野としての場所で、そこに見られるものは意識作用である。絶対的無の場所とは、意識の野の底をさらに破ったところで、そこに見られるものは真の自由意志なのである。

無の場所はそれ自体は何の実体もない。だが、そうであればこそ、その中の存在はいろいろな形をとり得るわけで、絶対的無の場所のみに発見できる自由な可能性を秘めた存在がある。私達はある場において物や人と出会うことで自己を意識する。その場所自体はあくまで無の場所であるが、無の場所には最大の可能性が存在する。だからこそ私達はデカルト的我を超えて、幾つもの自己を経験し、場所によって自己が変化することをも知ることができるのである。

より具体的な場面を考えてみよう。実際問題として「私は何か」と自問してみても、私の総体を定義するのは難しい。私とは様々な状況の中で幾多の行動を起こし、ある傾向を見せる多様な働きの集合体だからである。この考え方は、本書のテーマとも密接に関係してくる。話者は言語のバリエーションやスタイルを含むキャラクター・スピークを通して具現化するキャラクターやキャラによって特徴付けられるのだが、それは様々な「場所」の中で

行動する私の多様な姿である、と考えることができるからである。[注1]

もっと根源的に捉えると、そこに西田の「矛盾的自己同一」がある。西田は、我が身を置きそこから生まれそこへと死にゆくこの世界は、絶対矛盾的であると言う。そのような矛盾に満ちた我を、これこれであると概念として捉えるのではなく、むしろもっと深いところで体験として理解することの大切さを説くのである。

ところで西田はJamesの影響を受けたとされるのが通説であるが、ここで西田の純粋経験とJamesの考察との差異を明らかにしておきたい。James（1904）は確かにpure experienceやdirect experienceという表現を使っているが、両者には違いがあることも確かである。Jamesは、主に経験の心理的プロセスについて論を進めていることを思い起こそう。Jamesの思索を辿ると次のようになる。まず、経験主義を唱える自分の哲学を「モザイクの哲学」（mosaic philosophy）（1904: 534）と呼ぶ。ただ、モザイク作成ではそれを支える下地が用意されるのだが、自分のモザイクにはこの下地がなく、幾つかのガラス片がその外側の辺と辺の接触関係でのみ保たれているようなものだ、と言う。接触関係は確かにあるのだが、その下地が前もって存在するわけではない。それを規定する強い自我が存在しないからである。次に、物事を経験し理解するためには、まず知覚すること（perception）が重要であるが、この知覚というプロセスは常に変化し流動している。すべての経験は、農場主が枯れ草を焼く時その細い炎の線が進んでいくように、過去と未来の間を絶え間なく動いていく瞬時のものであり、それ以外の何ものでもない。ゆえに経験とは、連続するプロセスの中に発見できる現象なのである、と。

これがJamesの言う原理的経験主義（radical empiricism）であり、彼の純粋経験は心理的な経験の内部に位置付けられる。なお、Jamesの経験プロセスの捉え方で大切なのは、感知した対象と対象の関係である。Humeがその関係を無視したのとは対照的に、Jamesは幾つかの関係を（例えば英語の接続詞を例示しながら）認め、その特徴を説明している。

Jamesの純粋経験が何よりも心理的なプロセスとして捉えられているのと

注1　ここでいうキャラクターとキャラについては、第4章に詳しく説明があるので参照されたい。

対照的に、西田の純粋経験は形而上学的な概念である。西田は純粋経験を場所に結び付けることで、場所の論理として体系化することに成功した。そしてその場所は、一般者が自己認定する場所という考え方に至る。西田哲学はJamesには欠けていた形而上学的な場所性を発見したことで、次項で見るように主語的論理から述語的論理への転換をもたらすことになるのである。

3.1.2. 主語的論理から述語的論理へ

西田の場所の論理の重要性が明確になるのは、言語による判断の論理形式との関連においてである。西田によれば、場所は一般者としての性格を持つが、それは特殊が一般においてあるという関係の基盤をなす。判断は「Ｓは Ｐである」という包括関係によって示されるが、それは一般者Ｐが特殊Ｓを包む関係である。一般者としての述語面であるＰ、つまり場所が、特殊である主語を包む。西田は「判断は主語と述語とから成り立つ。特殊なる主語が一般者なる述語の中に包摂せられるのが判断の本質である」(1949a: 177) と言う。判断とは一般が自己限定の作用をすることであり、そしてその一般とは豊かに自己において自己を映すような世界、つまり述語的場所のことであると強調する。

要するに西田は判断について、従来は主語中心であったものを逆方向で述語中心に考えるべきであると主張するのである。判断の背後には述語面がなければならないのであり、述語面は具体的一般者、つまり超越的述語面として機能し、一方主語は何処までも述語において存在する。すべての経験はその当人によって場所的に意識されなければならないのであり、そのような自覚こそが経験的判断の述語面なのである、と主張する。場所は自分と物がともにそこに「於てある」(1949a: 227) 場所であり、つまり、存在を根源的に可能ならしめる場所、無の場所であり、それは超越的述語に支えられているのである。この「場所」論文の中で西田は「我」を次のように理解する。

> すべての経験的知識には「私に意識せられる」といふことが伴わねばならぬ。自覚が経験的判断の述語面となるのである。普通には我という如きものも物と同じく、種々なる性質を有つ主語的統一と考へるが、我とは主語的統一ではなくして、述語的統一でなければならぬ、一つの点ではなくして一つの円でなければならぬ、物ではなく場所で

なければならぬ、我が我を知ることができないのは述語が主語となることができないのである。(西田 1949a: 279)

この西田哲学の超越的述語面としての場所という構想について、中村(1993)はこれを契機として西田の哲学は「西田哲学」と初めて固有名詞で呼ばれるようになった、と評している。そしてこの西田の企てが主語論理主義から述語論理主義へのコペルニクス的転換であったことを確認し、「それをとおして、すべての実在を述語基体(無)によって根拠づけ、無の場所を有の欠如ではなく無底にして豊かな世界としてとらえたのであった」(1993: 67)と結んでいる。

こうして西田は、これまでのほとんどすべての西洋の哲学に共通する主語論理主義の立場から、述語論理主義の立場への転換を行った。すべての実在を無によって根拠づけ、無の場所を豊かな世界として捉えることに成功した西田哲学は、本章で触れる他の哲学者にも影響を及ぼしている。[注2] 西田にとっての自己(本研究の話者)は、主語的なものではなく述語的なものによって決定する。ここにはデカルト的話者は不在であり、話者という概念は、無の場所から自由に具現化するものとして捉えられるのである。

3.2.　宮沢賢治：明滅する自己

3.2.1.　心象スケッチが描く話者

自己は何かという問いに、詩的な表現で答えたのは宮沢賢治である。賢治の作品には詩、童話、随想などがあるが、その作品世界には夢と現実が交差しているように思える。[注3] 賢治はそのようなファンタジックに思えるイメージ作品を「心象スケッチ」と呼んでいる。彼の心象スケッチとは、心の内に浮かんで消えるイメージで、まだ何の論理的反省も加わっていない経験に基づいている。しかも心象は一般的に認められる現象ではなく、ある人の心に浮かぶ直接経験としてのイメージである。興味深いのは、この心象の中には

注2　西田の述語論理主義は日本の国語学、特に時枝の言語論と共鳴する。つまり時枝の「場面」と「辞」の概念であり、さらに日本の国語学に見られる場面論にも結び付く。この点に関しては第5章を参照されたい。

注3　本書では、作家や学者に言及する際、フルネームか苗字のみを使用するが、宮沢賢治の場合は「賢治」を用いるのが慣例となっているので、それに従う。

後に見るように、自己（賢治の言う「わたくし」）も、心にそのまま浮かび上がるイメージとして含まれていることである。

賢治の心象スケッチについて、免田（2012）の興味深い洞察がある。免田は賢治が心象スケッチを詩ではなく、科学的なスケッチと見ていたふしがあることを指摘し、賢治にとっての心象は、一種の認識作用を想定したものだったと述べている。心象は、過去、現在、未来という時間軸を超えて、世界をそのまま認識する機能を果たすものだと言う。免田は「賢治の作品の中に現れるアニミズムやアニマティズムが示すように、賢治の心象は、いわゆるイメージとは異なり、むしろ、外界を捉えると同時に、知覚対象と一体化して直接感じ取るという、体験形式そのものに特徴がある」（2012: 156）と述べている。賢治の心象は、Jamesや西田の純粋経験を思い起こさせる。しかし、賢治にとっての心象スケッチは、根本的には詩的なものであり、自然と自己の一体化したものを意味しているようである。

さて、賢治が自分をどのように捉えていたかについては、その作品の中、特に詩や随想的な作品の中に見ることができる。そこには後述するように西洋哲学の中から選び出された思想と、仏教（特に法華経）の影響が感じられる。酒井（2005）は、宮沢賢治の自我に対する考え方について、それが西洋近代の連続的で普遍的な自我概念への挑戦であり、対決ともなっているとしている。その理由として、賢治が自己を実体ではなく現象と考えていた点と、自然も人も出来事もその時心に浮かぶ風景であり、それらをそのまま手を加えずにスケッチしようとしていた点をあげている。確かに、賢治はデカルト的我を異質のものと感じていたようであり、それは（1）の『春と修羅』の序文の「わたくし」の定義で明らかになる。

（1）宮沢賢治「春と修羅　序」（大塚1996: 149-150）

わたくしといふ現象は
仮定された有機交流電燈の
ひとつの青い照明です
（あらゆる透明な幽霊の複合体）
風景やみんなといつしょに
せはしくせはしく明滅しながら

いかにもたしかにともりつづける
因果交流電燈の
ひとつの青い照明です
（ひかりはたもち　その伝統は失はれ）

ここで賢治は「わたくし」とは「せはしくせはしく明滅」する「因果交流電燈」のひとつの照明である、と言う。自己を、心に次々と浮かんでは消え行く心象のひとつに過ぎないと捉えているのである。因果交流電燈は「因果」という表現に仏教的なニュアンスが感じられるものの、その因果が方向を転じて交錯するものとされている。自己はそのような連続であり、それは光ったり消えたりする電燈の光に過ぎない。瞬時に現れるイメージが「わたくし」であり、しかも「青い」「幽霊」のような実体のないものに過ぎない、と表現されている。この序文について、酒井（2005）は、賢治は「依存的で、外的事物に翻弄されてやまない現象的心象的自我という概念を、その断続性、か弱さ、相互依存性の方向へ際立たせようとしている」（2005: 161）と解釈している。

賢治は、絶えず流動する自我のその底に、同一的で不変の自我を想定することはない。「わたくし」は、ある一瞬意識にのぼり、そのたびごとに受け入れるものに過ぎず、そこに一貫性や連続性を見出そうとはしない。この立場は日本人の感じ方にどこか馴染むものを含んでいるように思える。私はいつも私であり続ける必要はない。唯一の不変の私を受け入れること自体が、囚われを受け入れることになるからである。私が私でなくなることへの恐怖よりも、変化し「明滅する」私に解放感すら感じとる向きもあるように思う。そして、この私の捉え方には、確かに、西田の純粋経験を通して絶対無の場所に現れる、自由で囚われない自己の可能性と共鳴するものがある。

法華経の賢治への影響も作品の端々に見られる。法華経は賢治が青年時代に出会って以来、生涯にわたってその生きる原点となった仏典で、詳しくは『妙法蓮華経』を指す（渡部2007）。法華経は、弟子としての自分が菩薩の存在から遠いと考えるのは過ちで、最初から菩薩の道を歩んでいるのだと説く。そして何より大切なのは、釈迦の久遠の導きを信ずることである、と。(2) は、賢治の無題の詩であるが、そこには妙法蓮華経が賢治の心のよりどころとなっていたことが表現されている。

(2) 宮沢賢治(大塚1996: 183-184)

(一九二九年二月)

われやがて死なん

今日又は明日

あたらしくまたわれとは何かを考へる

われとは畢竟法則の外の何でもない

からだは骨や血や肉や

それらは結局さまざまの分子で

幾十種かの原子の結合

原子は結局真空の一体

外界もまたしかり

われわが身と外界とをしかく感じ

これらの物質諸種に働く

その法則をわれと云ふ

われ死して真空に帰するや

ふたゝびわれと感ずるや

ともにそこにあるは一の法則のみ

その本原の法の名を妙法蓮華経と名づくといへり

ここには確立した自我とは根本的に異なる仏教的な死生観、受動的でパトス的な生が描かれている。「われ死して真空に帰するや」という表現には強い仏教観が感じられ、キリスト教世界で育まれたデカルト的我の姿は存在しない。

3.2.2. 西洋哲学の残響

賢治がどのような西洋の書物を読み、どんな哲学の影響を受けたかは明らかでない。しかし、その作品の中には、哲学用語である「モナド」が使われたり、「ジェームス」というWilliam Jamesを指すと思われる表現も出てくる。特にJamesに共感していたような形跡があり、そこにも反デカルト的で心理的な自己の捉え方を確認することができる。

賢治は自己を複数の心から成り立っている集合体のようなものと理解して

いた。しかも、それは彼がモナドと呼ぶ何か可能性を秘めた得体の知れない空間に、浮かび上がる瞬時の心であると捉えていた。彼が使う「モナド」という表現の意味は曖昧模糊としているのだが、最も直接的にはライプニッツに繋がるものと思われる。モナド（一なるもの、単純な実体）とは、それ自身の内にある多様性を統一する何かとして存在する。ライプニッツは「個体的概念説」を打ち立てたことで知られるが、その論理はおおむね次のようなものである。自我とは、デカルトのように、単に自己が意識するだけでは不充分であり、「私」と呼ばれるものすべてを含む「私の個体的概念」が前提とされなければならない。つまり、私の個体的概念とは、私という個体を形づくっている無数の要素からなる集合体ということになる。その脈路のある総体としての私は、他のどんなものとも違う唯一のモデルであり、その中に無限の様相に溢れる自我が存在する。ただ、ライプニッツの考えでは、個体的実体（モナド）として捉えられた私は、キリスト教の神によって保障された存在であり、その結果、自己はあくまで一貫性のある自我として理解され、近代の自我論の特徴を受け継いだままであった。

賢治は、ライプニッツのモナドの概念をそのまま受け入れたわけではない。賢治にとってのモナドは、一神教の神によって与えられたものではなく、より広い自然の現象と重ね合わせて理解されているからである。渡部（2007）によると、賢治にとってモナドとは、物や物事を構成する最小単位の意味を持ったもので、それは「弱い微妙な光や風を微粒子のように視覚的に感じ取ったとき」（2007: 561）に言及されると言う。実際、多くは（3）にあるように「銀のモナド」、たまに（4）に示すように「風のモナド」として使われている。詩の中では、ライプニッツのモナドとは異なり、小さな微粒子らしきものから成る、何か可能性を秘めた空間を指すようである。

（3）宮沢賢治『春と修羅』第三集（青空文庫）

一〇五八　　電車　一九二七、五、九、

銀のモナドのちらばるそらと

逞ましい村長の肩

……ベルを鳴らしてカーヴを切る

ベルといふより小さな銅鑼だ……

はんの木立は東邦風に

水路のへりにならんで立つ

(4) 宮沢賢治『春と修羅』第二集(青空文庫)

七三　　有明　一九二四、四、二〇、

あけがたになり

風のモナドがひしめき

東もけむりだしたので

月は崇厳なパンの木の実にかはり

いずれにしても、世界をモナドに似た現象と捉えるあたり、それが単なるイメージの借用であっても、西洋哲学の影響を受けていると言える。しかし同時に賢治のモナドの捉え方は日本的である。ライプニッツが私という個体的概念を、その内に多様性を含んだひとつの集合体として理解したのに対し、賢治はそれを何かがたくさん浮遊している可能性を秘めた空間(そこには場所性を認めることもできるのだが)と捉えていたようである。そのイメージには、一なるものという概念から解放された自由が感じられ、その空間には、瞬時に何度も出来する話者の姿が浮かび上がるように思える。

賢治が受けた西洋哲学の影響として次に触れておくべきは、Jamesである。Jamesの著作の中で特に賢治に関係があるものは、意識の流れ(stream of consciousness)であろう。それは(5)で示す無題の作品の中に「意識の流れ」という表現が使われたり、(6)にあるように「ジェームス」という固有名詞が出てくることからも、想定することができる。Jamesの意識の流れは、第2章で触れたように人間の意識は静的なものではなく、動的なイメージが流れるように連なったものであるとする考え方である。実際、賢治の「心象スケッチ」の多くは、「観察者と外界との相互作用によって、観察者の意識に展開される現象をリアルタイムに実況中継しようとしたもの」(免田2012: 159)なのである。

(5) 宮沢賢治「詩ノート」(青空文庫)

一〇一八　黒と白との細胞のあらゆる羅列をつくり　一九二七、三、二八、

黒と白との細胞のあらゆる羅列をつくり

それをばその細胞がその細胞自身として感じてゐて
それが意識の流れであり
その細胞がまた多くの電子系順列からできてゐるので
畢竟わたくしとはわたくし自身が
わたくしとして感ずる電子系のある系統を云ふものである

(6) 宮沢賢治『春と修羅』第二集（青空文庫）

一五二　林学生　一九二四、六、二二、
先生先生山地の上の重たいもやのうしろから

赤く潰れたをかしなものが昇(で)てくるといふ
　　（それは潰れた赤い信頼！
　　天台、ジェームスその他によれば）
こちらの空気はまるで鉛糖溶液です

「わたくし」は、「わたくし自身が、わたくしとして感ずる電子系のある系統」であり、そこでは羅列をつくった細胞がそれ自身を意識の流れとして感じているという表現は、Jamesの流動的な意識の捉え方と矛盾しないものであり、やはりその影響は否定できない。賢治は西田と同じようにJamesの影響を受け、さらにその背後に仏教が存在するという共通点を持っている。そこには純粋経験を通して浮かび上がる自己があり、一貫した同一性とは遠く離れた「わたくし」の姿が確認できる。

3.3. 話者と相手の連関

3.3.1. 人間の行為的連関としての存在

西田哲学に影響を受けながら、話者について独自の考察をしたのは、和辻哲郎と森有正である。両者とも日本人の自己を、話者と相手との連関を基盤として捉えたという共通点がある。さらに両者とも日本語を哲学的な観点から解釈している点も興味深い。和辻(1934)の「行為的連関」も、森(1979)の「汝の汝」も、そこには、独立・孤立した自我を強く否定する姿勢がある。

その著書『人間の学としての倫理学』(1934)に「西田幾多郎先生に捧ぐ」

という言葉を残していることからも知れるように、和辻もまた西洋近代思想に反旗を翻した哲学者である。第1章で触れたように、存在とは人間の行為的連関であると主張し、個人や自我を確立した存在とすることを否定した。和辻は、西洋に見られるような契約によって社会をつくるという個人のイメージは単なる仮構に過ぎないのだと警告するのである。

和辻（1934）は人間の存在について次のように説明する。コギトの思想は具体性と現実性に欠けた空論に過ぎない。なぜなら。現実の生活経験に照らしてみれば私達の日常行為では、例えば夫が妻に対して夫らしく、妻が夫に対して妻らしく振る舞うように、相手との間柄によって規定されることが多いからである。人間は本来決して孤立的な個人ではなく、実生活では人間、つまり人と人との間という言葉が示すように、間柄における存在なのである。

和辻が「人間」や「あるということ」という日本語表現が哲学用語となるかどうかを吟味したことについては第1章で触れたが、具体的に「自己」に関しては次のような考察を展開する。私達は根本的に世間の一部を成すとともに、ひとりの人であると考えることができるわけで、つまりここに二重構造が認められる。ひとりの人間の立場は人間の全体性の否定として成立し、一方、人間の全体性はいずれも個別性の否定において成立するからである。この二重の否定が人間の二重性を構成する。ひとりの人間は全体性の否定によって成り立つのであるから、根本的には全体性に依拠しているわけであり、つまり本質的には全体性に他ならない。全体性の否定においてひとりの人間となるといっても、その行為は行為的連関に基づいた全体性への働きかけに他ならない。人間の根本原理とは、ひとりの人を通じてその全体性が実現されることなのであり、それが本来的な自己実現の行為である。よって人はこのような状況における間柄的存在と理解されなければならないのだ、と。ここで注意するべきことは、この間柄的存在は、個人と個人の間に存するにも関わらず、その個人を間柄に先立つ個別者として立てることはできないということである。

さらに和辻（1934）は「存在」という概念についてその場所性を基に、次のように説明している。まず、人間の行為的連関は空間的で場所的な拡がりにおいてのみ可能になる。人間は拡がりのある生の場所で生まれるのであるから、人間存在は何らかの空間的で場所的な拡がりであると言うべきである。[注4] 人間の行為的連関としての存在は、具体的には主体の実践的な連関であり、その中に複数の主体を含む拡がりとしてある。そう見れば、人間存在の根本原理とは、行為的連関を可能にする場所的な拡がりであると言えるのである、と。

和辻にとっての存在は、自己を間柄において把握することであり、それは実践的な交渉を通してのみ可能となるのであるから、存在とは人間の行為的連関に他ならないのである。和辻の思索から導かれる話者は独立した我ではなく、あくまで世の中の人々との連関の中にあり、そうであればこそ複数の連関を反映した複数の存在としてある、と理解することができる。

3.3.2.　汝の汝という話者の捉え方

さて次に、西田の純粋経験に似た「経験」と「自己」の考察を深めた森有正に触れておこう。森は長くパリに住み、外国から日本への想いを発信するのだが、日本人の自他関係に対する批判も含みながら独自の論を展開した。森の自他認識は直接経験に基づいていて、それは西田より具体的に人間的に捉えたものなのだが、二者には共通点がある。中村 (1993) が指摘するように、実は森は否定しているのだが、森の経験と西田の純粋経験とは明らかに重なり合うところがある。根本的な違いは、西田では論外とされる主体や主語の存在が、森によっては放棄されずに保持されているという点である。これには、森が日本の文脈を外から理解したという事情が影響しているように思える。

森 (1979) はまず、日本人においては経験はひとりの人間ではなく、複数、具体的にはふたりの人間が構成する関係において意味を持つ、と言う。詳しくその立場を追ってみよう。森 (1979) は、日本人の自他のありかたは表面的には「我と汝」という関係から成っているように見えるが、実際は「汝の

注4　場所的な拡がりという概念は､和辻の『風土　人間学的考察』(1935)を思い出させる。モンスーン的風土の中に日本の社会や文化を捉え、場所的要素の重要性を説いた彼の哲学は、西洋の我を中心とし時を基軸とした哲学に対する挑戦であり、本書で探求する話者の哲学にヒントを与えてくれる。

汝」という二項関係から成り立っている、と主張する。日本人にとって経験は個人をではなく、ふたりの人間の関係を限定する。つまり、我は我として独立して存在するのでなく、相手から見た相手、汝にとっての汝に過ぎないのである。ここで経験が自分という個人のものではなくなるのであるから、独立した自己が成り立たなくなる。例えば親と子の関係に見られるように、親としての我は独立した親ではなく、子という汝にとっての汝（親）に過ぎない。親と子は全面的な依存関係を結んでいるが、このような二項関係が日本人の存在感を支えている、と森は言う。森の言葉を借りよう。

> 肉体的に見る限り、一人一人の人間は離れている。常識的にはそこに一人の主体、すなわち自己というものを考えようとする誘惑を感ずるが、事態はそのように簡単ではない。それは我々において、「汝」との関係がどれほど深刻であるかを考えてみればある程度納得が行くであろう。もちろん「汝」ということは、日本人のみならず、凡ゆる人間にとって問題となる。要はその問題になり方である。本質的な点だけに限って言うと、「日本人」においては、「汝」に対立するのは「我」ではないということ、対立するものもまた相手にとっての「汝」なのだ、ということである。（森1979: 63-64 傍点は原文のまま）

この「汝の汝」という関係は、例えば子が親に反抗する時にも観察できる。その反抗には親の存在が必須だからである。親と成人した子が真に個人として成立するなら、そこには分離と無関心が強く意識されるはずであるから、反抗する必要はなくなる。このように汝を否定する時でも汝に依拠することで、汝の汝という二項関係が維持される。日本人の家族を中心とした自己認識は、伝統的な家庭が崩壊したと言われる現在でも、確かに汝の汝的傾向が保たれていることは否定できない。

二項関係は少なくともふたつの特徴を持っている。ひとつは関係の親密性であり、もうひとつは関係方向の垂直性である。二項関係に入った人間は、互いに秘密のない信頼し合う関係を形作り、しかも上下関係が確認できる。より力のある者とない者、影響力のある者とない者、守る側と守られる側、などの関係である。日本人にとっては、この親密で、多くの場合上下関係に支えられた「甘え」の関係（土居1971）が、孤立し孤独な人間になることを避け、孤独に伴う苦悩を和らげる働きをしていることも確かである。いずれにしても、森の立場では、日本人の自己意識にはいかに相手との連関が重要であるかが示されている。

森の考察で興味深いのは、フランスで日本語を教えた経験から得た日本語の特徴を意識している点である。例えば、日本語ではフランス語の文「Le cheval court」を翻訳すると、「馬は走る」となるが、そのままでは日本語として不自然であるし、この他にも「馬は走るさ」「馬は走るよ」「馬は走るものである」「馬が走ってくる」など多くの表現を使うことができる。それは、日本語の表現には「現実嵌入」が見られるからである、と森は言う。日本語の助詞、指示詞、敬語表現、人称などに著しく観察できることは、言葉の世界に現実が入り込んでくるということである。現実が言葉の世界にはまり込む結果特に問題となるのが、二人称が人間関係をコントロールし、「汝の汝」という形で一人称を乗っ取ってしまう現象なのである。森(1979)は、日本語においては、「一人称が真に一人称として、独立に発言することが、不可能ではないとしても極度に困難である」(1979: 87)と述べている。そして、この言語上の閉鎖性は、日本人の人間関係や自己の捉え方と切り離すことができないと主張する。森は日本のそれと比較して、ヨーロッパの言語は「開放的超越的会話語」であり、それは「一体になっている人間関係、実在する個人である主体とそれを超越する三人称の集合である社会たる客体(主体と客体とは相互に超越する)とに分極する人間関係」(1979: 88)に繋がっていると説明している。

ここでも、ヨーロッパの言語が可能にする相手から独立した自己を意識することが、日本人にとっていかに困難であるかが語られる。そして森が、言語と人間関係との密接な関係性を認めている点は重要である。言語の使用が自己の定義に影響を与える、その根源的な関係を認めているからである。そして本書で筆者が試みる、日本語のバリエーションからキャラクターや自己概念を洗い出し話者の複合性へ繋げていくという作業には、この言語と人間の関係が前提となるからである。

3.4. 複数の自己の心理

3.4.1. 脱アイデンティティへ

本章で既に取り上げた通り、西洋の我と対照的な形で理解されてきた日本の自己は、本項で復習する社会学や心理学からのアプローチと矛盾しない。社会学や心理学では、自我は同一性（アイデンティティ）という観点から論じられることが多い。しかしポストモダンの社会においては従来のアイデンティティを超えて、多元的で流動的なアイデンティティとして理解される。実際問題として、一貫性のあるアイデンティティなどというものは存在しないのではないか、という疑問がある。そんな疑問に社会学の視点から答えるのが、上野（2005）である。上野は次の言葉でその立場を明らかにしている。

> 実際のところ、多くの人々は、アイデンティティの統合を欠いても逸脱的な存在になることなく社会生活を送っている。それどころか社会集団が包括的帰属から部分帰属へと変化するにつれ、断片化されたアイデンティティのあいだを、一貫性を欠いたまま横断して暮らすことも可能になった。（上野2005: 35）

もともと一貫性のある自己というのは、誰にとって必要なのか、または必要だったのか。社会的なアイデンティティは、むしろ権力側の都合のよいように構築されてきたのではないだろうか。このように問いかけながら、上野（2005）はデカルト的な形而上学を避け、実践のプロセスとしてアイデンティティを理解する重要性を説く。具体的には、アイデンティティというどちらかというと他者に押し付けられて構築された概念を、もう一度アイデンティフィケーションという主体的な行為を表す概念に戻すことが必要だ、と言う。この立場は本書の話者認識にも当てはまる。speakerとは、権威のある理論の枠組みの構築にとって都合のよい概念に過ぎないのであり、私達はideal speakerではなく、本研究でテーマとする本当の意味の話し手・話者を捉え直す必要がある。

ところで、上野（2005）はHall（1996）を参考にしながら論を進めるのだが、そのHallの考え方では、一貫性のあるアイデンティティは表層的で人工的なものに過ぎないとされる。Hall（1996）はアイデンティティとはあくまで、ある文化において規定された存在のあり方を保証するために利用されるものだ、と説く。同一性としての単一のアイデンティティではなく、文化や社会が変わればそのアイデンティティ観も変わるのであり、アイデンティティは複数で可変的なものとして理解するべきだ、と強調する。Hall (1996) はアイデンティティの多元性・複数性・流動性について次のように述べている。

> 私の考え方では、アイデンティティというものは、決して統一体ではない。それは、特に後期近代においてますます細分化され切り裂かれている。それは決して単一のものではなく、異なった(しばしば交差したり対立したりする)言説や実践、またその立場ごとに増長的に構築されるものである。複数あるアイデンティティは、原理的な変化を遂げる歴史的解釈に左右されるものであり、常に変化と変容のプロセスの中にある。(Hall 1996: 4 筆者訳) [注5]

上野 (2005) や Hall (1996) の立場からも明らかなように、現代社会で私達が経験するアイデンティティは単一ではないとする立場は、社会学的観点からも論じられているのである。本書のテーマである複数の話者は、このようにむしろ言語学以外の分野では、抵抗なく受け入れられているように思う。

3.4.2. 複数の自己物語という心理

社会心理学の分野でもアイデンティティについて論じられていて、特に自己物語について考察する浅野 (2005) の研究が興味深い。浅野 (2005) は自己物語を、自分の過去を振り返り、そこに見出される様々な出来事を納得のいくような形で時間軸に並べた物語である、と定義する。そして現在の若者の自己物語について、自己物語は1冊の本ではなく、多数のまとまりのない物語として存在するものだと指摘する。浅野は自己物語について、それは確かに自己についての物語なのだが、すべての出来事をひとつにまとめて大きな物語に統合するわけではなく、そこには複数の小さな物語があるとし、そこで起こっているのは自己物語を通して可能となる自己の多元化である、と特

注5　原文では次のようになっている。It accepts that identities are never unified and, in late modern times, increasingly fragmented and fractured; never singular but multiply constructed across different, often intersecting and antagonistic, discourses, practices and positions. They are subject to a radical historicization, and are constantly in the process of change and transformation. (Hall 1996: 4)

徴付ける。自己物語は常に他者に向けて語られるものであり、相手とのコミュニケーションの過程で形作られていくため、それは常に相互行為的である。私達はそのプロセスで相手から影響を受け、幾つかの異なった自己物語を構築する。この時自分を理解する手立ては複雑で重複したものになるため、それが自己の多元化に繋がる、と浅野は言う。

さらに浅野(2001)は、自己が「I」と「me」という二重性を持つことを踏まえて次のように説明する。

> 「自己」とは、何らかのスタチックな実体であるというよりは、Iとmeとの間に絶えず距離がうがたれ、両者が絶え間なく差異化していくようなプロセスそのものを指しているのである。だからそれは、単純な「同」としての同一性(端的な自同性としての自己)なのではなく、「同」でありかつ「異」でもあるような(自己でありかつその外部にある他者でもあるような)パラドキシカルな同一性として構成されているのでなければなるまい。(浅野2001: 248)

浅野(2001)の言う、自己でありながらその中に他者も感じられるような自己には、一貫性はない。一般に自己アイデンティティという表現には、一貫性があるという漠然とした感覚が込められているが、この感覚は現代の日本においてどの程度のリアリティがあるのだろう。自己アイデンティティは今や複数の側面に分離し、しかもそれらの連結が徐々に緩やかになりつつあるというのが現状であるように思う。

この件に関して、浅野(2001, 2005)が興味深い調査結果を報告しているので紹介しよう。まず1992年に青少年研究会が実施した調査であるが、友人関係について従来の考え方とはやや異なる結果が出たとのことである。調査では友人の数、および友人との付き合い方について尋ねたのだが、サンプル全体の3分の1の若者には、幾つか特徴が見られた。その特徴とは、(1)つきあいの程度に応じて友人と話す内容は違うことが多いこと、(2)いろいろな友人とのつきあいがあるので、その友人同士は互いに知り合いであること、(3)ある事柄について我を忘れて熱中して友人と話すことがよくあること、そして、(4)友人と一緒にいても別々のことをしていることが多いこと、である。この特徴が示唆している関係のあり方とは、複数の関係を別々に管理しながら、それぞれにおいて異なる「顔」を使い分け、それでいてそのつきあいは決して表層的なものにとどまらず、それなりに没入もしている、という性格のものである。この人間関係に見られるように、1992年の時点で、若者の間に自己の多元化現象が起きていたのである。

続いて浅野(2005)は、1992年から10年後の2002年に青少年研究会が実施した同様の調査結果に言及している。この調査では、自己を一貫させるべきであるとする規範意識に対する肯定的な回答が、目立って減少していることを報告している。実際、多数のまとまりのない物語として存在する自己物語が、さらに分散したかたちで受け入れられるようになっているのである。浅野は、この自己のあり方に関する調査結果から明らかなように、日本の若者世代で「自己の多元化」が一層進んでいる、と結論付けている。

なお、自己とコミュニケーションのあり方に関連して、浅野(2005)は辻(1999)のフリッパー志向に触れている。フリッパー志向とは、若者が拘束力を緩和するあいまい表現を使うのは、友人関係の浅さではなく、友人関係の選択に動機付けられているとする見方である。フリッパー志向の若者は関係に応じて複数の自己を持ち、それらの自己を切り替えながら、関係を操作し管理する。このようなコミュニケーションのあり方にも支えられ、浅野は2005年時点での若者の自己意識について、状況志向化とフリッパー志向化に支えられた多元化現象である、と強調している。

興味深いことに、浅野(2005)はこの自己物語の中に登場する多元化した自己を、本書のテーマにとって有効なキャラクターと関連付け、若者達が使うキャラとは、そのキャラが登場するような物語の中の自分を指しているのだ、と言う。筆者のキャラクターやキャラへのアプローチについては、第4章で詳しく論じるが、これらは確かに若者にとって複数の自己を表現するために有効なツールなのである。

いずれにしても、このような自分の多元化はなぜ起きているのだろうか。現代のコミュニケーションのあり方が大きく影響しているように思う。まず、従来考えられていた標準的な典型的な人生物語自体(それは終身雇用というような安定した市場に支えられていたのであるが)が激減していることがあげられる。また、情報社会の中で多くの情報を消費することが可能となり、その場に応じた自己物語のモデルが多くあり、複数の自己物語を柔軟に作ることができるようになったこともある。さらに、特にネット上のコミュニケーションでは、複数ある自己を低リスクで（例えば複数のブログの作成などを通して）発表したり維持したりすることができるようになったことも影響していると思われる。

以上、本項では、社会学や心理学の分野でも、自己の多元化、つまり話者の複数性が強調されるようになってきていることを復習した。

3.5. 平野啓一郎：分人としての話者

小説家の平野啓一郎は、2009年に出版された小説『ドーン』の中で「ディヴ」「ディヴィジュアルズ」という概念を紹介する。[注6] 西洋の個人主義が人間をこれ以上分けられない（individual）存在としたのに対し、人間を分けられる（dividual）存在、つまり「分人」として理解するという立場が彼の言う「分人主義」（平野2012）である。固定化された自己やかけがいのない自分といった中心があるとするのではなく、自己は他者とコミュニケーションする過程で可能となる分人の集合体である、と言う。平野はまず、従来の誤ったアプローチとして、人間が場の空気を読んで仮面をかぶり、キャラを演じペルソナを使い分ける時、その中心には本当の自分がひとつある、と考えられてきたことをあげる。そして、そのひとつの自我こそが人間の本質であり価値のあるものだ、とする考えは間違っていると説く。このような人間観は非常に強固なものだが誤解に過ぎない、と平野は言う。

平野（2012）は唯一無二の本当の自分が存在するとするのは妄信であるとし、それに次のように挑戦する。日本では、明治時代に輸入された個人主義が、その意味があまり理解されないまま、うわべだけ受け入れられてきた。

注6　ドーン（DAWN）とは小説『ドーン』（平野2009）に出てくる宇宙船の名前である。NASAに勤務する日本人佐野明日人は、人類初の火星着陸を成し遂げ地球に帰還する。小説の中ではdivisualsは散影と分人のふたつの意味を持っている。散影はインターネット上の検察ツールで人の顔を認識してその人の行動を追うことができるdi-visualという意味であり、分人はindivisualと対照的な、分けられる人としてのdivisualである。本章で重要なのは分人のディヴィジュアルで、平野はその説明に例として源氏物語の光源氏をあげている。つまり、分人とは対人関係ごとに分裂する人間を指し、これは現代の日本人の特徴でもあるという説明がある。

もともと、個人主義という思想は、日本の西洋化に不可欠だとされたため半強制的に受容されたに過ぎず、私達の日常的な理解とはずれがある。そのずれの原因は、個人主義が生まれたキリスト教と論理学にある。つまり、一神教であるキリスト教の信仰に基づいているため、人間にも複数の顔があってはならないという一元的な見方が期待される。さらに、あるカテゴリーでそれ以上分けられないものを個体として認めるという論理学的アプローチを真に受けて、人間に関しても分割不可能な個人という単位があると誤解されてきた。それを批判することなく受け入れたのが、個人主義なのである、と。

実際問題として、西洋思想では人間存在を固定化された自己とか本当の自分という核として捉えるため、自己矛盾やウソの自分に悩むというような心理状況が起こる。そうではなく、私という存在を、相手と織り成す複数のコミュニケーションに動機付けられた複数の私の集合体と見なすべきである、と平野は言う。分人は、具体的にはネットワークとして自分の内面に存在する。そのネットワーク内のバランスをとることは大切であるが、複数の分人をひとつにまとめる必要はない。平野 (2012) は、分人とは対人関係ごとの様々な自分のことであると定義し、次のように説明する。

> 分人は、相手との反復的なコミュニケーションを通じて、自分の中に形成されてゆく、パターンとしての人格である。必ずしも直接会う人だけでなく、ネットでのみ交流する人も含まれるし、小説や音楽といった芸術、自然の風景など、人間以外の対象や環境も分人化を促す要因となり得る。一人の人間は、複数の分人のネットワークであり、そこには、本当の自分という中心はない。(平野 2012: 7)

たったひとつの本当の自分など存在しないのである。対人関係ごとに見せる複数の顔が、すべて本当の自分なのである。平野は私という人間を次のように描写する。

> 私という人間は、対人関係ごとのいくつかの分人によって構成されている。そして、その人らしさ (個性) というものは、その**複数の分人の構成比率**によって決定される。分人の構成比率が変われば、当然、個性も変わる。個性とは、決して唯一不変のものではない。そして、他者の存在なしには、決して生じないものである。(2012: 8 太字は原

文のまま）

ところで、平野は分人の定義の中に、相手との反復的なコミュニケーションを通して、自分の中に形成されてゆくパターンとしての人格をあげているが、そのような言語の機能を指摘している点、興味深い。言語使用の仕方、スタイル、バリエーションなどのコミュニケーションの諸相が登場人物の人格に繋がるとされている。平野の主張は理論と実証を前提とする例えば社会学とは違って、あくまで、フィクションの世界に描かれたイメージに基づいている。しかし、それを同時に実生活にあてはめたエッセイとして発表されたものであり、本書のテーマに関する有益な言説を提供していることは否定できない。

第4章

キャラクター現象：
キャラクターとキャラクター・スピーク

4.1. キャラクター現象

4.1.1. 日本のキャラクター・キャラ現象

2000年代の日本には、いわゆるキャラクターが溢れている。ポピュラーカルチャー、特にマンガやアニメ作品には多くのキャラクターが登場し、全国の自治体のキャンペーンのために誕生した「ゆるキャラ」が、メディアやイベントに出没する。街には各種キャラクターの関連グッズが出回っている。相原(2007)が著書『キャラ化するニッポン』で指摘するように、日本の社会や文化にとってキャラクターは不可欠な存在となり、数々のキャラクターが人々の日常生活に深く浸透している。相原は、バンダイキャラクター研究所が2004年に実施した1,210人を対象としたアンケートの結果を報告しているが、そこにもキャラクター人気が見てとれる。90.2%の回答者が好きなキャラクターが少なくともひとつはあり、幼児の100%、小学生の98%が、何らかのキャラクターグッズを持っていると答えたとのことである。キャラクターグッズの所有率は、大学生が70%、30代の女性が99%、50代の女性が83.6%、60代の女性が60%、という結果になっている。実に対象者の79%が、何らかのキャラクター商品を所有しているのである。

キャラクターグッズだけでなく、「キャラクター」という概念それ自体がメディアで使用されることも多い。例えば、バラエティ番組では、出演者はキャラクターを確立することでその存在感を強調し、特にお笑いタレントの場合はキャラとしての人気取りが必須となる。ネット社会でのキャラクターの進出も否定できない。ボーカル・アンドロイドの初音ミクの人気は高く、そのキャラクターはバーチャル世界を抜け出し、コンサートまで開催するようになっている。千田(2013)の指摘にあるように、初音ミクは正に人間のアイドルと同じように機能し、しかもそのキャラクターは限りなく再構築され続ける。これらの現象は、日本人がメディアを通して、いかにキャラクター文化に浸っているかを物語っている。

一方、日常会話でも「私って、そんなキャラじゃないし」「そう言われても、キャラ的にできないよ」「キャラが被ってる」というような、キャラクターを意識した発話を耳にすることも少なくない。日常生活上、ゆるキャラやキャラクター商品は、時には人間より近い存在として癒し効果をもたらすとも言われる。キャラクターは今や多くの日本人にとって、かけがえのない存在になったとも言え、その社会的及び心理的影響は否定できない(相原2007)ものとなっているのである。

「キャラクター」には幾つかの意味が考えられるが、主なものとして、英語のcharacterに直結する次のふたつがある。まず、小説、マンガ、アニメ、映画などの物語の登場人物を指す場合である。現在日本で使われている「キャラクター」という表現は、作品の登場人物を意味することが多く、加えて、個別の作品から自立した人気キャラクターという意味で使われることもある。次に、人格、人間性、個性である。この場合のキャラクターとは、私達が自分の価値を見出し、他人から評価してもらいたいと願うその人の個人的な持ち味と言ったらいいだろうか。前者はポピュラーカルチャーの作品を中心に、後者は心理的な概念として使われる。

このような現象を巻き起こしているキャラクターと、それに関連したキャラの存在は、言語の主体である話者とどのように関わっているのだろう。このテーマに答えるために、本章ではまず日本のキャラクター現象の背景としてポピュラーカルチャーに触れ、その中でキャラクターという概念がどのように理解されてきたかを確認する。続いて、ポピュラーカルチャーに影響を受け、日本人、特に、若者から中年層までに受け入れられているキャラクターとキャラという概念の社会的な意味を理解する。次に、キャラクターやキャラを立てるための表現上のストラテジーとして、「キャラクター・スピーク」(character-speak)という概念(Maynard 2016)を紹介する。キャラクター・スピークの解釈を深めるための理論的背景を追い、キャラクター・スピークの先行研究として筆者の「借り物スタイル」(borrowed style)(メイナード2004, 2005; Maynard 2007) という概念を復習したい。

4.1.2.　キャラクターの歴史

西欧におけるキャラクターの存在は決して新しいものではなく、例えば19世紀前半、Charles Dickensの小説に登場する。小田切(2010) によると、*Oliver Twist*に登場するキャラクターはイラストレーターのGeorge Cruikshankと協力して創られたもので、ビジュアルイメージの影響が強いとのことである。実際、演劇や文学におけるキャラクターは、ビジュアルイメージに助けられることが多く、そのイメージに支えられながら、Dickensは現在ならキャラクター小説と呼ばれる一種の大衆小説を書いていた。

19世紀後半、アメリカではマンガの登場人物がキャラクターとして人気を呼ぶようになる。The Yellow Kidというキャラクターで、黄色の貫頭衣を着て、大きな耳、寝ぼけたような目をしたそのキャラクターはRichard F. Outcaultの創作で、*Hogan's Alley*というタイトルの新聞連載マンガに登場した。やがてこのキャラクターはマンガを抜け出し、広告界にデビューするなど、ジャンルを超えたキャラクターとして人気を呼ぶ。以後、キャラクターはポピュラーカルチャーの一部として、特にキャラクターをマーケティングの手段とした消費行動の先駆けとして、重大な役目を果たすようになる。

文学批評で、キャラクターが具体的に取り入れられたものとしては、Forster (1985 [1927]) がある。Forsterは小説の構造を説明するその著書で、平面的キャラクター (flat character) と立体的キャラクター (round character) のふたつのキャラクターのタイプを紹介する。前者は典型的なもので、単文で簡単に説明できるようなタイプであり、立体感に欠ける。ただし、読者には分かりやすい登場人物として安心感を与え、ユーモア表現に利用されることが多い。後者はより複雑で、物語の中で幾つかのサプライズを提供する役目を担う。立体的キャラクターは、物語にサスペンスをもたらし、物語全体を興味深いものとする。Forsterは、読みがいのある小説を書くためにはこれらのキャラクターを混用する方法が好ましい、と説いている。

一方、キャラクターを説話理論で本格的に扱ったのはPropp (1968) である。ロシア民話のあらすじを、キャラクターが果たす役目を組み合わせることで説明する。キャラクターには、例えば、悪者、援助者、プリンセス、プリンセスの父親、ヒーロー、アンチヒーロー、などがあり、これらの登場人物があらすじの進展にどのような役目を果たすかを具体的に示している。例えば、援助者は、(1) 不幸や不満を除去する、(2) 追跡を追い払う、(3) 困難な任務を全うする、などの役割を果たすキャラクターとされる。

4.2. ポストモダンとポピュラーカルチャー

4.2.1. ポストモダンの文化とマンガ・アニメ的リアリズム

キャラクターはポピュラーカルチャーと密接な関係があるのだが、まずそのポピュラーカルチャーの背景となっているポストモダンの文化に触れておこう。ポピュラーカルチャーとそれを消費するオタク(さらに昨今は、より広範囲の消費者)が、ポストモダンの文化を助長する役目を果たしたと言われているからである。この意味でポストモダンとポピュラーカルチャーは、切っても切り離せない関係にある。[注1]

日本では、1990年代からポストモダンの文化・社会が決定的なものとなったと言われる。「ポストモダン」という用語は、1980年代に Lyotard (1984) や Jameson (1984) の活躍によって、哲学、社会学、文学など、次第に広範囲の学問領域で受け入れられるようになった。[注2] Lyotard (1984) は、ポストモダンと呼ばれる社会では、権威のある「大きな説話」(grand narrative) のもとに構築された理論そのものが否定され、複数の理論や言説が入り乱れた状態になると主張した。Jameson (1984) は、ポストモダン社会の文化に関連して、(1) 従来のハイカルチャーとサブカルチャーの差がなくなったこと、(2) 物理的な空間から離れた地図化できないハイパースペースが認められること、(3) イメージとシミュラークルに支えられたハイパーリアリティーの

注 1 「ポピュラーカルチャー」に類似した表現に「ポピュラー文化」と「大衆文化」がある。筆者は特に 1990 年以降のポストモダン文化の中で顕著になっている大衆(若者)文化という意味でポピュラーカルチャーという用語を使うが、広義にはポピュラー文化と大衆文化をも含むものとする。

注 2 Jameson (1984) は後期ポストモダンという表現を用いているが、本書では、ポストモダンを広義に捉え、後期ポストモダンもその範疇に入れることにする。

世界が築かれること、(4) 文化自体がひとつのテーマにのっとって統一化するのではなく、多数に分化・分散・共存すること、をその特徴としてあげている。[注3] 東 (2007) もポストモダンにおける「大きな物語の衰退」を捉え、特にその傾向が1990年代以降の日本で否定し難いものになったことを指摘している。そしてポストモダンにおいては、「個人の自己決定や生活様式の多様性が肯定され、大きな物語の共有をむしろ抑圧と感じる」(2007: 18) ようになり、別の感性が支配的になったとしている。

ポストモダンとポピュラーカルチャーの台頭は、日本語表現にも変化をもたらしている。特に描写方法についての変化を、自然主義的なものからポピュラーカルチャー的アプローチへのシフトとして捉えることができる。自然主義文学では現実を写生することがテーマとなっていたが、現代の娯楽作品では虚構世界が中心となっている。自然主義の文学では、登場人物の人間的内面が重視されるが、ライトノベルを含むマンガ・アニメなどの娯楽作品では、キャラクターが中心となっていて、二次制作などを通して「キャラ萌え」を楽しむようになっている。

当然のことながら、自然主義のリアリズムと、マンガ・アニメ的文化がテーマとするリアリズムは異なったものとなる。この点について『キャラクター小説の作り方』の著者である大塚 (2003) のアプローチが興味深い。大塚は「自然主義的リアリズム」と「マンガ・アニメ的リアリズム」という概念を紹介し、その特徴を次のように対照的に捉えている。自然主義文学には「私」という存在があり、写生する対象を外の風景だけではなく、自分の心の内側にも向けた。そして現実を正確に写生し、そのプロセスに写生するべき私という存在がいるとされた。一方、マンガ・アニメ作品が写生するのは、その世界に内在する虚構である。そこには写生するべき私は存在せず、写生するのは架空のキャラクターである。

この創作作品における私からキャラクターへのシフトは、話者を考える時注目すべき点である。筆者は後述するように、キャラクターやキャラクター・スピークを本研究の分析上のキー概念とするのだが、その根拠は私か

注3　シミュラークルは、オリジナルのないコピーのことで、Baudrillard (1994 [1981]) が提唱した概念である。

らキャラクターへのシフトに見られるように、キャラクターという概念が、言語の主体としての話者と密接に関係していると思うからである。

なお、自然主義小説と対照的なキャラクター小説について、その不透明性をもって特徴付ける動向もある。東(2007)は、柄谷(1988)が取り上げる現実を描く文学と現実を描かない文学という区分けを受けて、ふたつの文学の言語表現を「透明」と「不透明」という言葉で性格付ける。前者においてはその現実描写は透明であるべきとされ、そのために言文一致があり、主体と世界の間の障害を取り除くことをよしとした。実際そうすることで自然主義文学が生まれ、近代文学が誕生した。言語の透明化がなされ、主体と世界が直面し合うことを可能にしたのである。しかし、後者つまり現在の文学は透明化された(と少なくともそう思われていた)言語による自然主義文学から離れ、不透明化している。使われている言語は「半透明」であり、その言葉が自由な想像力を支えている、と東は言う。東(2007)を引用しよう。

> キャラクター小説の文学的な可能性は、現実を自然主義的に描写することにではなく(それはそもそも無理なのだから)、**透明な言葉を使うと消えてしまうような現実を発見し、それを言葉の半透明性を利用して非日常的な想像力のうえに散乱させることで炙りだすような、**屈折した過程にあると考えられないだろうか。(東2007: 102 太字は原文のまま)

マンガ・アニメ的リアリズムは、非日常の中に見出すリアリズムを提供し、幾つもの読み方が可能となる新しいポストモダンの文学を生み出す。このような虚構の世界を理解する時ヒントとなるのが、Baudrillard(1994 [1981])の言う「シミュラークル」である。Baudrillardは、ポストモダンの文化に拡がる虚構の世界をシミュラークル、つまりコピーしたものを何度もコピーしたさらなるコピーの世界と捉えた。この虚構の世界は実在とは離れてしまっていて、既にもうコピーとは言えないもの(モデルとなるものがなく、コピーそれ自体で意味を表現する記号)となる。そして何が本物で何がコピーかということは問題にされず、むしろマンガ・アニメ的リアリズムの中に歴然としたリアリティが存在するとされる。ポピュラーカルチャーの作品群に登場する話者は、半透明の言語が可能にする新しいリアリズムの中に存在し、従来の文学作品の話者より遥かに複雑な性格を帯びるようになっているのである。

4.2.2. キャラクターとデータベース理論

近代文学は、登場人物をそのままなぞることを目指すリアルな描写を通して展開した。一方ポピュラーカルチャーの文芸は、個別の作品というよりむしろ「データベース」として存在する（東 2001）。ここで言うデータベースとは、過去の作品から好みによって選ばれた断片としてのデータの集合である。原作に登場したキャラクターはその世界を抜け出し、データベースとしてデジタル世界に存在し続ける。二次制作を繰り返す過程で、消費者としてのオタクはそれぞれ自分の好みのキャラクターに（また、そのキャラクターの特徴に）「萌え」を感じるようになる。その消費の仕方を、東（2001, 2007）は「動物的」と表現した。

もう少し詳しく見てみよう。東（2001, 2007）は、日本のオタクの消費行動が、1990年代から変化した点をあげ、それにはふたつの特徴があるとする。ひとつは、シミュラークル（Boudrillard 1994［1981］）の前面化である。つまり、オリジナルともコピーとも言えない形態が広まる傾向があり、アニメやマンガ作品の中には、原作の二次制作でありながら、それをオリジナルのように扱う時代が到来したとする。

もうひとつは、「キャラ萌え」である。大塚（2001［1989］）の言う物語消費から、データベース消費へ移行した1990年以降のオタク文化では、物語の展開やその世界観を読み込んで楽しむモードから、設定を取り出して楽しむモードへの移行が見られた、と指摘する。新世代のオタクの間では、作品世界に固有の世界観にこだわることなく、キャラクターを作品世界の脈路から自由自在に分離させて、断片的に楽しむモードが主流になった。萌えの対象が、属性や要素といった言葉で端的に表現され利用される。萌え要素として取り出すことで、自分の好みを寄り集めるという消費方法が顕著になる。その結果、コミュニケーションの相手が人間である必要性は急速に薄れ、その代わりに物、しかも物のある要素を相手にするようになる。このような考え方は、私達が主体の分裂や話者のあり方を理解する際に、少なからず影響を与えるものと言わざるを得ない。さらに、この状況は快・不快といった動物的な感情によって、コミュニケーションの相手を選ぶことができる時代の到来を意味する。ポストモダンという潮流の中で、私達は好みの相手を自分に都合のいいかたちで自由に選択するようになり、その結果、断片的な消費が益々助長されるようになっているのである。

データベース理論は、例えば稲葉(2006)や木島(2008)など、他にも多くの研究者の注目を集めてきた。稲葉(2006)は『モダンのクールダウン』という著書で、大きな物語が消え、その代わりに大きな非物語としてデータベースが台頭したことを論じ、この動向はアニメ・マンガ・ゲームに萌える日本のオタクたちの消費行動に、はっきりと認められると主張している。同様に木島(2008)は、従来の物語消費がデータベース消費に移行する過程を、人から物の消費へのシフトと捉え、コミュニケーションの相手が人である必要が薄れたことに注目している。キャラクターを断片的に楽しむというデータベース的コミュニケーションのあり方は、単なるポピュラーカルチャーの理論ではなく、私達が研究者としてどのような形で日本の言語文化と向き合っていくべきか、特に話者の概念についてヒントを提供してくれる。

4.3. ポピュラーカルチャーにおけるキャラクターとキャラ

4.3.1. キャラクターとキャラの違い

ポピュラーカルチャーを支えるポストモダンの文化では、キャラクターが重要視されていることを理解してきたが、キャラクターという表現に関連して使われる「キャラ」について確認しておこう。キャラは単なる省略形ではなく、キャラクターと区別して使われることが多い。それは、マンガ評論家である伊藤(2005)による区分に端を発している。伊藤は簡単な絵として描かれるキャラクターの存在感を重視し、それをキャラと呼び、物語の登場人物としてのキャラクターと区別した。伊藤によると、キャラとは「多くの場合、比較的に簡単な線画を基本とした図像で描かれ、固有名で名指されることによって(あるいは、それを期待させることによって)、『人格・のようなもの』としての存在感を感じさせるもの」(2005: 95)である。一方、キャラクターとは「『キャラ』の存在感を基盤として、『人格』を持った『身体』の表象として読むことができ、テクストの背後にその『人生』や『生活』を想像させるもの」(2005: 96 傍点は原文のまま）であるとする。マンガを題材とした研究であることも影響しているものと思われるが、要するに、キャラはおもにビジュアルイメージとして捉えられ、一方キャラクターは内面的・人格的な存在と理解される。

宮本(2003)は、マンガにおいてキャラクターが立つとはどういうことかを論じていて、そのための必須条件をあげている。それは、(1)独自性(他のキャラクターと区別可能)、(2)自立性・擬似的な実在性(ひとつの物語にしばられず、より大きな世界に生きることができる)、(3)可変性(特徴や性格がある程度変化し得る)、(4)多面性・複雑性(類型的な存在ではなく、意外性や弱点を持っている)、(5)不透明性(外からまた他者から見えない内面を持っている)、そして(6)内面の重層性(自分自身にもよく理解できない不透明さが自分の中にあると意識されている)である。

宮本が列挙するキャラクターの特徴を持つマンガの登場人物は、しごく人間らしく思えるのだが、キャラクターと人間の間には、もちろん大きな違いがある。これについて、東・桜坂(2008)の興味深い記述がある。

> 人間はひとつの生しか送れないが、キャラクターは複数の生を送ることができる。人間は現実に生き、キャラクターは可能世界に生きる。文学は人間を描き、キャラクター小説はキャラクターを描く。文学は反復不可能な生を描き、キャラクター小説は反復可能な生を描く。ぼくたちは、単独的な実在から確定記述の束を抜き出し、数限りないイフをそのうえに重ね、何度も異なった生を生き、何度も死ぬことができるようにした抽象的なペルソナを「キャラクター」と呼んでいる。(東・桜坂2008: 129-130)

一方、ライトノベルの作品群に基づいて、キャラクターを論じる立場もある。ライトノベルに登場するキャラクターは、自然主義文学の登場人物と異なることがしばしば指摘されている。例えばライトノベル作家である新城(2006)は、近代文学のキャラクターは「何かを選択し、決断する内面やら人格やらを持った人物」であるのに対し、ゲーム的世界観の中のキャラクターは「任意の状況における所作事や決め台詞の束」(2006: 132)であると性格付ける。続けて新城は、ライトノベルではキャラクターは「こういうシチュエーションでは、きっとこういうことをするだろうなあという確率分布を——ありがちな状況の数だけ——重ねあわせたもの、として読者（というかユーザー）に理解されはじめる」（2006: 134）その集合であると記している。

日本のポピュラーカルチャーのコンテクストで使われるキャラクターとは、言うまでもないことだが、あくまでフィクションの世界の創り物であり、人間が共感する対象物に過ぎない。具体的にはステレオタイプ化されたキャラクターの類型として、メガネっ娘、妹、委員長、巨乳・貧乳、戦闘美少女、人造少女、ポニーテール・ツインテール、メイド、猫耳、ツンデレ（通常ツンツンしているが、恋人同士になると急にデレデレいちゃつくキャラクター）など（新城2006）が知られている。[注4]

これらのキャラクターは、それぞれの状況における典型的な行為や言語表現の束で作られているのであり、必然的に複合性を帯びる。そしてそれは少なからず、そのキャラクターを消費する私達の自己意識にも影響を及ぼす。ポピュラーカルチャーの世界では登場人物もその消費者も、複合される話者という現象から逃れることは困難なのである。

4.3.2. キャラクターとキャラの定義

以上見てきたように、「キャラクター」と「キャラ」という概念は、批評家によって異なっているのだが、筆者はキャラクターとキャラを次のように定義する。キャラクターとは一般的に登場人物と言われる物語内の人物像であり、多くの場合、ステレオタイプ化されたイメージを伴う。一般的に典型的なキャラクターとして認められるものには、お嬢さん、老人、ツンデレ、ヤンキー、異人、などがある。さらに、上記の新城（2006）によるキャラ類型も含む。加えて本研究では、後続する分析の章で明らかになるように、キャラクターという表現を拡大し、話者の発想・発話態度や、例えば甲州弁を話す甲州キャラクターのように、方言使用者に典型的に観察される特徴をも含むものとする。

キャラとは、ステレオタイプ化されたキャラクターの一側面を指し、キャ

注4　ツンデレについては第6章の分析を参照されたい。

ラクターの一要素として付加されることが多い。キャラはあるシチュエーションに典型的に見られる言動を、一時的に利用することで可能になる特性である。[注5] 同じ言語行為でも、それが一貫していればキャラクターに繋がる場合もあれば、一時的であればキャラ的なイメージを提示するのにとどまる場合もある。例えば、ある物語の中でお嬢さんがキャラクターとして登場する場合もあれば、お嬢さん風の言動が一時的に使われれば、登場人物の一側面であるキャラ表現として機能する。この場合のキャラはお嬢さんのキャラクターの典型的な特徴を、その特有の効果を狙って一時的に意図的に利用しているに過ぎない。さらにキャラクターと関連付けられる発想・発話態度や方言などのバリエーションについても、一時的に使われればキャラ要素として扱う。なお、次項に見るように、キャラクターやキャラがポピュラーカルチャーを離れて、社会一般で生身の人間について使われることも付記しておきたい。

4.4.　社会におけるキャラ現象

ポピュラーカルチャーのキャラクターは、若者に多くの影響を与えてきた。1990年代から、アニメ、マンガ、ゲームという文化に浸ってきた世代の生き方に、その文化が影響しないわけはなく、また、インターネットを中心としたコミュニケーションが必須になっている現在、インターネットを含むメディアに支えられたキャラクター中心の人間観が、さらに重要な位置を占めるようになっている。

4.4.1.　キャラの特徴

人間関係に認められるキャラクターとは、人格、人間性、個性を意味し、それは、時間をかけて養われるものである。この社会的な意味のキャラクターを手に入れるには、何らかの一貫した自分の考えや価値観が前提としてあり、目標を設定して努力することが必要になってくる。例えば、私達が職業上の技術や生活上の役割を通して養われる人格であり、それは同時に他者から個性として認められることもある。

注5　筆者はMaynard (2016) でcharacterとcharacteristicという用語を用いたが、本書のキャラはcharacteristicに当たる。

一方、日本の社会学者や心理学者がキャラクターをとりあげる時は、「キャラ」が使われることが多い。この場合のキャラとは、あるグループ内で、個人に貼り付けるレッテルである。瀬沼(2007)は95人の若者を相手にインタビューしているが、友人のキャラを教えてください、という質問の答えを一覧表として示している。上位を占めたキャラには、いじられキャラ、バカキャラ、クールキャラ、かわいいキャラ、キモキャラ、なぞキャラ、ボケキャラ、まじめキャラ、いやしキャラ、下ネタキャラ、天然キャラ、などがある。このリストから明らかなように、ここで若者がキャラと呼ぶものは、人格としてのキャラクターの省略形ではなく、グループ内の仲間が個人に割り当てる対人関係上の役割のようなものである。瀬沼は、キャラとは、ふざけたもの、遊びの延長と言えるようなものであり、それは自らが意識して選ぶものではなく、努力して入手できるものでもなく、仲間によって割り当てられるものである、とまとめている。

もう少し詳しくキャラについて復習しておこう。白田(2005)は、ネット人格とキャラ選択をテーマとした論文で、キャラを操作する「キャラリング」という用語に触れながら、「社会的キャラ」と「仮想的キャラ」という概念を紹介している。社会的キャラは、日本社会で30年ほど前までよく引き合いに出された、父、顔役、上司、教師、学生、といった社会的文脈に位置付けられるもので、これらは立場に応じてものごとを正しく判断し行動する人の人格を指す。しかし現在キャラ選択の際に参照されるのは、ドラマ、アニメ、マンガ、ゲーム、などの登場人物で、それは仮想的キャラと呼ぶべきものである。このような仮想的キャラは、社会を支える要素としての社会的キャラと異なり、ある状況を支える要素としてしか機能しない。このため例えば、クラス替えが行われたりアルバイト先が変われば、キャラの割り当ても変わり得る。

仮想的キャラの登場は、ポピュラーカルチャーが広く受け入れられている現代であればこそ、ある意味、自然の成り行きとも思われる。キャラはその場で半強制的に割り当てられるため、それを演じないと「空気が読めない」としてその場に抵抗・反逆したと見なされることが多い。これはキャラ付けをするキャラリングが、時には暴力的であることを示しているが、一方、一貫した近代的な個人のスタンスを維持するべきという信仰と違って、キャラの流動性は、ある意味で気楽な環境を提供していることも確かである。

4.4.2. 若者とキャラ的主体の心理

若者の行動に見られるキャラ現象は自己の捉え方に関係してくるのだが、それは特に学校生活において顕著となる。土井(2009)は、学校で子供達がキャラ化したりされたりする現実を、「内キャラ」と「外キャラ」という概念で捉えている。土井はまず、1980年代から日本社会を支えてきた価値観が急速に多元化し、子供達は現在、多様性を奨励するようになった新しい学校文化を生きていると主張する。学校も社会も、普遍的で画一的なものさしによって統制されるのではなく、より複雑になってきている。そのため心理的な問題が起きてくるのだが、土井(2009)はこの現状について次のように説明する。

> しかし、人びとの価値観が多元化し、多様な生き方が認められるようになった今日の社会では、高感度の対人レーダーをつねに作動させて、場の空気を敏感に読み取り、自分に対する周囲の反応を探っていかなければ、自己肯定のための根拠を確認しづらくなっています。いわば内在化された「抽象的な他者」という普遍的な物差しが作用しなくなっているために、その代替として、身近にいる「具体的な他者」からの評価に依存するようになっているのです。(土井2009: 16)

続けて土井(2009)によると、このような状況下で、ある生徒がクラス仲間に対して提示するイメージは、ポピュラーカルチャーのキャラクターに関係しているのだが、人気のキャラクターをそのまま使うわけではないとのことである。そうではなくて、ある物語に内在するキャラクターの一部を抽出し、それを原型として記号化して新たに利用する。それが土井の言う「キャラクターのキャラ化」である。このようなキャラ化はそれぞれの対人関係に適した外キャラとして現れるものであり、それは断片的な要素の寄せ集めであるだけでなく、複数のキャラを採用するという意味で価値観の多元化を意味することになる。土井は、現代人はそれぞれの対人場面に適合した外キャラを意図的に演じることで、複雑になった関係を乗り切っていこうとしているのだろう、と言う。

土井（2009）の説明を続けよう。若者は「内キャラ」という隠れた拠り所を信じているとのことで、その内キャラとはあくまで生来的で限定的なものであり、そこで止まっていて変化しないものである。その代表的なものとして地元つながりがあり、内キャラは物語の中で成長しないキャラクターのように、変化することがない。内キャラという意識の中には、むしろ成長していくことに対する懐疑感があり、生まれ持った自分へのこだわりが感じられるのだ、と。

若者は、外キャラと内キャラを同時に管理する一方、複数の外キャラを駆使することで対人関係を乗り切っている。しかも興味深いことに、土井（2009）が指摘するように、矛盾するようなキャラであっても、それらに一貫性を持たせる必要を感じていない。複数のキャラが複合したものとしてキャラクターがあり、キャラクター自体も同一性を求めないからである。この複数の外キャラをそのまま受け入れるという経験は、内キャラの性格付けに影響を及ぼすことも当然考えられる。この状況について論じるのが荻上（2008）である。

荻上（2008）は学校生活におけるイジメについて論じているが、そこに観察できる自己の把握方法として、「キャラ型自己モデル」と「アイデンティティ型自己モデル」をあげている。キャラ型自己モデルは、状況に応じてキャラを選択し使い分ける場合で、それに対して伝統的なアイデンティティ型自己モデルは、一貫した社会に認められる理想としての自己を模索する場合を指す。人々は自己を把握する時、ある程度キャラ的要素を考慮してきたのであるが、あたかも一貫性があるかのようなふるまいを必要としてきた。しかし、と荻上は続ける。現在の若者の自己把握のモデルは、モバイルデバイスやインターネットの普及に呼応して、一貫性を期待する強制力が比較的弱まっている。そして、様々なコミュニケーションの場でのキャラ分けのニーズが深まり、そのためキャラ型自己モデルの内容も複雑化しているのだ、と。このような現状を考慮すると、キャラクター現象が特に若者の間で、言語の主体としての話者のあり方に深く影響していることは疑いないものと言えよう。

4.4.3. キャラを演じる効果

キャラ操作が若者の対人関係において複雑化・多元化していることを見たが、それはなぜだろう。多様なキャラを演じる動機は何なのだろう。もっとも変動するキャラ設定が、それなりの効果をもたらしてくれるだろうことはすぐに想像できる。キャラ操作は一貫した自分の否定ではなく、むしろ自分を保護してくれるツールとなり得るからである。相原(2007)の言うように、グループ内で割り当てられたキャラであっても、それを受け入れることで、自分の居場所が見つかるからである。斉藤(2011)は、そのようなキャラの有効性について次のように述べている。

> たとえ「これが自分」という実感が伴わなくても、いったんキャラ自認が成立すれば、「自分とは何か」という問いからは解放される。「キャラを演じているに過ぎない」という自覚は、キャラの背後にある(と想像される)「本当の自分」の存在を信じさせ、また保護さえしてくれるだろう。(斉藤2011: 32)

斉藤(2011)は、このようにキャラが対人関係のためのインターフェイスとして機能することを主張し、次のように続ける。キャラという現象は、主体の全体性もしくは主体の複数性を背景にした記号として表象され、主体がいつでもそれに「なる」ことができる生成的な記号である。それは仮面やペルソナと同一視されることがあるが、そうではない。ペルソナというと、その背後に唯一の真実の主体のようなものが存在するとされ、これは西欧の主体のイメージと一致する。しかし、キャラは記号に過ぎないため、キャラと主体は多くの場合「多対多」の関係になるのだ、と。

キャラは、必ずしも一貫性を持った主体を前提としないのである。しかもキャラはキャラクターとは異なり、世界や物語と固有の関係を前提としない。キャラは常に主体に関連しているが、それはあくまで相対的なものに過ぎず単一ではない。斉藤(2011)はこのキャラと主体の関係を、次のように説明している。

> 日本人は、主体をキャラとしてイメージすることによって、あらかじめ主体について複数化したり、あるいは実体的な集合体という前提をイメージとして共有することができる。トータルな人格であるより

も、自分が場のコンテクストの中で、相対的にどのようなキャラとして振る舞いうるか、そちらのほうを重視するのだ。(斉藤2011: 231-232)

このような状況では、従来の主体的な人間意識を意味する主体やアイデンティティは、むしろ邪魔になる。どんな場面でも自分らしさを貫くことが大切と考える必要は、なくなっているのである。

同様に、土井(2009)もキャラの効用について、特に外キャラの機能として、その「透明化」をあげている。外キャラには、複雑で不透明な人間関係を理解しやすく透明化する効果がある。ポピュラーカルチャーで、キャラクターがしばしば単純な形をしているのを思い起こそう。単純化されたイメージは理解しやすいのだが、それと同じように自分を単純化することで、相手に理解してもらいやすくすることができる。もちろん相手も与えられたキャラを受け入れることで、より理解しやすくなる。この「錯綜した不透明な人間関係を単純化し、透明化」(2009: 25)することが、キャラの心理的な効果である。

難しい人間関係に直面した際、できればキャラを演じることで自分を守るという考え方は、相原(2007)も指摘している通りである。しかし相原はそのようなキャラ操作がもたらす弊害についても明らかにしている。キャラ的な関係を保っていると、それ以外の方法で自分を守る能力が失われてしまうと憂慮する。実際問題として、キャラを生きることに慣れている若者にとって、生身の人間と真っ向から対峙するのは難しく、もし真剣に向き合ったら自分自身が壊れてしまう。このためキャラ的な関係が増長し、キャラ依存が深まっていくのである。日本の社会でキャラ的主体という現象が否定し難いものとなってきているのである。グループ内でキャラを受け入れそれを維持することで、自分の居場所を見つけていくという人間関係が強化され続ける。

以上概観してきた社会におけるキャラ現象は、それが自分や他者の把握の仕方に深く影響するだけに、本研究のテーマである話者の捉え方にも関わってくる。次項で見るように、言語の主体としての私と演じ分ける複数のキャラクターとの同一化が認められる点において、特に重要である。

4.4.4.　キャラクターとしての主体

筆者が本章でテーマとしているキャラクターやキャラは、従来の個性という概念と無関係ではないとする立場があり、例えば瀬沼(2007)は次のように論を進める。そもそも、キャラクターやキャラが前景化するのは、それが他者との差異化を通して主体を形作ることができるからである。もともと若者は他者との差異化を狙ったパフォーマンスによって、アイデンティティを得ようとする傾向があるのだが、グループが同じようなメンバーから成り立っている場合はなおさらのこと、その内部で差異性を主張する必要がある。そのような状況下で、他のメンバーとの差を表現するためのひとつの手段としてキャラがある。このようなキャラは内面の深淵から来る根源的なものではなく、社会や他者に向けて積極的に提示するものでもないが、他者との微妙な差異化を意識した従来の個性と無関係ではない。この意味でキャラと私は重複してくるのだ、と。

それでは、このキャラと私の同一性が認められるのは、どんな文化的条件を契機としているのだろうか。既に見たようにポピュラーカルチャーの影響は否定し難いものがあるのだが、インターネットの影響も大きいと想像するのは難しくない。相原(2007)は、キャラがインターネット社会によって促進される現状について、次のように説明している。特に若者のコミュニケーション方法に関連してなのだが、アバター使用はもちろんのこと、アバターを使わなくても、ブログやチャット、掲示板やメールなどのコミュニケーションで提示されるのは、現実の私とは異質のものである。つまり、現実の私とは別の人、いわば「仮想現実空間上の私＝キャラとしての私」(2007: 70)である、と。相原は次のような具体的な説明を加えている。

> たとえば、一日中ミクシィでマイミクたちとのやりとりを繰り返していれば、そこにいる「私」はおのずと「キャラとしての私」としてのみ存在することになる。パソコンの前にいる「私＝アイデンティティ」は、やがてパソコンの中にいる「私＝キャラ」へと飲み込まれていくのである。(相原2007: 70-71)

相原(2007)の言う私とキャラとの同一性とは、言語を用いてコミュニケーションに従事する話者とキャラとの同一性でもある。話者をこのように把握することは、幾つかのキャラを演じることで、現実の自分とは向き合わないで済むことになる。キャラの方が気軽であり、もし行き詰まったら他の場所での違ったキャラを演じればいいだけのことなのである。

以上、キャラクターやキャラについて考察してきたが、私＝キャラという公式に象徴されるように、特に若者の間では、話者の概念は大きく変化しつつある。主体はキャラクターやキャラの複合したものとして捉えられるのであり、主体＝キャラから話者＝キャラへ、そして複数のキャラが話者の複合性へ繋がるという構図は、不自然なものではないと思われる。本書では話者をキャラクターやキャラという概念を通して理解するのだが、特に大切なのは、言語のバリエーションを媒介としてキャラクター設定とキャラ提示が成され、そのプロセスで複合的な話者を形作っているという点である。その話者とキャラクター・キャラとの媒介として機能するのが、次項で紹介するキャラクター・スピークである。

4.5.　キャラクター・スピーク

4.5.1.　キャラクター・スピーク：キャラクター設定とキャラ提示

これまでキャラクターとキャラについて論じてきたが、このふたつの概念が言語の分析とどう関連するのか、という問いに答えなければならない。本研究では、キャラクターやキャラを効果的に創り上げるために使われるバリエーションを含む言語表現を、キャラクター・スピーク（character-speak）として捉えたい。[注6] ここでキャラクター語やキャラクター表現ではなくあえて「キャラクター・スピーク」とするのは、言語の発話的側面を強調したいからである。行為、出来事、会話としての言語行為すべてを含む意味でキャラクター・スピークという表現を選んだ。キャラクター・スピークは、作家、作者、語り手、登場人物など、すべての話者が駆使する言語表現、レトリックの綾、会話行為など、広範囲にわたる表現手段であり、キャラクターやキャラを立ててそれを維持し、変化させ、管理する。キャラクター・スピークは、具体的には特に日本語のバリエーションやスタイルを指すのだが、そ

注6　より詳しくはMaynard（2016）を参照されたい。

の他にも会話参加の仕方、言語行為の特徴、癖のある語や文の用法、語尾の添付、イントネーションなど、言語のあらゆるレベルの操作を含む。

特に重要なのは、キャラクター・スピークがキャラクターを立てるためだけでなく、登場人物のキャラクターの一側面としてのキャラを前景化し、よりカラフルにするためにも使われる点である。つまり、キャラクター・スピークは、キャラクター設定とキャラ提示の両者の機能を果たしながら、ステレオタイプ化された人物像に直結するスタイルを提供するのみならず、一時的にあるキャラのイメージを想起させることで、話者の重層的なキャラクターを立てるプロセスに貢献する。同一の話者が複数のキャラクターを提示するのであるが、キャラクターは比較的安定している。それに対しキャラは、より流動的である。いずれにしても、筆者は、キャラクター・スピークを、この両者の複雑な重層性・複合性を把握するための分析概念として導入する。

キャラクター・スピークの実例は、第6章から第10章でポピュラーカルチャーの五つのジャンルのディスコースを分析する過程で多く提示するので、次項ではその理論的背景と、先行概念としての借り物スタイルについてまとめておく。さらに続けて、日本語のキャラクターに関係する言語研究のアプローチである役割語研究（金水2003, 2007, 2011）を復習し、筆者の研究姿勢との違いを明らかにしておきたい。

4.5.2.　理論的背景：多言語性とキャラクター・ゾーン

理論的背景として、声の多重性（multivoicedness）、特に多言語性（heteroglossia）とキャラクター・ゾーン（character zone）が重要である。これらは、Bakhtin（1981, 1984, 1986）やVološinov（1973［1929］）によって提唱された文学、特に小説のディスコースの解釈のための概念である。[注7] Bakhtinは、西欧の小説を研究資料として言語に関する哲学を打ち立てたのだが、本書でデータとして使う日本のポピュラーカルチャーのディスコースにも応用できる考察が多くあり、筆者はBakhtinを超えて、その概念を拡大解釈して分析の指針とする。これらの概念は、話者が操作するキャラクター・スピークと

注7　Bakhtinは、時にはVološinovの名で著作活動をしたと考えられているため、同一人物である可能性が強い。この現象にも複数の話者が具現化している点、興味深い。

多数のキャラクターやキャラとの関係を理解するために役立つからである。

筆者は今までも多くの研究でBakhtin (1981, 1984, 1986) の立場を説明し、日本語の談話分析に応用してきたのだが、まず、声の多重性について確認しておきたい。Bakhtinは、談話の断片、その中に出てくる一行の文、いや、一語にさえも幾つかの異なる「声」(voice) が響いていると主張する。つまり、言語表現には常に複雑な複数の視点を代表する声が聞こえ、そこに「多重性」(multivoicedness) が認められるという立場である。

この立場は、もっと根本的には言語の対話性を重視するBakhtinの言語観に基いている。Bakhtin (1986) は談話の意味解釈には、その談話自体だけでなく、その外部で起きているコミュニケーションにも目を向ける必要がある、つまりテクストだけでなくコンテクストにも注目する必要がある、と説く。そして、特に語り手と聞き手、もしくは語り手と先行する (または後続する) 語り手との間で、談話内部のコミュニケーションが行われていることに注目する必要がある、と主張する。Bakhtinのアプローチでは、いかなる発話もそれ自体独立したものではなく、あくまでその境界線は言語の主体の交替によって引かれる。このため、発話は常に他の発話に無関心ではいられないし、それ自体で完全な一体となることもない。全ての発話は、先行する発話に対する反応や答えとして理解されなければならないし、それは後続する発話を含む他の発話を否定したり、肯定したり、補足するものでもある。いずれにしても、発話は他者の発話を前提にして、それに依存しながら対話性を保っている。ひとつひとつの発話は他者の発話の残響で一杯になっているのであり、そこには常に声の多重性が確認できる。

Bakhtinが主張するこのような言語の対話性が話者の概念に直接関係してくるのは、言語の主体を単数の個として見るのではなく、互いに対話性において作用しあう複数の意識として見ていることにある。重要なのは、対話的関係とは言語の出来事を指していることであり、その過程で、ある対話上の意識が幾つかの他の意識を客体化して統合し、ひとつの意識を形成するわけではない、ということである。言語の対話的関係および声の多重性を認めることは、話者において複数の意識がひとつになるのではなくて、複数の意識が互いに働き合いながらも、そのうちのひとつも他の意識の客体となることなく共存しているのだ、と認識することである。

筆者はこの複数の声の対話性を、内在化した社会の声として捉えることが可能であると思っている（メイナード2000; Maynard 2002, 2007）。従って、声の多重性を語る時、それは単に文学作品の中にだけ見られるものではなく、ありとあらゆる言語表現、つまり人間が言語を使用する行動全てに認められるものだと考えている。キャラクター・スピークとは、何よりも、ポピュラーカルチャーのディスコースという世界の中で、会話性と対話性に基づいた声の多重性を操作するための方策である。

Bakhtinが声の多重性を語る時、その声とは言語のバリエーション（Bakhtinの言うdialect）を指すことが多い。各種のバリエーションの声が共存することで、その相互関係を通して互いがより表現豊かなものになるとし、その現象を「相互活性化」（interanimation）という表現で捉える。Bakhtinはこのプロセスを次のように説明している。言語が文学作品の中に導入されると、本来のともすると閉鎖的な傾向が解除され、その言語を超えた表現手段となる。それは、言語のバリエーションが文学作品の言葉の中に融合されると、その新しいコンテクストで形を変え、本来のバリエーションとは違うものになるからである。一方、これらのバリエーションは文学の言語の中に浸透しても、変化可能な範囲内でそのバリエーションの従来の言語性を保持するので、逆に文学の言語を変形させる力を持つ。閉鎖的なシステムであった文学の言語が解放され、その内部ではバリエーションが変化しながら生まれ変わるのであり、その結果生まれるのは単独の言語ではなく複数の言語の対話なのである、と。

続いてBakhtinは「多言語性」（heteroglossia）という概念を紹介する。多言語性は、文学作品の中の登場人物の声（それは作者の声の反映でもあるのだが）に観察できる。その多言語は会話性に支えられていて、あたかも互いに会話しているようなものであり、その言語は「ハイブリッド構造」（hybrid construction）となると言う。Bakhtin（1981）を引用しよう。

> 多言語性から捉えられたある言語は、一度小説の内部に統合されると、それはもうひとりの人の言語のもうひとつの発話になる。この言語は作家の意図を表現するのではあるが、その表現過程にはそのまま

> ではなく屈折したものが含まれるため、二重言語の特殊なディスコースを形成する。ふたりの話者に利用され、キャラクターの直接の意図と作家の屈折した意図、というふたつの異なった意図を同時に伝えることになる。そのようなディスコースには、重層する声、重層する意味、重層する表現が観察される。常にこれらの声は対話的にしかも相互に関連付けられ、あたかも認め合っていて実際に会話をしているようである。二重の声が響くディスコースは、常に内部で会話をしているのである。(Bakhtin 1981: 324 筆者訳) 注8

Bakhtinが具体的な多言語性の現象としてあげるのは、階級によるバリエーション、イデオロギー言語、職業による特殊言語、世代差を反映した言語、プロパガンダに用いる言語、権威者の言語、あるグループに限定された特殊言語、そして流行語、などである。Bakhtinはこれらのバリエーションが小説のディスコースに取り入れられた場合について、次のような説明をする。小説内のバリエーションは、小説の構造上幾つかの層をなす。その層には、作者の語り、人々の語り、半文学的語り(例えば手紙や日記)、作家のレトリックの綾を駆使した表現、加えて、一番下の層に小説の登場人物の個人的なスタイルがある。そしてこれらの言語は、あたかもオーケストラの演奏のように、作者、語り手、登場人物という三者によって組み合わされ統合されるのだ、と。

キャラクター・スピークには上記のような多言語性が観察できるのだが、その様相を解釈するために、Bakhtin (1981) の「キャラクター・ゾーン」という概念を応用することができる。例えば小説では登場人物によってキャラクター・スピークが用いられると、それは直接話法となることが多い。しかし登場人物の発話と言えど、作者によってコントロールされているのであ

注8　原文は次のようになっている。Heteroglossia, once incorporated into the novel (…), is *another's speech in another's language*, serving to express authorial intentions but in a refracted way. Such speech constitutes a special type of *double-voiced discourse*. It serves two speakers at the same time and expresses simultaneously two different intentions; the direct intention of the character who is speaking, and the refracted intention of the author. In such discourse there are two voices, two meanings and two expressions. And all the while these two voices are dialogically interrelated, they — as it were — know about each other (…); it is as if they actually hold a conversation with each other. Double-voiced discourse is always internally dialogized. (Bakhtin 1981: 324 イタリックは原文のまま)

り、その声を正しく解釈するためには、登場人物と作者の関係が重要となる。Bakhtinはこの関係を明らかにするために、登場人物の声が中心となる小説の領域を「キャラクター・ゾーン」(character zone)と呼んでいる。

キャラクター・ゾーンとは何かという問いに答えるために、Bakhtinが説明に用いる実例を見てみよう。それはツルネーゲフの小説 *Virgin Soil* の中に登場する語り部分で「しかしカロミエチェフは彼の丸いめがねを意図的に鼻と眉毛のあいだに軽く打ちつけ、彼の懸念をあえて分かち合おうとしない学生を睨んだ。(Kallomyetsev deliberately struck his round eyeglass between his nose and his eyebrow, and stared at the (…) student who dared not share his apprehensions.)」という部分である。この表現の中の「あえて分かち合おうとしない」(dared not share)という表現には、カロミエチェフの学生に対する怒りと、作者がカロミエチェフの怒りの感情を汲んで批判的に表現する、というふたつの感情が含まれている。つまり「あえて分かち合おうとしない」という表現には、作者の声と、作者の声とは別の領域に聞こえるカロミエチェフの声とが共存しているのである。この状態をBakhtin (1981) は次のように説明する。ツルネーゲフの小説から抜き出した部分は、キャラクターの役割が小説の言語を複数の層に分化し、その中に多言語を導入する典型的な例である。小説のキャラクターは常に自分のキャラクター・ゾーンを持つのだが、それはキャラクターの直接話法のディスコースより広いゾーンになっていて、その周囲を囲むゾーンは特殊なスタイルで特徴付けられている。そしてそこには、もっとも変化に富むハイブリッドな構造が用いられる、と。Bakhtinは、その対話性について、次のように述べる。

> そして、このゾーンの中では、作者と作者が創ったキャラクターとの会話が実践されるのだが、それはある言葉に対する反応というような、いわゆるドラマの脚本にある会話のように簡単には分割できない特別なタイプの小説の対話性に支えられている。外面的にはモノローグにも似た形で、しかし小説の構造という枠組みの中で実現する対話性なのである。(Bakhtin 1981: 320 筆者訳)[注9]

注9　原文は次のようになっている。This zone surrounding the important characters of the novel is stylistically profoundly idiosyncratic, the most varied hybrid constructions hold sway in it,

Bakhtin (1981) は、このようなキャラクター・ゾーンの重要性を強調していて、それがバリエーションやスタイルの研究や言語学で最も大切な研究概念であると言う。キャラクター・ゾーンの研究こそ、言語やスタイルに関する研究に全く新しい光を投げかけてくれることになるだろう、とまで言うのである。[注10]

筆者は、このBakhtinの言うキャラクター・ゾーンという概念を本研究に応用する。その領域に駆使される多言語性こそ、話者の複合性というテーマにひとつの答えを提供してくれると思うからである。後続する分析の章で具体的な現象を考察するのだが、例えばライトノベルでは、登場人物と語り手の声が入り乱れるキャラクター・ゾーンに声の多重性が認められ、またトーク番組では、キャラクター・ゾーンで同一の人物が異なったキャラクターやキャラを提示するための多言語性が観察できる。さらにケータイ小説では、語り手がキャラクターとして登場するため、語り手のキャラクター・ゾーンの多言語性が浮き彫りになる。

ドラマでも、登場人物兼語り手というひとり二役の話者のキャラクター・ゾーンの対話性の中に、多言語性が観察できる。マンガでは、登場人物、語り手、加えて時には作者であるマンガ家がキャラクター・ゾーンを占領する。キャラクター・ゾーンでは作者の視点は上層に位置するのだが、その声は語りのプロセス自体によって屈折し変化する。そして登場人物の声も、そのディスコースが可能にする構造の中で会話性と対話性を帯び、キャラクター・ゾーンをさらに複雑で多重的なスペースとする。

筆者は、Bakhtinの小説のディスコースに限られた研究を超えて、Bakhtinの分析概念を広く言語文化全般に応用していきたい。そうすることで、キャラクター・スピークがどのような作用を通してキャラクター・ゾーンを作りあげ、そこにハイブリッド構造が生まれ、多層化した声の多重性や多言語性

---

and it is always, to one degree or another, dialogized; inside the area a dialogue is played out between the author and his characters — not a dramatic dialogue broken up into statement-and-response, but that special type of novelistic dialogue that realizes itself within the boundaries of constructions that externally resemble monologues. (Bakhtin 1981: 320)

注10 参考までに、原文には次の記載がある。Character zones are a most interesting object of study for stylistic and linguistic analysis; in them one encounters constructions that cast a completely new light on problems of syntax and stylistics. (Bakhtin 1981: 320)

が具現化するのか、最終的には、それがどういう意味で話者の複合性に辿り着くのか、について探求していきたい。

4.5.3. 先行概念としての借り物スタイル

筆者は今まで、日本語のバリエーションを分析するにあたって、「借り物スタイル」という概念を提唱し、それに基づいて多くのディスコースを分析してきた（メイナード 2004, 2005）。借り物スタイルとは、従来のスタイルがその人の生育地、年令、性別、職業などと関連して用いられる場合と違い、そのステレオタイプ化したスタイルを逆に利用する現象である。ステレオタイプ化された言語表現は、フィクションの世界で利用されるだけでなく、そのイメージを活用する目的で、雑誌記事などのノンフクションにも用いられる。さらに、幅広くメディアに登場するばかりでなく、日常会話にも利用される。

ここで、メイナード（2004）であげた借り物スタイルの例を、ふたつ見てみよう。(1) は、「映画と私」という雑誌記事の一部である。書き手はこの部分で、映画『テルマ&ルイーズ』について酷評している。(1) の記事の書き手は「むかついてしゃーない」「奴」「ウザイ馬鹿女」など、感情をそのまま表現するざっくばらんな感じのスタイルを維持している。記事のトピックは映画であり、内容的にも軽いタッチの文章となっているのだが、特に興味深いのは「どこがじゃ！」と「私には見えん！」という表現である。「じゃ」は、「である」が転じたもので、中世末以降、関西を中心に用いられた表現（新村 1998）であり、他の部分のスタイルから逸脱している。「私には見えん」という否定形も、記事の書き手が日常使うことはない。ここでイメージされるのは、封建時代、いらついている殿様が家来にでも向けて文句を言っている様子である。このようなステレオタイプの声を導入することで、あたかも権威者がしゃべっているような効果が生まれる。他者のスタイルを一時的に借りてきて利用することで、作者は強い不満を効果的に表現することができるのである。

(1)　信本（2002: 124）

ブラピちゃんはとても良かった。彼には何の罪もない。だが、あの女ドモはなんだ？　ジーナ・デイヴィスは、好きなタイプの女優だ。

スーザン・サランドンも、役者としては凄いと思う。しかし、ストーリー上の女ドモは、むかついてしゃーない。アレをかっこいい女とか言ってる奴も居るが、どこがじゃ！　ウザイ馬鹿女にしか私には見えん！　ああ、ああ、勝手にしたらいいさ。車ごとどこにでも突っ込んでくれ。

(2) のエッセー記事「床屋談義ベッカム様」にも、興味深い借り物スタイルが観察できる。「ござんす」という表現は、初め遊里で使われ、のち一般化した表現で「ございます」の転じたもの (新村 1998) である。また、田中 (1999) によると「ござんす」は上方の遊女の言葉で丁寧語の一種であるが、17 世紀末の元禄時代には、町家の一般女性語としても普及していたと言う。いずれにしてもここでイメージされるのは、江戸時代の例えば花魁が客に向けて言う言葉であり、「ケッコウなことでござんす」は記事全体のコンテクストから逸脱している。ただし、このエッセー記事はタイトルにある通り、書き手が床屋で床屋のおばさんと娘を相手に交わした話という設定になっている。床屋から髪結い、髪結いから花魁を思い起こさせる効果がなきにしもあらず、ではある。いずれにしても借り物スタイルは、ユーモアのあるディスコースを創り、そんな口調を取り入れる話者のキャラを読者が楽しむような仕掛けになっているのである。

(2) 嵐山 (2003: 129)

床屋の娘が、耳もとで、「ベッカムサマはカムサマだからベッ神様なのよ。金髪がステキなベッカミサマ。ベッカムサマのなかにはカミサマが入っているの」

と言う。あ、そうでございますね。ケッ。ケッコウなことでござんす。

(1) と (2) に観察できるように、借り物スタイルは、話者のスタイルの中に他者の声を導入する技法である。それによって、自分の声だけでは表現できない効果を生むことができるわけで、キャラクター・スピークのうちでも特に声の多重性を狙った創造的な表現方法と言える。

借り物スタイルという現象を通して、話者について興味深い側面が明らかになる。借り物スタイルは会話として導入されることが多いのだが、話者は借り物の声で異なったキャラを提示することになる。一般的に自己引用表現がそうであるように、話者は腹話術師のように異なった声を使って、複数のキャラを表現するのである。想像上の他者の声を自分の声と対話させることで意味を相互活性化させ、その複数の声で相手に語りかけるわけで、それはあたかも複数の相手と複数の会話をしているようでもある。一見簡単な言語表現は、このようにレトリックの技法に富んだものであり、話者がそれぞれ瞬時に創り出す言語行為の作品であるとさえ言えるのである。

(1) と (2) に観察できるように、筆者が借り物スタイルとしてきた言語操作は、キャラクター・スピークの一例である。過去の研究では、借り物スタイルは主に雑誌記事やネット上のブログに関して考察してきた。本研究では、話し言葉も含めて、より広範囲のポピュラーカルチャーのディスコースの考察に応用できる分析概念として、借り物スタイルをも含むキャラクター・スピークを採用することにする。

4.5.4.　役割語研究との違い

日本の言語文化の中で、キャラクターという概念が重要視されるようになって久しい。言語学の分野でもキャラクターやキャラクターに関係した概念を導入する研究が見られるのは、当然であると言えよう。その中でも特に興味深いのは、役割語研究 (金水 2003, 2007, 2011) である。本項ではこの研究姿勢に焦点を当てる。

金水は、役割語を次のように定義している。

> ある特定の言葉づかい (語彙・語法・言い回し・イントネーション等) を聞くと特定の人物像 (年齢、性別、職業、階層、時代、容姿・風貌、性格等) を思い浮かべることができるとき、あるいはある特定の人物像を提示されると、その人物がいかにも使用しそうな言葉づかいを思い浮かべることができるとき、その言葉づかいを「役割語」と呼ぶ。(金水 2003: 205)

金水 (2003) は『鉄腕アトム』に登場するお茶ノ水博士の言葉使いに着目する。例えば「親じゃと？　わしはアトムの親がわりになっとるわい！」という表現をあげ、これは他のマンガにも登場する博士に共通の言語であり、博士語である。しかし、若い博士に対しては使われず老人であることが条件であることから、博士語は結局老人語の一種であると説明する。またTeshigawara and Kinsui (2011) では、役割語の典型的な例として「そうじゃ、わしが知っておるぞ」をあげ、この表現に用いられる「じゃ」「わし」「ておる」「ぞ」などが、その話者が老人であることを示していると説明している。

役割語はステレオタイプを利用したもので、日本語表現の中には役割語と見なされる例が多くある。具体例としては『役割語小辞典』（金水2014）が詳しい。金水 (2014) によると、日本で育った母語話者なら簡単にできることのひとつに、典型的なセリフを人物像とマッチさせることがあり、例としては、関西人、老人、男の子、武士、田舎者、お嬢様、などがある。金水はさらに詳しく幾つかの範疇に分けて、それに関連した役割語を紹介している。例えば、年齢や世代による役割語としての、老人語、書生語、博士語、上方語、おばあさん語、町人ことば、下町ことば、幼児語、などである。

役割語は博士語やお嬢様言葉のように、社会一般で認められ常用される。一方、筆者が提案するポピュラーカルチャーのキャラを立てるために使われるキャラクター・スピークは、そのような役割語に限らず、より広範囲の言動・発話のバリエーションやスタイルを指す。キャラクター・スピークは、金水の言う役割語を言語のステレオタイプから解放し、話者がより創造的に利用する現象として捉える。それは単なる典型的な人物と直結する表現ではなく、むしろスタイルを利用した言語の遊びとも言える側面を持っている。

役割語研究ではマンガをデータとすることが多く、他にも無作為に選ばれた日本語表現を扱っているが、研究の根本であるデータ選択の根拠がはっきりしない場合が多い。そのため、分析概念の応用範囲が漠然としたままになっていて、理論的根拠が充分提示されないままである。また、分析の枠組みが、役割語は特定の人物像に直結するという限られたものであることから、後述するように、類似した現象を恣意的に排除するという状況を生み出しやすい。

もっとも、役割語が全ての日本語のジャンルに観察できるものとするなら、筆者がデータとしているポピュラーカルチャーのディスコースにも充分応用できると考えられるのだが、そうであればこそ、研究の枠組みの根拠を理論的に明らかにする必要があるように思う。

以下、役割語研究のアプローチでは充分に対応できない三つの現象について述べたい。

1. 役割語のような言葉がステレオタイプ化された人物像に繋がらない場合もあるが、それが説明できない。
2. 役割語のような言葉使いが一時的に使われることで、登場人物のキャラ（キャラクターの一側面）が具現化するが、この現象は役割語研究では触れられていない。
3. 役割語の使用は主たる登場人物の場合、ステレオタイプを破る必要があるため避けられるとしているが、主人公のキャラクターを立てるために使われることがあり、そのような現象が無視されている。

まず、第一の点に関して、筆者が分析したポピュラーカルチャーのディスコースでは、役割語に似た表現でも、簡単にステレオタイプ化した人物に直結しないが、あるキャラクターを立てるために使われる例がある。例えば、ライトノベル『おまもりひまり1　浪漫ちっくメモリー』から抜き出した(3)を観察してみよう。『おまもりひまり』シリーズでは、妖怪が多く登場するのだが、そのうちのひとり、女の子のような姿をした静水久という妖怪は、「……なの」が発話末に付く特徴ある話し方をする。静水久は不気味な妖怪でありながらも、「……なの」を使うことで女の子らしさを漂わせる。このようなキャラクターを立てるために使われているわけで、役割語に関係があるように見える。しかし「なの」表現は、役割語研究が主張するマンガなどのステレオタイプと直結する人物像には繋がらない。

(3)『おまもりひまり1　浪漫ちっくメモリー』（みかづき2008: 92）

(3.1)「まあ……そっちはどうでもいいの……何か嫌な匂いがするの……なの」

(3.2)「え？　嫌な匂い!?」

(3.3) 凛子が思わず、鼻をひくつかせると、静水久は呆れたように言った。

(3.4)「人間に匂うはずがないの……なの」

(3.5)「ってことは妖の匂い？　妖って匂うんだ。ふぅん。どんな匂いなんだろ？」

(3.6)「……おおかた鬼斬り役を殺しにきた妖……なの」

次に、役割語のようなスタイルが一時的にキャラ提示に使われる（つまり筆者が借り物スタイルとして分析してきた）現象があるという第二の点について考えてみよう。この場合も役割語的な言葉使いであるが、役割語研究の枠組みが充分明確にされないためもあり、研究から外されがちである。ライトノベル『神様家族』には、急に東北弁が使われる例がある。(4.2)の「こりゃびっくりだんべなー」は、主人公の神山左間太郎の友人、進一の発話であり、ここ以外では東北弁は使われていない。ここだけで使われるのは、驚きの反応をよりおもしろく表現し、その逸脱性ゆえに会話の相手や読者の注意を促すためである。

(4)『神様家族』（桑島2003: 62）

(4.1) 二人とも思わずゴクリと唾を飲み込み、彼の言葉の続きを待った。

(4.2)「なんとぉ……超美人さんなんですー！　うわー！　ひょー！　かわいー！　こりゃびっくりだんべなー！」

(4.3) やり遂げた、という顔で涙を流す進一。しかし、二人はため息を吐くと、無言でカバンから教科書を机に入れ始めた。

(4)に観察されるように、登場人物に一時的なキャラクター・スピークをしゃべらせることで、作者としての話者は読者を楽しませるカラフルな物語の世界を創っていくのである。この現象は、登場人物としての話者の一貫した言葉使いではないが、その意味の創造という観点から考えると、役割語と無関係ではない。役割語という限定された分析用語とそのアプローチが、類似した現象を捉え難くしていることは否めないのである。

次に、第三の点である。興味深いのは、金水(2003)及びTeshigawara and Kinsui (2011)が、ステレオタイプを破る必要があるため、主たる登場人物には役割語は使われないとしている点である。金水(2003)は、上司語や老人語を使わされる人物が、なぜ脇役として登場するかについて次のように述べている。

> 脇役とは、すなわち読者があまり関与する必要のない人物なので、カテゴリーベースのモードで十分であり、このモードの処理に適するように、作者はステレオタイプに従った人物描写をすれば十分である。し

かし、主たる登場人物については、個人化された、深い処理を読者に要求しなければならない。そのためには、むしろステレオタイプを破って、読者の注意を引きつける必要があるのである。（金水2003: 43）

しかし、いわゆる役割語を使う登場人物が、主人公である場合は少なくない。ライトノベル『狼と香辛料』シリーズに登場する主人公ホロの場合を観察してみよう。ホロは狼の化身の女の子で、行商人のロレンスと旅をしていくのだが、ホロは一貫して（5.1）と（5.3）の「かや」「わっちゃあ」「ありんせん」に見られるような廓言葉を使う。

（5）『狼と香辛料 III』（支倉2006: 15-16）

（5.1）「それで、町はまだなのかや。今日中に着くんじゃろう？」

（5.2）「この川沿いに上って行けばもうすぐだ」

（5.3）「ようやく温かい飯が食えるんじゃな。もうわっちゃあこの寒い中つめたい粥を食いたくありんせん。いくらなんでも辟易じゃ」

ホロが一貫して使う廓言葉と、その遊女のような魅力を持つキャラクター設定とは無関係ではないだろう。この場合の廓言葉は役割語と言えるのだが、主人公に使われている。役割語は必ずしも物語の脇役的な人物にだけではなく、むしろ主人公や主要登場人物のキャラクターを立てるために使われることで、その有効性を発揮することがある。

役割語に関しては、金水（2003）に続いて興味深い多くの研究がなされている（金水2007, 2011）。しかし、役割語という概念を分析の前提に置くことで、関連した重要な現象を見逃したり無視したりしやすい状況に置かれていることも事実のように思う。言語研究では選択されたデータを注意深く観察する必要があり、そうであればこそ、役割語という分析概念が抽出されたデータを明らかにし、それを応用することができる範囲を常に意識する必要がある。そして役割語と言えども、最終的には言語の創造性に注目することが必要になり、その研究態度として話者を巡る根本的な問いかけを深めていく必要があるように思う。以上の立場から筆者はキャラクター・スピークという分析概念を提示し、本研究ではポピュラーカルチャーというジャンルの代表として、5種類のディスコースを観察・分析・考察していくことにする。

第5章

日本語表現における
主体・話者・話者複合論

本章では、日本語表現と話者がどのように関係しているかについて論じる。特に問題とするのは、日本語表現にコギト的な我が具現化せず、潜在する話者が間接的に、しかし重要な意味を持って表現されるという現象である。それは江戸時代からの日本語の文法や談話への研究態度を方向付け、主観性や間主観性という用語が言語学に登場する以前から、日本語学の伝統の一部として認められてきた。日本語の姿と密接に関係する主体と話者について、時代を遡りながら筆者の立場も含めて復習する。そして、本書の話者複合論へ繋げていくことにする。

5.1. 陳述と潜在する主体

5.1.1. 江戸の国語学者と話者の心の声

話者をどう見ていたかを知るには、日本語研究がどうなされていたかを問う必要がある。その観点には直接・間接に関わらず、話者をどう理解していたかを知るヒントが隠されているからである。

日本語の文法について深い洞察が加えられたのは、江戸時代になってからである。ただそれは、体系的な言語論を構築することを意図していたわけではなく、あくまで和歌の注釈や制作のヒントのためであった。日本語学の出発点が内省や思惟といった形而上学的なアプローチではなく、詩的なディスコースの分析や解釈という手法にあったことは、言語哲学のあり方に大きな影響を与えた。

江戸の国語学者のなかで大きな影響を与えたのは、富士谷成章と鈴木朖である。富士谷は『かざし抄』や『あゆひ抄』の著者として知られるが、話者の概念と関係してくるのは、その品詞分類方法である。日本語全体を視野に入れた品詞の四区分を装束に喩えて試みたもので、その要素には(1)名詞を指す名(な)、(2)副詞、接続詞、接頭語、感動詞を指す挿頭(かざし)、(3)動詞及び形容詞を指す装(よそひ)、(4)助詞、助動詞、接尾語の総称としての脚結(あゆひ)がある。

この中でも、富士谷が特に力を入れたのはあゆひである。中田・竹岡(1960)の研究を基に富士谷の言語観を理解すると、それはおよそ次のようなものであったと言える。言語の型は各個人の言語表現を制約するものであるが、言語を表現と理解という側面から捉える際に最も重要な点は、社会的な制約を受ける単語と文法が、その個人においてどのように具体的に実現されるかということである。富士谷は言語の抽象的な側面を「幽」と呼び、具体的に個人によって実現される姿を「顕」と呼んだ。そしてこの幽と主体性・主観性を表現する顕との関係を重視したのである。

富士谷の、個人が表現として実現する言語というイメージには、発言の意図、相手、場面、素材、個人の特殊性、など諸種の要素が関わっている。あたかも伝統的な能や歌舞伎の型に、その時の特定の演技者がどのような具体性を盛り込むかという芸の極意のように、言語にも制約としての幽と、言語の主体としての話者の創造性を表現する顕とが融合している。

この洞察は示唆的であり、筆者も多くの著書で主張し本書でも重要な視点とするものである。ここで例をあげてみよう。現代の日本語で、認識と了解の過程では「花が咲く」という命題を表現する場合でも、それが言語表現として具体化される際には、主体に関連した特殊性が加わって「あっ、花だ」「咲いた！」「花が咲いた！」「咲くね」「咲いたよ、花が」などの様々な表現となる。この表現上の差異は、話の場の状況や話者の社会言語学的条件(年齢、性別、地位など)によって生じるのだが、それに加えてさらに個人的な意図やジャンルの差も影響する。[注1]

富士谷の言葉を借りれば、このような差異性は単語の選択や順序にも現れ

注1　森(1979)が同様の指摘をしていることは第3章で触れた通りである。

るが、日本語においては特に、かざしやよそひ・あゆひの活用形、および文字や語句の呼応に最も端的に表現される。この呼応関係を富士谷は、「打合」（うちあひ）と呼ぶのだが、これこそが『あゆひ抄』の中でもっとも興味深い概念である。しかも、この打合がある語に伴う機能としてではなく歌全体に流れる情緒や感情として受け止められ、打合が法則に従わない表現には、「なびきづめ」と「隠す打合」の二種があると付け加えている。「なびきづめ」は「ぞ家」（ぞに類する結び）で結ぶべきものを結んでいない場合で、これは「心を含めて詠め捨つる」ものであり、「事よ」「事かな」あるいは「ものを」などが加わると説明している（中田・竹岡1960: 97）。こうして富士谷は、文末のあゆひによって表現される創作者としての話者の気持ちを切り捨てることなく、むしろそれを重要な要素として研究していたのである。

この話者の概念は、言語の命題のみを視野に入れていたデカルト的アプローチでは、問題とされることはない。言語表現をする話者とは「我思う」のその思い方、「我あり」のそのあり方、そしてその思いを相手にどう伝えるかが問題なのであるが、それは無視された。言語学的に言うと、一般的に西洋の言語への論理的なアプローチでは、命題に焦点を当てるあまり、陳述・モダリティが視野に入らなかったということである。

日本の国語学者の言語研究とコギトのアプローチに根本的な違いが見られるのは、前者が詩的な表現に基づいたものであったのに対して、後者が内面の思惟にのみ基づいたものであったことに起因している。実際に使われる言語にその出発点を置いた研究であればこそ、話者の概念がコギトのそれとは異なったものとなったのである。この意味で、機能言語学的・語用論的な話者への問いかけは、日本の国語学が正に始まろうとしていたその頃に、間接的にではあれ、既に成されていたとも言える。

富士谷の学説に影響を受けたのは、本居宣長門下の本居春庭や鈴木朖である。鈴木はその著『言語四種論』（1979［1824］）で知られるが、これは富士谷の品詞の分類を土台として、言語を、体の詞、形状（ありかた）の詞、作用（しわざ）の詞、テニヲハの四種に分けた考察である。体の詞、形状の詞、作用の詞（現代の名詞、形容（動）詞、動詞にほぼあたる）は三種の詞として共通した特徴があり、それに対してテニヲハは異なった機能の仕方をするとされ、その違いを次のように性格付けている。詞には物を指す機能があり、喩えて言えば玉のような器のようなものである。しかしテニヲハには指す物がなく、それが表現するのは詞につける「心の声」であり、喩えて言えば玉を貫く緒のようなもの、器を動かす手のようなものである、と。

鈴木は日本語のテニヲハが「心の声」として心を顕現するものであり、似たものが中国語にあることはあるが、テニヲハほど豊かではなく洗練された規則もないこと、そしてこのテニヲハこそが日本語の日本語らしさであると強調した。確かに「心の声」とは比喩的な表現ではあるが、そして、日本語の素晴らしさを強調し過ぎる感がなきにしもあらずであるが、言語表現を可能にする一要素としてのテニヲハの重要性を認めたことは重大である。富士谷と同様、表現する話者の創造的な発話態度を重視し、そこに満ち溢れる心の声を大切にしていたのである。

さらに興味深いのは、鈴木(1979[1824])がその言語起源説とも言うべき『言語四種論』の最後の部分で、「言語ノ根源、又四種ノ言語相生ズル次第」と題して、おおむね次のような説明をする点である。人の心の動く様子を表現するのは音声で、それがテニヲハのはじめである。よってテニヲハは詞の「骨髄精神」であり、それによって万物に名前を付けるのであるが、その結果が名詞である。その名詞をテニヲハで貫き通して繋げると、そこに形容詞と動詞が生まれる。このためすべての表現を遡って見れば、それはテニヲハの声と名詞の声のふたつになる。テニヲハの声は「我心ノサマヲワカチ顕ハシ」、名詞の声は「万物ノ物事ヲ別チ顕ハス」(1979[1824]: 23-24)と言うのである。

つまり、鈴木は言語の根源に心の声があったこと、その心の声から名詞的な要素が生まれ、さらに形容詞、動詞などが生まれてきたことを記しているのである。ここでも、鈴木がいかに言語の表現者の心を大切にしていたかが分かる。富士谷を継いで、鈴木はここに日本語の真髄というようなものを、言語の命題的表現ではなく、正に心の声という主体の主観的な心情に求めていたのである。江戸の国語学者が想像していた話者には、少なくとも、コギトの我という概念では片付けられない複雑な要素が想定されている。

5.1.2.　時枝文法の構想と主体

日本語を基盤にして、本格的な言語理論を完成させた学者として、時枝誠記をあげたい。時枝の言語理論は、国語学の伝統を引き継いでいる点と西田幾多郎の影響を受けている点で、特に本研究にとって重要である。そして時枝文法の構想における主体は、デカルト的我と対照的に、話す主体が実現する述語・陳述と関連付けられるのである。

時枝の理論の核心と言えるのは、「言語過程説」である。これによって時枝 (1941) は、言語表現に不可欠な場面における主体と客体の関係を、客体的事実が主体的認定によって成立する、という形で捉えたのである。そして、言語では客体的事実は「詞」によって、主体的認定の過程は「辞」によって表現されるとした。ここで重要なのは、言語を意味のある言語表現とするものは、あくまで外界の客体ではなくそれを把握する主体であり、その陳述行為であると理解した点である。そこには生きた話者の存在が不可欠なのである。

時枝 (1941) は言語の存在条件として、主体・場面・素材の三要素を紹介する。時枝は「抽象された言語の分析をなす前に、具体的な言語経験が如何なる条件の下に存在するかを観察し、そこから言動の本質的領域を決定して行くといふ手続きを忘れてはならないと思ふ」(1941: 39) と前置きして、言語的できごとの存在条件をあげる。そして、言語は誰 (主体) が誰 (場面) かに、何物 (素材) かについて語ることによって成立するものであり、その三者は三角形の頂点に位置し相互に固い関係を保っている、と言う。

本書のテーマである話者は、時枝にとってどのように把握されていたのだろうか。時枝は次のように説明する。主体は「言語における話手であって、言語的表現行為の行為者である」(1941: 41)。今、例えば「私は読んだ」という表現の「私」は「猫が鼠を食ふ」という時の「猫」と同じように、主体そのものではなく、主体が客体化され素材化されたものである。この「私」は主格ではあっても「主体」ではない。そして例えば画家が自画像を描く場合、描かれた自己の像は描く主体そのものではなく、主体の客体化され素材化されたものであり、その場の主体は自画像を描く画家自身である。言語の場合も同じように、主体は絶対に表現の素材となることはなく、言語の行為者として存在する、と時枝は説明する。この言語行為者は言語として表層化せず、あくまで潜在的な存在なのである。

時枝の言語過程説は伝統的な国語学、とくに鈴木の『言語四種論』(1979［1824］)と、その述語的世界の支配という観点において結び付く。ここで述語的世界の支配というのは、主格・主語の優位性に対抗する述部、つまり主語の規定となる述語という意味においてであり、さらに辞による陳述を含む表現の重要性を意味する。鈴木は「テニヲハ」が「心の声」を表すとしていた。時枝の辞はこのテニヲハに当たるのだが、辞によって表現されるのは話者それ自体であって、素材ではないことを強調している。

こうして時枝は日本語表現を、詞を辞が包みかつ統一するという形で分析し、これを入子構造の形式によって示すのだが、この構造でもより重要なのは詞ではなく辞である。言語は主体の表現過程であるから、最終的に言語を支配するのは話者の辞的な陳述であるとされた。

さてここで、時枝の場面と西田の場所の理論の関係について考えてみたい。まず、時枝が場面を「純客体的世界でもなく、又純主観的な志向作用でもなく、いはば主客の融合した世界である」(1941: 44)と性格付けている点が重要である。時枝の場面は、西田が主客対立の考えから出発することを否定し、意識の基体として発見した場所に似て、場面を満たす事物情景も、それに志向する主体の感情も含む主客の融合した世界を指している。そして時枝が「場面の存在といふことは、いはば我々が生きているといふことにほかならないのである」(1941: 45)とも言っているように、場面に人間存在のありかを求めてさえいるのである。時枝のこの言葉は、西田(1949a)が「場所」論文の冒頭段落に綴った「有るものは何かに於てなければならぬ、然らざれば有るといふことと無いということとの区別ができないのである」(1949a: 208)という言葉を想起させる。

さらに辞で詞を包むという理解は、正に西田の述語世界と呼応する。主体は辞の働きに関わっているのであるから、文法上の主語はあまり重要でないとする時枝の立場は、超越的述語面を基体として我を意識するという西田の立場と共鳴するのである。結局時枝は客体は主体によって、つまり場における話者の辞的な陳述によって可能になると強調したのであり、それはまた西田が、我というものが述語によって、つまり円や場所によって決定されると言っているのと符号する。

このような述語を重視し主格を余り重視しない意識の世界は、言語をできごとの経験として理解する述語の世界と繋がっている。中村（1993）は、西田哲学の「場所」と時枝の「場面」とに幾つか共通点を認めているが、そのなかでも「日本語では、文は辞によって語る主体とつながり、ひいてはその主体の置かれた状況＝場面とつながる。だから、場面からの拘束が大きい」（1993: 72）という点を強調している。言語と状況・場面とは切っても切れない関係にあることを強調すると同時に、言語の辞的な表現の仕方それ自体と場とが関連付けられているのである。

ところで、ここで論じられている述語や辞は、命題の主述関係の一部を成す述語とは、異なるものであることを確認しておきたい。西田の言う述語は、命題の一部を構成する主語に呼応する述語という意味にとられがちだが、「ＳはＰである」という日本語の表現にはそれ以上のものが含意されている。日本語の提題の助詞に導かれた「ＡはＢだ」の文は、主述の関係を含みながら提題（トピック）に呼応する結題（コメント）という関係の辞的な陳述を必要とする。ここで言う述語とは、命題の一部の述語とコメントとの両方を含んでのことである。筆者は文法上の主述関係に加え、言語の表現上の軸としてのトピック・コメント的関係を把握することの重要性を説いてきた（Maynard 1980, 1982, 1990, 1997, 2009; メイナード 1993, 1997 など）が、いずれにしても、西田と時枝がともに主語や主格より、コメントを含む陳述としての述語や述部を重視していたという事実には、哲学と国語学の呼応が認められるのである。

主体とは場所において言語行為をする者である、という西田から時枝に繋がる視点は、本研究にとって重要である。この立場はデカルト的我と対照的なアプローチであり、話者のイメージが思惟ではなく、経験に基づいた行為者として、また孤立した我ではなく、場面からの拘束・影響を受ける自分として浮かび上がるからである。そしてこの話者の根本的な理解が、話者複合論の基盤を提供してくれるからである。

概観してきたように、伝統的な日本語学や国語学には示唆的な見解が多くあるのだが、問題点も残されている。まず、話者が他の話者とどのような関係にあるのか、はっきりしない点をあげなければならない。時枝の言語過程説には相手が欠如しているのである。また、伝統的な国語学で分析される現象が語句や文型に限られていて、より談話的なバリエーションやスタイルについての考察が充分でないことも残されたままである。このような問題点に対処することも、本研究の目的のひとつである。

5.2. 日本語談話論と話者

5.2.1. 場交渉論の話者

筆者は「場交渉論」という言語論を提唱し、それに基いて幾つかの日本語の現象をその情意の意味実現という観点から論じた(メイナード 2000; Maynard 2002)。この枠組みの中で主体をどう捉えているか、それが本書のテーマである話者の複合性とどう繋がるのかについて説明する必要があるだろう。

場交渉論では、談話の意味は「場」つまり、そこでコミュニケーションの参加者が相互交渉しながら言語行為を遂行するスペースで成就されるものと考える。具体的には、認知の場、表現の場、相互行為の場のそれぞれの場に、事物・主体・相手の三要素を認め、それらの相互関係を「感応的同調」や「見え先行方略」「なる視点」「感情の焦点化」などによって解釈するものと理解する。

言語記号の意味概念として、意味の可能性を持った「可能意」、交渉されて具現化する情報と情意、さらに情報と情意の統合された「交渉意」を認めるが、コミュニケーションで大切なのは、話し手と相手の交渉の結果として具現化する交渉意である。交渉意は認知の場、表現の場、相互行為の場という三種の場の交差する場、つまりトピカの場に存在する。場交渉論では、三種の場に関連した六つの機能を認める。認知の場と関連して、固体認知と命題構成の機能、表現の場と関連して、情的態度の表明と対他的態度の伝達の機能、相互行為の場と関連して参加行為の管理と共話行為の調整である。

この枠組みの中で筆者は、言語の主体を陳述を司る表現者として捉え、その重要性を強調した。話者とは文の叙述を超えて談話レベルを含むモダリティを操作し、ディスコース全体で表現する主体であり、主格・主語ではなく、コメントする話者である。この話者は、世界との繋がりの中で意味や価値を獲得する生きた主体である。Merleau-Ponty (1962) が言語は主体の身体的経験としてあるという人間的な意識を取り戻そうとしたように、人間は身体を生きている。言語表現をしたりそれを受け取ったりするのも、主体としての身体である。

なお言語理論と身体に関しては、時枝 (1941) の立場を思い起こすこともできる。時枝は誰にも語られもせず、読まれもせずして言語が存在するはずはなく、言語は我の主体的活動をよそにしては存在しないと主張する。ここで時枝が言う活動する主体は、身体的な主体である。筆者は、場交渉論の枠組みで身体を無視するコギトの思想を超え、身体としての話者を取り戻そうとした。その話者は、身体を場所的なものと捉え、何よりも言語行為をしながら交渉することで、身体的経験として言語を生きる。このような話者は、情報だけでなく情意や相手への発話態度を伝えている。情報をどのように捉え、どのように理解しているか、相手をどう見ているか、自分をどう提示するか、自分を相手とどのような距離に置こうとしているのか、という複雑なコミュニケーションのあり方は、話者の複合性に繋がる。そして話者が伝える意味は個別の言語表現ではなく、その陳述をも含むキャラクター・スピークを通して表現されるのである。

5.2.2.　トピック・コメントという軸と潜在する話者

筆者は日本語の談話レベルの研究を通して、その軸となるトピック・コメントの重要性について論じた (Maynard 1980, 1982, 1990, 1997, 2009; メイナード 1993, 1997 など)。トピックとコメントは、言語の根本的な構造に関わっているだけに、それを可能にする話者のあり方を洗い出す作業にヒントを提供してくれる。以下、トピック・コメントと、それに依拠する「パトスのレトリック」(メイナード 1997, 2000; Maynard 2002) と話者の概念を復習しておきたい。

トピックとコメントは、言語学の歴史上、テーマ (theme)・レーマ (rheme) とも呼ばれ、プラーグ学派の中心思想だった。テーマは既知の情報、または少なくともそのコンテクストで与えられる情報で、談話の起点となる要素であり、一方レーマは伝えるべき新情報を含んだ要素で、当事者達の知識を豊かにする情報である。そして通常テーマとレーマはこの順序に並べられるとされた（Firbas 1964）。

ただしプラーグ学派のアプローチには、問題点が残されている。情報中心のアプローチをとったため、ややもすると言語のモダリティ的な側面が情報提示の順序にすりかえられがちであった。そもそもテーマ・レーマという関係にのっとって言語表現を操作する者の存在が前提となるのだが、それは論外に置かれ意識されることはなかった。プラーグ学派の機能主義は、話者という概念についての考察がなされないままになっているのである。

筆者はMaynard（1980, 1982, 1990, 1997, 2009）でこのトピック・コメントの概念を出発点として、日本語のディスコースにおける係助詞「は」の機能を論じた。その際、またその後の研究でも（メイナード 1993, 1997など）トピックを広義に談話レベルで捉え、句または命題（proposition）の形で表現される情報であり、それについて陳述としてコメントすることを促す要素であると理解した。筆者の談話レベルにおけるトピック・コメントという枠組みには、「は」などを伴うトピックに陳述部分でコメントする「XはYだ」といういわゆる判断文が含まれることは言うに及ばない。しかしそれだけではなく、ディスコースの中にトピック的枠組みが認められ、それについて複数の文でコメントする場合にも、トピック・コメント関係があると理解する。[注2] つまり、トピック・コメントの関係は、命題内の主述関係に支えられた情報をも含みながら、より広範囲の話者の発想・発話態度を表現するディスコース上の技法として機能するのである。

重要なのは、このコメントの背後に存在する話者である。コメントに話者の発想・発話態度が含まれることは、日本語の文末に主体のモダリティを伝える表現が集中していることにも見てとれる。例えば対人関係を調整する終助詞が豊富に使用され、また各種のポライトネス表現がコード化され文末で調整される。このような現象は、文表現を包む陳述部分がいかに重要であるかを示しているわけで、背後で陳述を操作する話者の存在が否定できないものとなる。

注2　談話レベルのトピック・コメントに関連して筆者はMaynard（1989）およびメイナード（1993）で、Daneš（1974）のモデルを会話に応用したことがあるので、興味のある方は参照されたい。

言語をトピック・コメントの軸で捉えた場合、言語の主体である話者とは、仕手の行動を命題として構成し、それをモダリティ表現で包んでそれについて伝える者である。私達は外界の事実をそのまま伝えるのではなく、それを把握する心を伝えなければならない。命題として捉えられた描写をさらに包み込み、話者の語りの表情を伝えなければならないのである。コメントする話者は、経験をどのように受け止め相手にどのように語るかを、各種のモダリティを駆使して表現する。このような行為は、客体を描写するというより、話す自分つまり話者自身を表現すると言う方がふさわしい。主体は「私は……と思う」などの形で具体的に自分を表現するとは限らず、表層化しなくても、その存在を暗示する表現が多い。コメントする話者は、むしろ潜在するものとして、その複合的な陳述作業を引き受けているのである。

なお、鈴木(1979[1824])のテニヲハや時枝(1941)の辞は、あくまで語彙単位として理解されているのだが、筆者は「心の声」や「辞」はディスコースのレベルに当てはめて考えることができ、それは言語のバリエーションを含む多くの現象の分析に応用できるものと考えてきた。この流れの中で、筆者はかつて日本語の談話のモダリティについて論述したことがある(Maynard 1993)。日本語の表現性をディスコース・モダリティという概念で捉え、それに、情報の質(information qualification)、発話態度の表示(speech act declaration and qualification)、参加規制(participatory control)、対人的アピール(interactional appeal)という四つの範疇があることを提案した。トピック・コメントのコメント文に使われる言語表現は、程度の差はあるもののこれらの範疇の幾つかに属し、全体としてディスコース・モダリティを表現していると見ることができる。具体的には、接続表現(「だから」「だって」)、陳述副詞(「やはり」「やっぱり」「どうせ」)、ダ体とデス・マス体、終助詞(「よ」と「ね」)、「という＋名詞」表現、などの談話モダリティの指標(discourse modality indicator)を考察した。日本語では、主語・述語関係に規定される命題より、トピック・コメント的な主体の陳述が大切であり、しかもディスコースレベルの陳述を操作する潜在的な話者が、重要な機能を果たすのである。

さて、潜在する話者の存在がさらに明らかになるのは、日本語のディスコース全体に確認できるレトリックの傾向である。筆者はこの現象を「パトスのレトリック」として捉えたことがある。[注3] ここではパトスのレトリックの特徴の中から、トピック・コメントの重要性と、コメントの発信元としての話者について、ごく一部をあげるにとどめたい。例えば名詞化と引用についてであるが、名詞化のプロセスは出来事を概念として把握することであり、引用のプロセスは「誰か」が「言う」（と想定される）その声を、言語のイメージを媒介にひとつの単位と化した概念として捉えることである。名詞化と引用はともに区切るという分離作用と同時に、それについて結ぶという結合作用をも必要とする。それは出来事を名詞化することが、それについてコメントすることを促すからである。要するにある出来事を概念化してまとめ、その切り取った現象を言語表現として相手に向けて表現する時、話者は「について」コメントするという表現形式を実現していることが分かる。

さらにパトスのレトリックを支える現象として、呼びかけと感嘆名詞句、情意の「だ」・「じゃない」、疑問表現、および「何」表現、などがある。これらすべてに共通して観察されることは、すべてトピックを時には付託的に提示し、それに主体がコメントするという形態である。呼びかけと感嘆名詞句は、感動の対象を一つの概念として投げ出す手段であり、「だ」や「じゃない」は、単なる叙述表現ではなく表現する話者の情意をも含んだコメント表現である。同様に疑問文も「何」表現も、いわゆる修辞疑問文的機能も含めて、叙述的には意味不明でも、いや不明だからこそ、主体のコメント表現としての意味がクローズアップされてくる。これらの現象は、トピック・コメントという言語表現のあり方に支えられ、同時にそういう表現の仕方を支えていると言える。

言語の主体である話者は、正に、このトピック・コメント関係のコメントを発信する者として行為する。それは話者の表現性を豊かに言語化したものであって、そのような文の構成は仕手が「する」というより、何かの出来事

注3 筆者はパトスのレトリックをロゴスのレトリックと対照しながら提案した。ロゴスのレトリックとの比較については、『談話分析の可能性』（メイナード 1997）の第11章と『情意の言語学』（メイナード 2000）の第14章と第16章を参照されたい。なおパトス的な言語観については、メイナード（1998）及び Maynard（2002）を参照されたい。

が起きてある状態に「なる」という形で成されることが多い。[注4] そしてパトスのレトリックでは、言語は情報を伝えるものであるが、同時に話者の発想・発話態度や創造的な遊びさえをも伝える機能を果たす。

本書で分析するキャラクター・スピークとしての日本語のバリエーションは、この話者の創造的な自己提示としての陳述作業をするパトスのレトリックのリソースとしてある。そして何よりも、日本語でコメントする話者はコギトの我ではなく、その複雑に重層する情意や発想・発話態度を豊かに表現しながら、場において意味を交渉する主体であり、キャラクターやキャラを含む複合的な存在なのである。

5.3. 間主観性から話者複合論へ

本項では日本語とその特徴について、特に間主観性(相互主観性という用語が使われることもある)という概念に照らし合わせて論じたい。それが話者の捉え方にヒントを与えてくれるからである。ここ20年ほど、主観性(subjectivity)や間主観性(intersubjectivity)という用語が、主観化(subjectification)や間主観化(intersubjectification)という表現とともに、西洋の認知言語学、人類学、語用論などで話題になっている(Traugott 2003; Onodera and Suzuki 2007; Baumgarten, Du Bois, and House 2012)。ただし、日本の哲学や国語学では、そのようなアプローチは本章で既に論じたように、むしろあたりまえの学問の伝統とされてきた。その点を確認しながら、間主観性から本研究のテーマである話者複合論へ繋げていくことにしたい。なお、第1章で紹介済みの間主観性の概念に基づいたBenveniste(1971)の人称代名詞の研究は、早い時期に試みられた示唆的な研究であることを付け加えておきたい。

5.3.1. 相互主観性・間主観性と話者の問題

デカルトのコギトはいわゆる超越論的主体主義の道を開いたわけだが、それは第2章で述べたようにイギリスの経験主義者、特にHumeによる挑戦を受けた。主体的思惟によって到達できるとされた客体的世界の自明性自体が、疑われたのである。しかし、反デカルト主義を掲げた彼らもまた、客体

注4 これに関しては、池上(1981a, 1981b)を参照されたい。

主義的・自然主義的な影響を充分に避けることはできず、主体と客体という概念を捨て切ることはしなかった。経験主義は感知や感受といった具体的な経験を重視したものの、対象物となる客体は主体とは離れた要素であると理解していた。この客体的なアプローチを徹底的に問い直す意図で生まれたのが、Husserlの現象学である。後述するように、Husserlのアプローチは本研究にとってそのままでは応用できないのだが、話者を考察する際にひとつの契機を提供してくれる。

Husserlの思想の中でも、特に後期思想のひとつとしてあげられる相互主観性が、主体・話者の概念と関係してくる。Husserlは物事を理解するためには、相互に交渉する主体と相手との関係が必須であるとし、次のように論を進める。まず、私達が生活する世界は、さしあたって各自の世界として与えられる。しかし、この生活世界を生きる私の立場は、全く独立したものとして存在するわけではない。私達は意味を独自に生み出すことなどできないのである。そうではなくて、私達は身体を通して具体的に世界のある地点・時点に位置付けられ、多数の他者の主観が存在する共同主義に支えられた共同体の中に存在するのである、と。

このような世界の中で、他者を理解するとはどういうことだろう。Husserlは「感情移入」または「自己投入」というプロセスを経て他我を理解するのだ、と言う。哲学者が思索するとは、デカルトのような我中心の思惟ではなく、自己自身が受動的にこの世界に内在することを意識し理解することで達成される。私達の思索は世界に内属しているので、他者から完全に独立することはなく、主体と相手は常に相互主観的な関係に置かれる、と言うのである。Husserl (1969) の言葉を借りよう。

> すべての人を含む私達の世界においては、我は、その中に他我のひとりひとりが存在するという感覚を受容する。他者は私と根源的な関係があり、私は他者を経験し意識している。すべての物にあてはまるのだが、このような感覚は誰にもあり、それは身体的な誰かが生活の中で私に面と向かっているかのように受け止められるものである。同様に、それと対応して、私は生活の中で私の意識を持ち (相手を含む) 事物を受容しているが、それは相手である他我にとってのもうひとり

の我である。つまりそれぞれの他我は他我にとっての我となる。すべての人がすべての人を受容して存在し、私達と私は多数の中のひとりであり、そのまますべての人の中に含まれるのである。(Husserl 1969: 237-238 筆者訳)[注5]

この引用にあるように、Husserlの考えていた我・自我(ego)とは、他我と限りなく近い存在である。自我の固有領域と他我の固有領域が同一化されることで自我の共同化が進み、それによって私は共同体へ導かれ、共同体の中に存在することになる。これが、Husserlが相互主観性と呼ぶ理解の仕方である。ここで言う人間の共同体は解放されたもので、そこでは私にとって唯一のものである自我も、同格の他我と共存する。この共同体の中で私はもはや私だけの世界や自然としてではなく、世界や自然を私達のものとして経験する基盤を獲得することになる。このように自我と他我との関係を捉えたHusserlの相互主観主義は、文化の基盤であるだけでなく、何よりも言語行為の前提となるとされたのである。

筆者が本研究でテーマとする話者は、この現象学的に捉えた話者と無関係ではない。しかし、Husserl(1969)の理解の仕方には問題点もある。相互主観主義では、自分と相手は相互に理解し合うという前提が必須なのだが、それが具体的にどういう方法を通して可能になるのかがはっきりしない。Husserlはそれが感情移入(または自己投入)で可能になるとしているが、本当にそうなのだろうか。具体的にどのようにして他者の理解ができるのだろう。実際問題として、他者を理解すると言っても、他者は自分とは異なった身体を生きているのだから、直接進入してその内面を理解するわけにはいかないであろう。そこで、他者が自分と似ているという想定のもと、自分の経験を

注5　原文は次のようになっている。…the world for everyone presupposes that, in my ego… every other ego receives sense and acceptance *as* an other ego. Someone 'else', others — these have an original relation to me who experience them and am conscious of them in other manners. With everything, naturally, that belongs to their sense (their sense for me): Such as that someone else is here 'facing me,' bodily and with his own life, and has me now, in like fashion, as *his* vis-à-vis; that I with my whole life, with all my modes of consciousness and all my accepted objects — am *alter ego for him*, as he is for me; and, in like fashion, everyone else for everyone else; so that 'everyone' receives its sense; and in like fashion, we and I (as 'one among others') as included in 'everyone'. (Husserl 1969: 237-238 イタリックは原文のまま)

他者に投入し、他者になって他者を理解することになる。しかし、この自分と他者を重ね合わせる行為は、そのまま完全な自他の相互理解には繋がらないように思う。

この過ちは、Husserlが「我思う」から出発していて、デカルト的我を意識して哲学的思索を進めたことに起因しているとする立場もある。この点について木田（1970）の次の言葉は示唆的である。

> 人間存在を自己にしか近づきえない意識として捉えた近世哲学にとっては、他者の認識の問題は終始解きえぬ難題であった。フッサールもその轍を踏んだにすぎないが、このように考えるかぎり、他者はわたしにとって客体的な物でしかなく、他我ではありえないか、それとも投射された自我でしかなく、他我ではありえないか、いずれにしても共同して志向作業を営みうるような他我ではありえないのである。（木田 1970: 159-160）

筆者は木田（1970）が指摘するように、Husserlの現象主義的な他者認識には問題点があることを認め、次のように考える。言語世界の話者と他者の関係は、共同の世界の存在によって可能となるのであるが、そこにはあくまでそれぞれ異なる話者と他者が存在しなければならない。自己と他者の接点上に相互主観性によって形成された連帯的世界があるとしても、それはなかば主体の世界、なかば他者の世界として経験されなければならない。そのためには、主体と相手は同一であってはならないのである。主体は自分と向き合うだけなら自分ひとりの世界に内在するかもしれないが、相手を必要とする言語世界では、自他は同一化されることはない。相互関係を通して話者と他者の自己性が相対化されるものであるとしてもである。話者とは他者に対する自分と、自分に対する他者という関係性を意識しつつ、他者とは別の存在でなければならない。そうでなければ、相手を必須とする言語は成立しない。

さて、Husserlの相互主観性・間主観性という概念に関わる問題を解決する方法として、筆者はキャラクターという概念を導入することを考えている。具体的には相手との関係において話者を表現する手段であるキャラクター・スピークである。筆者が本研究で試みる幾つかのキャラクターが複合する話者という概念は、（話者と他者は同一化されないまま）相手や他者のキャラクターを話者の一部として提示することによって可能となる。相手はキャラクターやキャラを通して話者を理解するのであり、また話者も相手が同様の作業を通して話者提示することを受容し、それによって相手を理解することになる。このように考えると、相互的な関係に置かれる話者と相手を、互いにキャラクターやキャラの複合したものとして捉えることができる。話者と他者は部分的に間主観的に経験することはあっても、自他が重複し同一化されるわけではない。これに関しては本章の第4項(5.4.)で論じるが、筆者はここに現象学的間主観主義からキャラクターやキャラをベースとした話者複合論への契機を見付けることができると考えている。

5.3.2.　日本語表現に見られる主観性と間主観性

Husserlの相互主観性・間主観性という概念を言語と結び付けて考察するために、ここで日本語の特徴に触れておこう。日本語には主観性、間主観性を反映した語彙、文法、語用論的現象があり、数多くの研究が成されてきた(時枝1941; Iwasaki 1993; 尾上 1999; 池上2006, 2011; 澤田2011)。筆者も日本語の文法を紹介する拙著で、間主観的な現象を取り上げてきた(Maynard 1990, 2009, 2011)。以下、日本語の受け身表現、話者を指標する表現、そして授受表現の例をあげておこう。

日本語の受身表現には、不利益とか害が及んだというような主体的な意味が含まれている。「雨に降られちゃってさ」というような自動詞の受身表現があり、話者の主観が間接的に表現される。「ほめられちゃった」というような有益な場合の表現も可能だが、いずれにしても主観的な感情を抜きにしては表現できない。しかも主観的と言っても、相手にどう受け取ってもらいたいかという間主観性を意識した表現でもある。

日本語では情報は表層化しないが、話者の視点や態度を汲み取ることが求められる。例えば「あの人、好きよ」という表現はあるタイプの話者を指標する。まず主語(例えば「私」)も述語動詞(例えば「好きなんです」)も表層化しないままになっている。そうであっても、この表現が使われるコンテクストや話者の視点や態度を伝える言語表現(感情が込められた指示表現「あの人」と、終助詞の「よ」)から、話者が誰であるかをある程度推測することができる。

同様の現象は授受動詞にも観察される。「友達のお兄さんに英語を教えてもらった」という表現は可能だが、「友達のお兄さんが英語を教えた」という中立的な表現は、話者が受益者である場合は不自然となる。「やる」「もらう」などの人間関係を反映する表現や、「てくる」「ていく」など方向性を含意する表現は、自分と相手との関係や自分の立ち位置を間接的に知らせる。そして極め付きは、尊敬語や謙譲語という上・下関係や人間関係の親密度・距離感などを指標する表現が日本語には豊富にあることである。しかも、相手を考慮したこれらの表現の使い分けが必須で、話者の主観性と間主観性を避けて通れない表現が多くある点に、日本語の特徴がある。

一方、自分の経験と第三者の経験には異なった形容詞が使われることも、主観性に支えられている。「あの男は嬉しい」という表現は、例えば文学作品などに見受けられないわけではないが、日常会話では「あの男は嬉しがっている」という方が自然である。また「海が見える」というような話者がゼロ化(Neisser 1988; 池上2011)する表現は、主体の経験を中心にした表現で日本語では自然だが、英語に訳すと不自然な構造になってしまう。日本語では自分に直接関係する世界とそうでない世界の区分けをし、前者をより重視するかたちで文法が構築されているのである。

裏返して言えば、日本語は言語行為の主体としての話者のあり方を余儀なく指標せざるをえない言語である。その結果、話者が直接意味を伝えないとしても、言語行為それ自体が間接的に主体の表現意図を伝える(というより伝えざるを得ない)のである。

広義の文法的な側面を視野に入れても、話者との関わりを示唆する意味合いが多く含まれていることが知れる。例えば、Iwasaki (1993) の研究では、話し手の視点が日本語の時制シフトや、物語の登場人物表現の変化に現れることが論じられている。筆者も多くの研究で報告してきたことだが(Maynard 1993; メイナード1997, 2000, 2004など)、日本語表現では話者の存在は表層化しなくても、潜在的な話者の指標として機能するストラテジーが頻繁に用いられる。表現の主としての私は、常に話す私について話すという言語操作を引き受けているのである。話者がこのように捉えられ、このような間柄において意味付けされる場合、話者は相手や事物の位置関係に敏感にならざるを得ないのであり、複雑な状況や心理に翻弄される話者のイメージが浮かび上がる。

言語表現は全て、結局は話者の表現である。程度の差こそあれ、どの言語のどの表現も私による私の表現である。ただ、日本語では行為する話者の姿、つまり表現の発信元としての話者像が、潜在的にしかし鮮明に感じられるという事実があることも確かである。この話者は場に孤立する話者ではなく、他者である相手と相互主観的・間主観的関係にあり、しかし主観性を維持しながら他者と同一化されないまま実現される。

なお、間主観性は従来語彙と文法レベルで論じられてきたが、広義に理解すると会話行為の中にも発見できる。例えば相手の発話に同調したり反抗したり無視したりするストラテジーを操作して、自分の発話のスタイルを相手に反応・呼応するようにするのも、相手を強く意識した行為であり、そこには他者である相手との間主観性が認められる。

5.3.3.　間主観化・歴史・文化

言語学の分野で、主観性や間主観性の研究にひとつの契機を与えたのは Traugott (2003) である。特に注目に値するのは、間主観性という現象と社会や文化の関係、特にその歴史的側面について考察していることである。そしてこれらの研究が本研究のテーマである話者複合論を否定しない形で進められている点、興味深い。主観性・間主観性は時を経ると主観化・間主観化という現象を生み出すとし、それを次のように定義している。まず、主観化 (subjectification) は「時間が経過するに従って、発話がなされるコミュニケーションの世界によって制約を受ける話者の視点や態度が次第にコード化されるというもので、言語の出来事のいわゆる現実世界的な状況は余り重視しないメカニズム」(2003: 126) である。[注6] 次に間主観化 (intersubjectification) は「意味がより相手に焦点を当てるようになるもので、それは時間の経過とともに、話者が自分か相手または両者に焦点を当て、その含意を意味

注 6　原文では "mechanism whereby meanings come over time to encode or externalize the SP/W's perspectives and attitudes as constrained by the communicative world of the speech event, rather than by the so-called "real-world" characteristics of the event or situation referred to" (Traugott 2003: 126) となっている。

的にも社会的にもコード化するシステム」(2003: 129-130)である。[注7] そして間主観化は、歴史的に主観化より後に見られるものだとしている。

言語の出来事の場において、より情報的で客観的な性質のものから、次第に話者と相手への考慮にシフトしそれがコード化するという現象は、日本語に多く観察される。Onodera and Suzuki (2007)に報告されている研究に代表されるように、日本語ではむしろ文法化(grammaticalization)と繋がった形で、間主観化が長く広く実施されてきたと考えられる。筆者も多くの論文や著書を通して主観性や間主観性を表す表現について分析し、その文化・社会的契機についても論じた。ここで*Language and Thought in Context*というサブタイトルが付いている拙著*Japanese Communication* (Maynard 1997)の二箇所から引用しておきたい。ここでは、日本語があたかも私について語っているような機能を果たし、それが多くの陳述・モダリティ表現によって実現することを指摘した。(筆者は日本語母語話者であり、英語で書いた拙著からの引用を再度日本語にするとは不思議な作業であるが、筆者訳という形で示すことにする。)

> 感情的な表現が会話の各時点で使われると、コミュニケーション全体にパーソナルな声が響き渡る。感情的な傷つきやすさを相手と共有することで、相互会話行為の相手とより密接に結ばれる。命題的な意味が重要性を失い、むしろパーソナルな(それは相手との関係に支えられた感情に満ちたものなのだが)自分についての物語は、単なる事実より重要になる。そして、この主体的な私を物語る私は、その言語行為の陰に潜んではいるものの、コミュニケーションの中心に位置しているのである。(Maynard 1997: 193-194 筆者訳)[注8]

注7 原文では "a mechanism whereby meanings become more centered on the addressee. In this view intersubjectification is the semasiological process whereby meanings come over time to encode or externalize implicatures regarding S/W's attention to the "self" of AD/R in both an epistemic and social sense (Traugott 2003: 129-130) となっている。

注8 原文は次のようになっている。When emotionally motivated phrases are interposed at various points in talk, a very personal voice informs the communication. Sharing emotional vulnerability enhances the sense of involvement in the interaction. The significance of the propositional meaning diminishes; the personal narrative, brimming with personal and interpersonal feelings, gains ascendency over mere facts. The subjective speaking self, hiding behind a verbal veil, stands at the heart of what is actually being communicated.

続けて引用しておこう。

> 言語行為の参加者の感情や態度は豊かに発話を性格付けるのだが、この時参加者はしばしば相手の感情を予測し、反応し、思いやる。相手の感情に答える行為が、文化の中で形作られた表現のモードとして目立つようになる。この主観的で相互行為的表現性に支えられた言語行為は、社会的なまた会話のコンテクストに関連した人間と人間の関係のあり方を指標する記号となる。(Maynard 1997: 194 筆者訳)[注9]

筆者はTraugott (2003) のような歴史的考察はしていないが、情報より話者と相手への配慮を重視する傾向がある日本語のコミュニケーションの、相互主観的・間主観的な特徴を強調した。

間主観性と文化の関係について、もう一件、文学に観察される現象を取り上げたい。一般に体言止めと呼ばれる表現法であるが、これに関して興味深い間主観性を観察することができる。中村 (1991) は、文学作品で印象的な体言止めを使う作家として太宰治をあげ、『富嶽百景』の「娘さんは、興奮して頬をまっかにしていた。だまって空を指さした。見ると、雪。はっと思った。富士に雪が降ったのだ。山頂が、まっしろに、光りかがやいていた。御坂の富士も、ばかにできないぞと思った。」という部分を例示する。中村 (1991) はこの「見ると、雪。」という表現は「見ると、雪である」の述語を省略したものと考えられ、「はっと打たれたその瞬間の衝撃」を「感動の〈体言止め〉でみごとに捉えている」(1991: 216) と評している。

さらに、『人間失格』に出てくる「それからの日々の、自分の不安と恐怖。」などは、後にどんな言葉が続くのかはっきりせず、この場合は述語の省略というよりも、ただ、黙って名詞を投げだした感じであると指摘する。中村 (1991) はこれを「名詞提示」として、単なる体言止めと区別するのだが、この用法は「かならずしもつねに叙情的空間を抱えこむわけ」(1991:

(Maynard 1997: 193-194)

注9　原文は次のようになっている。In a context where participants' emotions and attitudes strongly color the perspective, participants often predict, respond to, and accommodate others' feelings. Response to others' feelings gains prominence as a mode of culturally defined expression. The behavior encouraged by this subjective and interrelational expressivity fosters a continual response to a social, contextual, and interpersonal relational cues. (Maynard 1997: 194)

217）ではなく、むしろ乾いたタッチになることもあると説明している。

中村の言う「乾いたタッチ」とは、話者の気持ちを詳しく説明せず、ただ概念として投げ出すことと関係しているように思える。話者はある情報をその感動の対象として談話の世界に投げ出すのであるが、述部を伴わない文の終わり方は、その感動の対象を場の中で解釈することを強いる。感動の対象を同じ目で見ることで共に経験し、話者と相手が感動的に間主観的に同調するのであり、それは付託効果を呼び起こす。ここで言う付託とは、感情をそのまま描写する代わりに、感情の対象を提示してそれに感情を託すという意味（尼ヶ崎 1988; メイナード2000）である。もともと和歌の手法ではあるが、付託は日常の日本語のレトリックとも根底で繋がっていると思う。このような状況下では、言語はしばしば話者と相手が近寄った視点からある現象を一緒に見つめるための、間接的な手段として働く。話者が相手に期待することは、その現象を共通のポジションから間主観性に支えられた「見え」として見つめる共感者である。

日本語の間主観性はこのように間接的であり、表層化しないまま表現されることも多い。次の尾上（1999）の日本語の主観性についての引用は示唆的である。

> 心に浮かんだ内容だけを、どういう趣旨で浮かべたかを言わずに放り出して聞き手にゆだねる。叫ぶ自己をさらけ出して、叫んだ気持ちは相手に想像してもらう。（略）日本語においては最も直接的な“主観性”はそのような仕方で表現されてしまうのであった。（尾上1999: 105）

心に浮かんだ内容だけを、どういう趣旨で浮かべたかを言わずに放り出して聞き手に委ねるとは、正に付託的な表現の技法である。主観性の表現には、命題のみに基づいた描写では満足できない「叫ぶ自己」が存在するのである。そしてその声は、隠れたしかし重要な話者の存在と、その登場なくしては実現しない。その話者を具体的なものとして捉えるために、次項では、キャラクター・スピークとしての日本語のバリエーションを媒介として形作られるキャラクターやキャラの具体例について論じることにする。

5.4.　キャラクターと話者複合論

5.4.1.　話者を特徴付けるキャラクターとキャラ

話者と相手の関係を明らかにするために、ここで第4章で論じたキャラクター、キャラ、キャラクター・スピークを思い起こそう。それによってややもすると抽象的になりがちな間主観性という概念を、具体的に把握することができるからである。話者という存在は、幾つかの重複・複合するキャラクターやキャラによって特徴付けられるのであり、実際のコミュニケーションにおいては、話者は共同体としての文化からあるキャラクターを抜き取り、それをいろいろな割合で提示する。それによって、相手も共通するキャラクターに関連した意味を理解することができる。特に言語のバリエーションは、語彙や文型より豊かにキャラクター・スピークとして機能し、相手との間主観性に支えられながら話者のキャラクターやキャラを特徴付ける。詳しくは後続する分析の章で考察するのだが、幾つかキャラ提示とキャラクター設定の具体例をあげておきたい。

(1) はライトノベルの登場人物の会話部分からとったものである。『涼宮ハルヒ』シリーズの主人公キョンは、会話にときどきキャラクター・スピークとして特殊なバリエーションを混入する。(1.4) で使われる「わい」は老人語で、キョンが瞬時に使うことで何かを悟りきった老人のような雰囲気を醸し出す。話者としてのキョンは高校生でありながら、時には老人キャラを提示することで、変化に富んだ様相を提示する。そこには男子高校生というキャラクターながら、老人のようなキャラ要素が混在する複合した話者が観察できる。

(1)『涼宮ハルヒの憂鬱』（谷川2003a: 255）

(1.1)「キョン、暑いわ」

(1.2) そうだろうな、俺もだよ。

(1.3)「扇いでくんない？」

(1.4)「他人を扇ぐくらいなら自分を扇ぐわい。お前のために余分に使うエネルギーが朝っぱらからあるわけないだろ」

(2) はケータイ小説の語り部分からの抜粋である。一人称語り手である主人公は自分が使った方言についてコメントしているわけで、ここで語り手としての話者の複数のイメージが作られる。(2.1) では、通常の語り言葉ではない他のキャラクターに関連する方言を、一時的に導入している。加えて、それについて (2.2) でコメントするキャラクターが観察できる。このような複数の視点は、話者が複合した存在としてあることを伝えている。

(2)『イン　ザ　クローゼット blog中毒』上（藤原 2008: 241）

(2.1) いやあ、大丈夫じゃなかとですばってん。アタシ恋の病、患ってしまっとーとですよあんた。

(2.2) 何語だよ。アハハハ。

(2.3) まだぶっ飛んでる。

(3) は、おネエ言葉を話すタレント、マツコ・デラックスがトーク番組でパートナーの有吉弘行と会話している場面からとったものである。ここでは、マツコ・デラックスは (3.1) で「あたし」と「ほしいのよ」、(3.5) で「そうなのよ」、(3.7) で「イラッとくるのよ」というおネエ言葉を使っている。それと同時に (3.3) では男性を想起させる「することねえだろ」という表現を混用している。(3) の会話の断片は、キャラクターを演じる際に、常に一貫して一定のイメージを保つわけではなく、キャラを内包した話者として具現化することを示している。

(3)『マツコ&有吉の怒り新党』（テレビ朝日 2014, 2014年5月28日放送）

(3.1) マツコ：あたしあの羽田空港の喫煙スペースどうにかしてほしいのよ。見世物だよあれは。

(3.2) 有吉：　ほんとだよね。

(3.3) マツコ：ガラス張りにすることねえだろ、[あれ、ほんとに。

(3.4) 有吉：　[ガラス張り、宇宙、宇宙船の中みたいだよね〈笑いながら〉

(3.5) マツコ：そうなのよ。ちょっとこじゃれてるからね。

(3.6) 有吉：　そうそう。

(3.7) マツコ：なおさらイラッとくるのよ。

(4) は、NHKの連続テレビ小説『あまちゃん』のシナリオ集からとったもので、主人公のアキと友達となるユイが、アキの祖母である夏の紹介を通して知り合う場面である。東京で生まれ育ったアキは高校二年生の夏、母親と岩手県（北三陸市袖が浜）に移り、そこで方言を真似て使い出す。一方ユイは東京にあこがれ、生まれ育った袖が浜の方言を拒否し、フィクションとしての東京言葉を使う。そしてふたりは、自分の生育地とは違う意図的に選択した方言をそれぞれのキャラクター・スピークとして使うことで、それぞれのキャラクターを提示する。(4) には話者が自分の好みや意思によってキャラクターを演じることで自分のイメージを創るプロセスを、互いに驚きながらも認め合う様子が観察できる。(4.3) でアキは方言を使わないユイに驚き、(4.8) でユイは東京から来ているのに方言を使うアキに驚くのである。

(4)『NHK連続テレビ小説「あまちゃん」完全シナリオ集第1部』（宮藤2013a: 51）

(4.1)　夏：　「早えな、学校が？」
(4.2)　ユイ：「はい、終業式なんです」
(4.3)　アキ：「……訛ってねえ」
(4.4)　ユイ：「（アキを見て）」
(4.5)　夏：　「ああ、これ？　オラの孫だ、東京がら遊びに来てんの」
(4.6)　ユイ：「高校生？」
(4.7)　アキ：「（緊張して）んだ、2年生だ」
(4.8)　ユイ：「（笑）訛ってる」
(4.9)　アキ：「じぇじぇ !?」
(4.10) ユイ：「私も高2、よろしくね」

話者としてのアキとユイは、地域差によるバリエーションを選択することで、その方言が想起させる典型的なキャラクターを演じることになる。アキは東京の高校生であるとともに袖が浜の高校生でもあり、少なくともふたつの話者の側面を備えている。同様にユイはその絶望的とも言えるあこがれのために、東京の若者と袖が浜の高校生というキャラクターを同時に演じ、やはり複合した話者として登場するのである。

5.4.2.　話者複合論の背景と可能性

前項で例示された話者の複合性を支える現象は、多くの先行研究に支えられている。ここで確認の意味で、第1章から第4章にかけて概観した研究の中から、特に言及に値する観点を簡単に振り返っておこう。これらは、筆者が本書で提唱する話者複合論を言語哲学の面からサポートしてくれる立場であり、確認しておくことも無意味ではないと思う。

Benveniste (1971) は、その人称代名詞の研究を通して代名詞を空白の記号と性格付け、語り手の視点の重要性を説いた。特に自分という認識が、誰か・何かとのコントラストにおいて、しかも相互プロセスを経て初めて可能になることを強調した。そこには具体的に談話に参加する者としての話者の姿が浮かび上がる。同様にMaynard (1989) 及びメイナード (1993) は、自己コンテクスト化する話者を捉え、会話行為における話者と相手の相関性について論じた。

近代西洋哲学としてのデカルト主義は数々の観点から挑戦を受けてきた。Hume (1963) は自分を感知・感受して経験する者として捉え、デカルト的我の単一性を否定した。心理学のアプローチでは、James (1984 [1890]) が意識の流れとして自分を捉え、瞬間的に感受する我を重視した。自分とは意識の流れの総合に他ならないのだとし、その流動的な自分をデカルト主義の対極に置いた。

人類学ではデカルト主義に挑戦した立場にGeertz (1984) があり、西洋世界中心になりがちな学問のあり方を批判した。西洋の「人」の概念はその社会や文化に支えられたものであり、普遍的な概念ではないことを主張した。同様に、自分 (self) の複数性を主張した研究としてTurner (2012)、Burke and Stets (2009)、Markus and Kitayama (1991) などがある。さらにGoffman (1959) は話者を言語行為、特に、観衆を意識したパフォーマンスとの関係に発見する。話者はいろいろな自分の側面を、あたかも演劇のステージ上で演じるように自分を表出・演出しているのであり、そのような側面をGoffmanは「キャラクター」という表現で捉えた。

ポストモダンの現象と自分の概念を関連付ける研究態度の一例としては、Gergen (2000 [1991]) がある。Gergenは心理本質論の崩壊を唱え、現在起こっているのは個人の内面に本質的に存在する「自分の空白化」であると説く。さらに、空白化された自分が拠り所とするのは対人関係であり、それを埋めるためにその中に多くの人を住まわせ、「飽和状態の自分」が生まれるとした。認知科学においても言語の構造と関連付けながら、複数の自分という捉え方が報告されている。社会言語学の分野でも、言語のバリエーションと話者の関係が論じられ、その複数のアイデンティティが論じられてきた（Bell 1999; Buchalitz 1999b; Cutler 1999）。

一方、日本の学問でもデカルト的我の否定と、主体と話者の複数性を支持する研究は多い。西田（1949a, 1949b）は無の場所について、それは自分を映し出す鏡であり、場所自体は空白であると説く。しかしその無の場所で経験される我は、大きな可能性を秘めた意識としてある。話者とはその場所における経験によってのみ現れるものであり、もともとコギトのような我としては存在しない。

宮沢賢治は、その作品を通して「せはしくせはしく明滅」（大塚1996）する私を、心に次々と浮かんでは消え行く心象のひとつと捉えた。その私は得体の知れない全体としてのモナドに浮かぶものと理解したのだが、この場合のモナドを不安定な社会的コンテクストと捉えることも可能である。私はその中で流動的に変化し続ける存在である。

その著書『人間の学としての倫理学』を通して、和辻（1934）は存在とは人間の行為的連関であると主張し、話者は相手との関係によって具現化することを明確にした。同様に森（1979）も日本人の自己を「汝の汝」という二項関係で捉え、日本人にとって経験は個人をではなく、ふたりの人間の関係を限定するという相手依存の自己理解を論じた。自己は相手依存である限り、単一性を保つことは不可能であり、やはり複合的なイメージが否定し難いものとなる。

社会心理学的アプローチでは、浅野（2005）が自己物語について論じ、それを複数の小さな物語とし、そのような自己物語を通して可能となるのは自己の多元化であると説いた。それは自己でありながら、その中に他者も感じられるような自己という理解でもある。若者を対象としたアンケートを実施してみると、若者の内面に多数の自己が認められ、それらの自己における一貫性は必要ではないと感じているという結果が出た。

筆者の話者複合論と直接関係してくるのは、平野（2012）である。平野は、私は分人として多数あり、本当の自分は存在しないと言う。分人は、相手との反復的なコミュニケーションを通じて自分の中に形成されるパターンとしての人格であり、自己とはネットワークとして存在する多数の分人の比率であると説く。筆者が本書でテーマとする話者は、独立した同一性を帯びた我を超えるものであり、それは分人の概念と矛盾しない。

話者を理解するために筆者が導入するキャラクター、キャラ、キャラクター・スピークという概念に関しても、それらを支える他の研究がある。キャラについては、白田（2005）が社会的キャラと仮想的キャラについて述べていた。キャラクター・スピークが媒介するキャラクターやキャラは、社会的なものも、ポピュラーカルチャーに存在する仮想的なものも含まれる。仮想的なキャラはその場や状況によって流動的に変わり得るもので、話者の可変性・重複性をサポートする。さらに土井（2009）は内キャラと外キャラを区別し、私達は外キャラを演じるのだが、外キャラが複数あるとしてもその一貫性は不要とされると説明する。しかもそのキャラクターはキャラクターのキャラ化を通して、それぞれの対人関係に適した外キャラクターとキャラとして現れるのである。断片的な要素の寄せ集めである自己は、複数のキャラクターとキャラを採用するという意味で価値観の多元化を示すことになる。

このような潮流に支えられて、筆者は本書で話者とキャラクターを結び付ける話者複合論を提唱する。話者の同一性や孤立性を否定し、話者は複数の側面から成っているという話者複合論は、後続する各章で明らかになるようにバリエーションを中心としたキャラクター・スピークの分析に支えられている。筆者はこの複数の話者の探求を通して、言語学的アプローチによる話者、ひいては自分という概念のひとつの理解に至ることができると思っている。そしてこの話す主体としての自己・自分への問いかけこそが、筆者が考えている言語哲学である。後続する第6章から第10章でポピュラーカルチャーのディスコースを分析し、キャラクター・スピークの具体例を示しながら考察していくことにする。

第6章

ライトノベル：
登場人物としての話者キャラクター

6.1. はじめに：ライトノベルにおける会話部分のキャラクター・スピーク

本章では、ライトノベル作品の会話部分に焦点を当て、そのキャラクター・スピークを観察する。ライトノベルは、おもに男の子を対象とした娯楽小説であるが、「ライトノベル」（または「ラノベ」）という表現がオタク仲間だけでなく一般の人々にも知られるようになったのは、2000年代になってからである。ライトノベルというレーベルの作品群の売り上げが伸びるに従い、特に2004年から2005年にかけて、ライトノベルは出版業界でちょっとしたブームになった（東2007）。1990年代前半から始まったオタクブームに支えられ、マンガ・アニメ・ゲームを中心とする日本のポピュラーカルチャーに、確かな仲間入りを果たしたのである。ライトノベルは日本のポピュラーカルチャー、サブカルチャー、オタク文化の流れの中で生まれた文芸であり、それを消費するオタクは1990年以後の日本で、より顕著になったポストモダンの文化を決定的なものとする役目を果たした。

ライトノベルが注目を浴びるに従い、ライトノベルとは何なのか、という問いかけがなされるようになった。ライトノベルの作者でもある新城（2006）は、ライトノベルを「キャラクターを素早く伝える方法としてイラスト等を意識し、キャラクターを把握してもらうことに特化してきた20世紀末〜21世紀における小説の手法」（2006: 203）であると定義している。一方、ライトノベルに関する解説書や指南書を多く著している榎本は、『ライトノベル文学論』（2008）でライトノベルの定義として、(1) ライトノベルレーベルから出版されていること、(2) マンガ・アニメ調のイラストを多用していること、(3) キャラクターが物語の中心になっていること、(4) ファンタジックな要素が登場すること、をあげている。ライトノベルの定義で特に大切なのは、キャラクター（本書の用語では登場人物）とイラストである。本研究では話者のバリエーションに焦点を当てるため、新城の言うキャラクターが大切となり、イラストは分析の対象としない。[注1]

なお、上記の定義を提示している榎本(2008)は、ライトノベルという作品群を正確に定義するのは難しく、むしろ「中高生向けの娯楽小説」という広義の定義付けの方がいいかもしれない、とも述べている。しかし同時に、近年、読者層が拡がっていることも指摘していて、30代から40代の読者が（読んでなつかしいと感じることからか）増えていると付け加えている。

ライトノベルの起源は、ジュニア小説やヤングアダルトなどと呼ばれる若者向けの文芸・娯楽小説にあるとされている。一方、もともとアニメやマンガとして創作された作品が、メディア展開の一部として小説という形態で出版され、それが初期のライトノベルとなったという見方もある。しかし、一番説得的なのは、新城(2006)が指摘しているように、『スレイヤーズ』シリーズ（神坂2008 など）が始まった1990年をライトノベル元年とする説である。神坂一による『スレイヤーズ』は、ライトノベルの中で最も多く販売されたシリーズであり、その語り口調が後のライトノベルに多かれ少なかれ引き継がれているからである。

ライトノベルは1990年代から、その時代に合わせて様々に変化を続けていて、特に最近は作品の種類やキャラクターの特殊化と多様化が目立っている。しかし、ライトノベルを包括的に捉えると、その最大公約数的な役目を果たしているのは、やはり『スレイヤーズ』シリーズである。榎本(2008)も、『スレイヤーズ』が現在のライトノベル的な作品の原型であることを主張し、その第一の特徴としてキャッチーなキャラクターをあげている。

登場人物を理解するためには、直接話法に括られた会話部分が重要である。会話部分は登場人物のキャラクター・スピークがそのまま引用されるため、そのキャラクターやキャラを理解するのには最適のデータなのである。

注1　ライトノベルのイラストについては、メイナード(2012)で考察しているので参照されたい。

まず、ライトノベルの文体と会話部分の特徴を探ることから始めよう。

6.1.1.　ライトノベルの文体

ライトノベルは、何よりもその文体が会話化し、直接引用の形をした会話や会話的な語りがページの多くを占める娯楽文芸である。そしてキャラクター設定やキャラ提示を可能にするために役立つ表現が選ばれ、同時にビジュアルイメージを統合したコミュニケーションを提供する（メイナード 2012）。

ライトノベルを読んでいくと、その表現には次のような特徴があることに気付く。

1. ライトノベルでは、地の文より会話の方が読みやすいこともあり、会話で登場人物のキャラクターを立てることが多い。
2. 多人数の会話は区別し難いので、語尾や口調に際立った特徴を付けることが多い。
3. キャラクターやキャラを際立たせるためにキャラクター・スピークが選ばれる。
4. 語りの部分にも心内会話として会話表現が頻繁に使われる。[注2]
5. 会話部分や語りには、日本語のありとあらゆるバリエーションが利用される。
6. 説明や描写は限られたものとなっている。
7. ビジュアルイメージが統合される。

ライトノベルについての説明書、指南書などが数多く出版されるに従い、ライトノベルを特徴付ける文体が取り上げられるようになった。例えば、大森・三村（2004）は、25項目に及ぶライトノベル診断表なるものを掲載している。その中で特に表現や文体に関するものをまとめて書き出してみたい。文章表現については、(1) 分かりやすく、読みやすい、(2) 視覚的な表現が使われる、(3) 短いセンテンスで、会話部分が多く、情景描写が少ない。そして改行や擬音などに関連して、(1) 会話が全改行される、(2) 叫び声や吐息などの文字化が見られる、(3) 擬音が多い、(4) ページの余白が多い。さ

注2　心内会話については第7章をも参照されたい。

らに会話や語尾については、(1)「にょ」など特殊な語尾で話す登場人物がいる、(2) 口調や呼びかけの固定化によって話者が識別できる、(3) 方言の使用や男言葉・女言葉でおおまかに識別できる、(4)「と○○は言った」式の表現はほとんどない、などの特徴があるとのことである。確かにこのリストによって、ライトノベルの表現の全体的なイメージが把握できる。

ところで、筆者は先に、ライトノベルやケータイ小説などのポピュラーカルチャーの文芸・文学に使われる会話中心のスタイルを「会話体文章」(メイナード 2012, 2014) 及び「conversational written style」(Maynard 2016) と呼んだ。会話体文章は、石黒 (2007) の言う第三次言文一致体を含む新言文一致体を受け継いでいるが、おもに文芸のスタイルを指す言葉である。それは会話的な小説の文体で、遊びを取り入れ、マンガ・アニメなどのポピュラーカルチャーに使われる文体の特徴とも矛盾しない。会話体文章には、語りから会話・発話へという傾向のみならず、描写より演技・実演へという傾向が見られる。この会話体文章こそが、ライトノベルの作品群に採用される文体である。

実際、ライトノベルの原点と言われる『スレイヤーズ』シリーズ、例えば神坂 (2008) に目を通してみると、その文体の特徴は一目瞭然である。主人公、リナ=インバースによる語りは女の子による一人称で、読者に対して直接語りかけるような会話文が多い。オノマトペが多く、その幾つかには大きな文字が使われ、リーダーやダッシュなどが目立つため視覚的にも会話的な印象を与える。一行あたりに使われる文字数は少なくしばしば改行され、ページ割りの印象が従来の小説とは随分違う。リナの語り口は、日常的な生活場面では漫才のようなふざけた会話や、語りの一部としてツッコミが使われることが多い。主観的な心情描写が会話のような文章で綴られるという、正にノリの良い会話体文章の作品なのである。それは日常会話とは異なる大袈裟で、遊びの要素を多く含む文体である。

6.1.2. 話者を具現化する会話部分

本章では、ライトノベルにおける登場人物の会話部分に焦点を当てる。登場人物の直接引用にはキャラクターやキャラが豊かに表現されるからであり、それはかぎ括弧で括られ多くの場合改行される。もちろんすべての会話部分がこのような形で引用されるわけではないが、分析の対象とするには分かりやすい目印である。本章では、かぎ括弧(「　」さらに作品によっては『　』〈　〉などを含む)に括られた直接話法の特徴を備えた部分を分析の対象とする。

筆者はメイナード(2012)でライトノベルの会話部分の特徴について、(1)会話部分が日常会話に近いかたちで表現されること、(2)会話のスタイルがキャラクター設定のために用いられること、(3)会話として発話される表現がいろいろな言語のバリエーションに富んでいること、(4)大袈裟で、マンガ・アニメ的な会話表現や、ポピュラーカルチャーに特有の表現が使われること、さらに(5)ライトノベルに多く使われる会話が、生き生きとした日常会話として創作されていること、を指摘した。

ところで、日常会話は準備されたスピーチや書き言葉一般と違って、前もって計画されることのない談話である。スピーチや書き言葉では思考内容を複雑な文にまとめ、結束性のある表現に操作する時間がある。それに対して話し言葉は、特に日常会話では瞬時に発話する必要があるため、単純な文型が多くなり、複雑な従属節が統合されることは少なくなる。会話では、話のポーズ、発話権を取ろうとする試み、言いよどみ、繰り返し、フィラー(埋め込み表現)、言い直し、などのストラテジーが多く使われる。このため会話の表現は、小さな単位に区切られることが多く、その細分化された単位の後では、31.82%の頻度で終助詞を伴うことも明らかになっている(メイナード1993)。会話とは、その至るところで話し手の態度や感情があらわになるコミュニケーション形態である。

ライトノベルでは日常会話に近い会話表現が使われ、多くの作品の中に、言いよどみ、発話の最初の滞り、言い直し、フィラー、言いさし(未完成のままの発話)、つっかえ(おもに最初のシラブルの繰り返し)、問い返し疑問、聞き違い、ポーズと驚き、共作、などが観察される。会話を再現する意図でライトノベルのディスコースに会話部分が挿入されると、間接話法や語り部分では表現し難い話者のキャラクター設定やキャラ提示が効果的に成される。それは、これらの会話操作自体が、話者のキャラクターやキャラ的な特徴を伝えるからである。以下、幾つか例を見よう。

まずライトノベルに頻繁に観察される表現として、滞ったり言い直したりする現象を見てみよう。特にフィラーを使ってなかなか言葉にならない状況を伝えたり、いったん言い出したことを言い直すという日常会話にありがちな発話が引用される。「うん、まぁ。なんで？」や「……ん？　なに？」（桜庭2009: 38）などは、すぐに言葉にしない滞りを示す。言い直す過程を発話すると、その話者の滞りがちの発話態度が伝えられ、そのようなキャラ的要素を提示することになる。例えば、『狼と香辛料 III』では、行商人のロレンスが取引相手にお礼を言うべきところだと言われて「え？　ああ、そうか、すま……いや」「ありがとう」（支倉2006: 266）と答えるシーンがある。これは相手に促されての自己修復（self-repair）の例であり（Schegloff, Jefferson, and Sacks 1977）、訂正する必要のある行為をとったこと自体が、登場人物の自信のなさや、堅苦しいキャラ要素を伝えることになる。

つっかえについては、定延（2005）がその種類に、とぎれ型と延伸型があり、つっかえた後の発話に語順戻り方式と続行方式がある、と指摘している。（1）には、冒頭にとぎれ型のつっかえがあり、それは語順戻り方式のもとに再生されている。このようなつっかえは話者の心の動揺を表現することが多く、スムーズに発話し難い、またはすんなり発話しない方がいいと判断する気持ちの表れであると理解できる。『バカとテストと召喚獣』（井上2007）は、主人公の高校生吉井明久の身辺に起こる出来事を描いた学園ライトノベルで、（1）は級友の根本が撮影会の被写体となる破目になったシーンの会話である。（1.1）、（1.3）、（1.5）で、つっかえを繰り返す根本の臆病なキャラが提示される。

（1）『バカとテストと召喚獣』（井上2007: 232-233）

（1.1）『こ、この服、ヤケにスカートが短いぞ！』

（1.2）『いいからキリキリ歩け』

（1.3）『さ、坂本め！　よくも俺にこんなことを――』

（1.4）『無駄口を叩くな！　これから撮影会もあるから時間がないんだぞ！』

（1.5）『き、聞いてないぞ！』

日常会話には、話し手と聞き手が協力して同一の発話をすることがある。

例えば、女性ふたりの会話で、片方が「飲んだあと食べるって言えば」と言ったあと、ふたりそろって「ラーメン！」と言う場合である（メイナード2001: 111-112）。会話は、このように参加者の密接な協力（また、時によっては意図的な非協力）によって成り立つのだが、話し手の発話を聞き手が受け継いで完成させることもある。

このような共作現象は、『とらドラ！』の会話部分にも登場する。『とらドラ！』（竹宮2006: 69）は高校生の主人公高須竜児が、逢坂大河や他のクラスの女子たちと繰り広げるライトノベルで、(2.2)と(2.3)では泣いてないという意味の文が竜児と逢坂の共作になっている。なお共作の一種に、ある情報が話者交替を挟んで伝わる場合に起きる「両属連鎖」（岩崎・大野 1999）が知られている。両属連鎖は同一の話し手がある要素をふたつの発話に分ける場合を指すのだが、ライトノベルの会話には(2.2)と(2.3)のように、異なった話し手が連鎖して文を分かち合う場合もある。

(2)『とらドラ！』（竹宮2006: 69）

(2.1)「どうせ見たんでしょ！　読んだんでしょ！　それで私のことバカに、バカ……バ……うっ、う、うう……っ」

(2.2)「あっ!?　ちょっ、おまっ、な、泣いて……」

(2.3)「……なぁいっ！」

ライトノベルの会話にはこのように（時には少々大袈裟な）会話らしい表現が使われ、それによって話者の態度が明らかになるたび、そのキャラクターやキャラが特徴付けられていく。

6.2.　登場人物のキャラクター・スピークとキャラクター設定

ライトノベルにおけるキャラクター設定には、言語のバリエーションや話のスタイルが大きな役目を果たす。第4章で説明したように、キャラクター・スピークにはコミュニケーションのありとあらゆるレベルの操作が含まれる。各種語彙の選択、使用法、イントネーション、接頭・接尾辞、口調、特殊語尾、「である」調などのスタイル、文法や談話構造の操作、発話行為の選択と頻度、レトリックの技法、会話参加の仕方、などである。ポピュラーカルチャーのキャラクターが使う廓言葉やお嬢様言葉、さらに古語、方言、世代差によるバリエーション、なども含まれる。ライトノベルにはこれらの表現が会話部分にも語り部分にも観察できるのだが、特に直接話法の中には、バリエーションに富んだ表情豊かな創造的な発話が観察できる。それは、このような活気に満ちた会話が、ライトノベルや他のポピュラーカルチャーに共通したキャラクター設定やキャラ提示のために有効だからである。まず、あるキャラクターに限って一貫して使われるカラフルなキャラクター・スピークを観察しよう。

6.2.1. 若者言葉と若者キャラクター

ライトノベルでは主要登場人物と読者が若者であることが多いため、その共感を狙って会話に若者言葉が使われることが多い。若者言葉とは、十代後半から30歳くらいまでの男女が仲間内で使う表現であるが、それは米川(2002)が指摘するように、娯楽・会話促進・連帯・イメージ伝達・隠蔽・緩衝・浄化などのために使うくだけた言葉であり、その主な特徴には、略語、「る」言葉、接尾辞、強調語、転義がある。若者言葉の特徴として、省略・短縮した表現が多いことも指摘されている。例えば「アケオメ」(明けましておめでとうございます)や「コトヨロ」(今年もよろしく)で済ませたり、「ちゃ」(こんにちは)や「ちす」(こんちはっす)(香山2002)がある。

若者言葉の効用に関して、佐竹(1995, 1997)は「ソフト化」という表現を用いて説明している。若者達の不安や恐れについて、自分の発言の正当性・妥当性に対する自信のなさからくる不安、聞き手の考えとズレているのではないかという恐れ、聞き手から自分のミスや聞き手とのズレを指摘されることへの恐れ、などをあげ、そうした不安や恐れに対する方策として、断定回避があったり、ぼかし表現が選ばれたり、半クエスチョンが使用されたりする、と説明している。佐竹は、これらがいずれも表現をやわらげるという意味で「ソフト化」と呼んでいるが、それは語彙レベルで言うと「らしい」「みたいな」「結構」などに共通する効果である。

若者言葉について、辻(1999)は「とか」「っていうか」「って感じ」「みたいな」などの表現と、その心理との関係を調査している。断定回避や和らげの表現が若者の心理と関係しているのではないか、という問いかけをしているが、辻によると、これらの表現の「語用論的機能は、発話によって設定される対人関係上の責任・拘束――いわば対人関係の『重力場』――から身を引き離すことにある」(1999: 22)という。そしてこれらの若者言葉は、対人関係の濃い―薄い、深い―浅いではなく、重い―軽いと結びついているのではないかと指摘する。「とか」や「っていうか」などの若者言葉の背景にあるのは、互いを束縛する重い関係より、相手に寄りかからない軽い関係を好む対人心理ではないかという仮説を立て、実際調査をしてみた結果、部分的であるが確かに仮説通りの見方ができる、と報告している。

ライトノベルには、上記の特徴がある表現が多く使われる。若者が軽い人間関係を好むという辻(1999)の説にあるように、ライトノベルのキャラクターがしばしば使う軽い口調は、若者の対人心理に支えられているように思える。そして若者言葉を使う話者は、若者らしいまたは若者っぽいキャラクターとして創られる。例えば「そっか。ってか、優人って、結構、今でも私のコト見てくれてるんだね。ちょっと意外。うれしいかも」(みかづき2008: 127)や「あー、あれですか？　全然大したことないです。ちょっとナーバスになっちゃったとゆーか。雨が降ってて鬱入っちゃったとゆーか……心葉先輩が、優しい顔してたから……つい甘えてしまったというか……きゃあ、恥ずかしいからもう忘れてください。」(野村2006: 70)がある。

加えて、「めんどい」や「だしょう」の用例として、「ふぃーん。めんどいなぁ」(西尾2008: 130)や「だしょうね。いーんじゃないかな？」(西尾2008: 208)がある。「めんどい」は「めんどうくさい」の短縮形であり、「だしょう」は「だろう」と「でしょう」の中間の表現で、若者の間でよく聞かれる「っす」表現にも似た丁寧度を操作する表現である。ソフト化に敏感で、しかし親しさの表現との妥協を感じさせ、そこに若者の重層的な心理が見てとれる。これらの表現は若者らしいキャラクターの設定に役立つだけでなく、読者との一体感を助長する働きもあると言える。

6.2.2.　ポピュラーカルチャー的キャラクターの設定

ライトノベルの世界では、特にポピュラーカルチャーの世界に特有な登場人物をキャラクターとして設定するために、その人物に特殊なキャラクター・スピークが使われる。例を幾つかあげよう。

『狼と香辛料 III』(支倉2006)は、第4章で触れたようにホロ(廓言葉を使う狼の化身の女の子）と行商人ロレンスが、中世ヨーロッパを旅するファンタジー物語である。ホロの口調の例としては、「なにかや？」（支倉2006: 13）、「わっちの尻尾を懐炉と一緒にするでない」（支倉2006: 14）、「ほほう、じゃが、ぬしよ、余計なものを買っても懐は大丈夫なのか？」（支倉2006: 16）、「そこまで言うつもりはありんせん。じゃがな、わっちの買い食いを言い訳に使われては困るからの……」（支倉2006: 17-18）がある。ホロが一貫して使う廓言葉は、その遊女のような魅力を持つキャラクター設定を可能にしている。

『よく分かる現代魔法 Jini使い』（桜坂2005）では、高校一年生の主人公森下こよみの友人一之瀬弓子クリスティーナのキャラクター・スピークが興味深い。古典魔法の使い手で正義感が強いクリスティーナは、ポピュラーカルチャーのキャラクターとして知られるお嬢様キャラクターとして登場し、現在はあまり使われないお嬢様言葉を使う。例えば、「そうはまいりませんわ？」（桜坂2006: 74）「嘘おっしゃい」や「このわたくしに、深入りしないほうがいい、ですって！　どの口がおっしゃってるのか教えていただきたいですわ」（桜坂2006: 75）などがある。お高くとまっていてプライドが高く、丁寧言葉を使うわりには辛辣なこともずけずけ言うお嬢様キャラクターを演出するバリエーションである。

ポピュラーカルチャーに登場するおじいさんキャラクターの例をひとつあげておこう。

（3）は『涼宮ハルヒの憂鬱』（谷川2003a）に登場する爺さんの描写で、お爺さん言葉として語りのディスコースの中にカッコ付きで紹介されている。

（3）『涼宮ハルヒの憂鬱』（谷川2003a: 221-222）

朝倉がいたのは三年ほど前からだったこと（めんこいお嬢さんがわしんとこに和菓子の折り詰めを持ってきたから覚えておる）、ローンはなく一括ニコニコ現金払いだったこと（えれえ金持ちだと思ったもんだて）、などを首尾よく聴きだしていた。

そしてその爺さんの会話には、「せめて一言別れをいいたかったのに、残念なことよのー。ところであんたもなかなか可愛い顔しとるのー」（谷川2003a: 222）がある。

6.2.3. フィクション世界におけるバリエーションの演出

廓言葉、お嬢様言葉、お爺さん言葉は、ポピュラーカルチャーの世界で一般的に認められたキャラクターを立てるために使われる。一方、キャラクターがあるバリエーションを利用しても、ポピュラーカルチャーで知られたキャラクターと結び付かない場合がある。

『バカとテストと召喚獣』（井上2007）には、吉井明久のクラスメートとして、木下秀吉という女の子のようなキャラクターが登場する。彼はいつも他の登場人物が使うスタイルから逸脱した特殊な話し方をする。木下秀吉という名前から豊臣秀吉をイメージさせられるのだが、戦国時代のヒーローを装った(4.2)と(4.4)のようなバリエーションを使う。作者は誰かを真似ることでその人のキャラクターを利用し、それを登場人物の特徴として利用し、より複雑なキャラクターを創ることに成功している。

(4)『バカとテストと召喚獣』（井上2007: 66）

(4.1)「秀吉、大丈夫？」

(4.2)「うむ。戦死は免れておる。じゃが、点数はかなり厳しいところまで削られてしまったわい」

(4.3)「そうなの？　召喚獣の様子は？」

(4.4)「もうかなりヘロヘロじゃな。これ以上の戦闘は無理じゃ」

『神様家族』（桑島2003）は家族全員が神様という設定の青春ラブコメディで、父親の神山治（パパさん）は、父親でありながら「うー、にゃんですか」（桑島2003: 74）、「教えてちょー」や「どちたの？」（桑島2003: 75）、また「ん、わかったです、ひっく」（桑島2003: 88）というような発話をする。子供のような父親らしからぬ天然オヤジである。そのキャラクター設定には、幼児語のふざけたキャラクター・スピークが効果的である。

『灼眼のシャナXVII』（高橋2008）には「でございますです」というスタイルを使うキャラクターが登場する。教授に仕えるドミノという人物で、その従順な性格が「でございますです」という表現と矛盾しない。例えば「ご指摘の機能は休眠させる設定となっていたはずでございますです」（高橋2008: 127）や「はいでございますです！」（高橋2008: 126）がある。

『とらドラ！』（竹宮2006）に登場する竜児の母親康子は、母親らしからぬキャラクターである。肌を露出したドレスを着ているのを息子に見つけられ、「ちがうもーん。これはこういうお洋服なんだもーん。それにこの上から、これ着るもーん」（竹宮2006: 162）と答える始末である。そして、夜の仕事に出かける時のあいさつは（5.1）と（5.3）のようになっていて、（5.3）にあるように「ほえー」という感嘆詞や「よん」という終助詞の変形が使われる。

（5）『とらドラ！』（竹宮2006: 163）

（5.1）「それじゃあ竜ちゃん、大河ちゃん、やっちゃん行ってくるからねー」

（5.2）「おう、気をつけろよ。飲みすぎるなよ。変な奴がいたら携帯かけろよ」

（5.3）「ほえー、あ、大河ちゃんはあ、あんまり遅くなったらだめだよん？」

（5.4）「はい。いってらっしゃい」

以上のように、選ばれる言葉のスタイルはそれぞれキャラクターを設定する。廓言葉はセクシーな女、戦国武士の言葉は戦術に長けた人物、お嬢様言葉は自由奔放辛辣キャラクター、不思議なボケ口調は天然オヤジ、である。また、「でございますです」が従順な部下、「もーん」や「よん」が母親らしからぬ子供のようなキャラクターを設定する例を見た。強調したいキャラクター像を可能にするためには、キャラクター・スピークが重要であり、作者は直接引用の中のバリエーションを利用しながら、様々なキャラクターを創造するのである。

6.3. ライトノベルのキャラクター設定

本項では、ライトノベルの作品の中でキャラクター設定がどのように成されるのかを詳しく観察するため、『キノの旅』と『おまもりひまり』に焦点を当てることにする。

6.3.1.『キノの旅』のキャラクター・スピーク

時雨沢恵一による『キノの旅』シリーズ には、主要人物がふたり登場する。ひとりは主人公で15歳の少女キノ、もうひとりは相棒のエルメスという名前のモトラド（空を飛ばない二輪車）である。物語は、このふたりが様々な国を巡るというもので、一話完結型のファンタジーとして展開する。キノは女の子だが一貫して「ボク」という一人称を使い、例としては「これは、お返しします。ボクは、あなた方を助けることができませんでしたから」（時雨沢2000a: 43）や「悪く思うなよ。ボク達は人間なんだ」（時雨沢2000a: 44）がある。このことで、女性を想起させない少年のようなキャラクターが生まれる。

キノがデス・マス体でややフォーマルな感じを維持するのに対して、エルメスは人間の言葉をしゃべるのだが、親しい下僕のような友人のような独特の口調で話しかける。そのしゃべり方でエルメスは、親しみを滲ませる気のいい少々お調子者のパートナー、というキャラクターとなっている。例えば「さいで」（時雨沢2000a: 12）、「くーっ。嬉しいこと言ってくれるじゃん。どんどん行こう！」（時雨沢2000a: 61）、「さいですか」（時雨沢2000a: 63）「ん？　どゆこと？」（時雨沢2000a: 95）、などがある。

ふたりの会話の例をあげておこう。キノのスタイルは（6.4）に、エルメスの口調は（6.2）と（6.5）に観察できる。

（6）『キノの旅　— the Beautiful World —』（時雨沢2000a: 77-78）

（6.1）キノはエルメスを発進させた。そして、右の道に進んでいった。

（6.2）「あ？　ああっ！　キノぉ！　だましたな！」

（6.3）エルメスが叫んだ。

（6.4）「人聞きの悪い、だましてなんかないよ。物は試しなら、どっちに行ったっていいじゃないか。違うかい？」

（6.5）「ずるーっ！　だからって右に行くことはないじゃんかぁ！」

『キノの旅』シリーズでは、このようにふたりの登場人物のキャラクター・スピークを異なるスタイルとすることで、その妙に楽しいアンバランスな掛け合いを生み出している。丁寧で思慮深いキャラクターと、むしろ能天気な明るくておもしろいキャラクターのやりとりで、読者を楽しませる構成になっているのである。また（7.4）に見るように、誰が言った言葉かがスタイルで識別できるという利点もある。キノは「はい」と答えるキャラクターであり、エルメスは「うん」が似合うキャラクターであることが演出される。

(7)『キノの旅II　― the Beautiful World ―』(時雨沢2000b: 168)

(7.1)「いろいろ、ありがとうございました。会えて嬉しかったです。それじゃあ――」

(7.2)「行ってらっしゃい」「行ってらっしゃい」

(7.3)「…………キノさん、エルメスさん……」

(7.4)「はい」「うん」

(7.5)「行ってきます！」

6.3.2.『おまもりひまり』を彩るキャラクター

物語全体にキャラクター・スピークとして多くのバリエーションが観察できるのは、『おまもりひまり1　浪漫ちっくメモリー』(みかづき2008)である。まず、登場人物を紹介しよう。

1. 天河優人(あまかわゆうと)：16歳、男子高校生、7年前に両親を亡くし天涯孤独の身。
2. 緋鞠(ひまり)：優人が16歳になった時現れた猫の妖(あやかし)。外見は美少女、巨乳、スタイル抜群。先祖から受け継がれた盟約により優人を他の妖怪の襲撃から守るために来た。天河家に居候しながら、高校生になったりメイド喫茶でアルバイトをする。緋鞠は江戸時代以前の武家や高貴な家柄の女性が使う(金水2014)とされるお姫様言葉を使う。
3. 久崎凛子(くざきりんこ)：優人と同い年で幼なじみ。優人を家族ぐるみで世話している。
4. 如月冴(きさらぎさえ)：優人のクラス担任、眼鏡をかけた美人女教師。思っていることをはっきりと口に出していう、さっぱりした自由人タイプ。
5. 夜魔姫(やまひめ)：妖艶な姿をした妖。木の精霊。優人の母親に似ている美女で、京言葉のようなスタイルで話し、京女の雰囲気を持つ。次第に優人たちの味方になる。
6. 静水久(しずく)：水を操る妖。外見は10歳の少女のようで緑色の髪の毛をしている。天河家に居候して優人の世話をする。

主人公の緋鞠は古めかしいお姫様言葉を使う。このようなスタイルの選択は、読者を現実から離れたファンタジーの世界へ誘うものであり、殿様に仕える大奥の女性のように性的魅力のある妖怪にふさわしい。(8) はそんな例である。[注3]

(8)『おまもりひまり1　浪漫ちっくメモリー』(みかづき2008:16)

「何が違うのだ？　別に言い訳せずともよいのだぞ。遠慮なんかせずともいい。前にも言ったであろう？　すごく恥ずかしいものじゃが、お主に触られるのは嫌ではない」

この他にも緋鞠の発話としては「若殿の匂い、私は好きじゃ」(みかづき2008: 17) や「んー、まだ夏休みじゃから、大丈夫であろう？」(みかづき2008: 25) などがある。

語り手である優人とその友人凛子の話し方は、通常高校生が話すとされている若者言葉風のスタイルである。如月のスタイルは男性的で明瞭である。教師でありながら「おー、みんな、元気に生きているようで感心、感心」(みかづき2008: 72) とか、「今じゃ、もう裏山で遊ぶ子供ってのも少なくなっているらしいが、わたしはわりと世話になってな。てか、ぶっちゃけ毎日通っていたしな。きっと、キミらも私ほどじゃないだろうが、ギリギリあそこで遊んでいた世代だと思うんだ」(みかづき2008: 77) と言う。男性を想起させるさっぱりした性格の女性教師としての、如月のキャラクターを立てるのに役立っている。

一方、夜魔姫は古い京言葉のようなバリエーションを使う。彼女が使う「わらわ」という一人称代名詞は、お姫様、魔女、巫女などによって使われ、他者を従わせる立場にある女性が用いる (金水2014) もので、古めかしい女性の印象を濃くする。例えば夜魔姫の言葉として、「優人、お久しぶりえ」、「もうわらわのことは忘れてしまったんかえ？　久しぶりに会いに来てくれはったと思うたんに――」と「ふふふ、もう、その言葉は、他にも腐るほど聞いてきたえ？」(みかづき2008: 104) がある。また、少女のような不思議

注3　『おまもりひまり』に登場する主人公の緋鞠はお姫様言葉を使う。これは第4章で『狼と香辛料』に関して指摘したように、役割語は主人公には使われ難いという立場 (金水2003) に対する反例である。

な妖怪の静水久は、「……なの」が発話末に付く特徴ある話し方をする。第4章で見たように、「……なの」というキャラクター・スピークは少々不気味でありながら女の子らしさが漂うキャラクターの設定を狙って使われている。こうして、登場人物にそれぞれのキャラクター・スピークを指定することで、物語はカラフルなキャラクターやキャラに彩られるのである。

6.4. ツンデレキャラクターと話者複合性

ポピュラーカルチャー、特にライトノベルでは、キャラクターの代表としてツンデレキャラクターが知られている。このキャラクターには、以下に見るようにツンツンとデレデレの混合という複数のキャラクターの要素が認められ、それ自体が話者の複合性を示す好例である。ツンデレキャラクターの人気は、相反するキャラ要素が複合すること自体に魅力があることによるものと思われる。

6.4.1. ツンデレキャラクターの特徴

新城(2006)によるとツンデレとは「『ツンツンデレデレ』の略で、恋愛関係になる以前もしくは衆人環境の状況下ではツンツンとしているが、恋人同士もしくは二人きりになると急にデレデレといちゃつくタイプの女性キャラクター」(2006: 146-147)とのことである。ツンデレには、ふたつのタイプが認められる。まず、時間が経過するに従ってツン状態からデレ状態に変化する場合である。もうひとつは、読者にはデレデレの様子が既に伝わっていても、素直になれない性格で、自分の甘えを表現することができない、または表現することに抵抗がある場合である。特に後者の場合は、内面と言動の間にギャップが生まれ、読者はそのギャップを楽しむことになる。いつもはツンツンしているようでも、例えば危険や困難に直面すると甘えたり弱みを見せたりするところがいじらしく、そこがかわいいのである。このように相反するキャラ的要素を同時に持つツンデレは、確かに話者複合現象の分かりやすい具体例であると言える。本項では、ツンデレキャラクターとキャラクター・スピークの関係を明らかにするために、『涼宮ハルヒ』シリーズのハルヒのツンデレ振りが、どのように具現化されるかを考察する。

6.4.2.『涼宮ハルヒ』シリーズのツンデレ表現

谷川流による『涼宮ハルヒ』シリーズ は学園もののライトノベルで、主人公のハルヒはツンデレキャラクターの代表として知られている。高校に入学したハルヒは「ただの人間には興味ありません。この中に宇宙人、未来人、異世界人、超能力者がいたら、あたしのところに来なさい。以上」（谷川2003a: 11）という不思議な自己紹介で、一人称語り手のキョンを驚かす。高校生活が退屈だという理由でSOS団というクラブを作り、そこに、長門、みくる、古泉、そしてキョンを強制的に入団させる。実はハルヒは気付いていないが、無意識のうちに願望を実現させることができる力を備えていて、その彼女をなんとかしようと集まったのが、宇宙人の長門、未来人のみくる、超能力者の古泉なのである。普通の高校生であるキョンとともに、一同は次々と奇妙な事件に巻き込まれていく。

ハルヒは美人で何でも実行に移すタイプであり、周囲の状況を無視してやりたい放題のわがままな女の子である。キョンとの関係でも最初はツンツンしているが、第1巻の後半ではデレ状態になることもある。ただその後もツン表現を使うことがほとんどであり、典型的なツンデレキャラクターとして登場する。ここでは、このシリーズの第1巻『涼宮ハルヒの憂鬱』（谷川2003a）と第2巻『涼宮ハルヒの溜息』（谷川2003b）に焦点を当て、そのキャラクター・スピークとツンデレキャラクターの関係を観察したい。

まず、ハルヒのツン表現として、その会話の参加方法に特徴がある。ツン状態では(9)のようにハルヒはキョンを拒否・無視し、会話自体が噛み合わない。話者交替のコンテクストで「好まれる応答形式」（メイナード1993）を無視する行為をするのである。通常「……違うけどさ」はいいわけに過ぎず、「けど」に後続する表現は期待されていない。しかし、ハルヒは何なのか詰問し何もないという返事に、(9.11)で時間が無駄になるから話しかけるな、と反応する。好まれる応答形式とはかけ離れた、ケンカを売っているようなツンツン振りである。

(9)『涼宮ハルヒの憂鬱』（谷川2003a: 13-14）

(9.1)「なあ」

(9.2)　と、俺はさりげなく振り返りながらさりげない笑みを満面に浮かべて言った。

(9.3)「しょっぱなの自己紹介のアレ、どのへんまで本気だったんだ？」

(9.4) 腕組みをして口をへの字に結んでいた涼宮ハルヒはそのままの姿勢でまともに俺の目を凝視した。

(9.5)「自己紹介のアレって何」

(9.6)「いや、だから宇宙人がどうとか」

(9.7)「あんた、宇宙人なの？」

(9.8)「……違うけどさ」

(9.9)「違うけど、何なの」

(9.10)「……いや、何もない」

(9.11)「だったら話しかけないで。時間の無駄だから」

通常の会話では、質問されたら答えを返すという隣接応答ペア（Sacks, Schegloff, and Jefferson 1978［1974］; Maynard 1989; メイナード 1993; ten Have 1999）の期待に応える行為が観察される。しかしハルヒは期待される行為を拒否することで、非協力的でむしろ敵対的なメッセージを送ることになる。(10) はハルヒがキョンの質問を無視し、ただ自分の意見を言い続ける例である。そのインターアクションに観察できるように、ハルヒはキョンにまともに応答していないのであり、ツンツンしたキャラクターが明らかになる。そのツンツン振りは、(10.8) でキョンが「聞いちゃいねぇ」というメタ言語表現を使って嘆くことでも明らかである。

(10)『涼宮ハルヒの憂鬱』（谷川 2003a: 47-48）

(10.1)「協力しなさい」

(10.2) ハルヒは言った。今、ハルヒがつかんでいるのは俺のネクタイだ。頭一つ分低い位置から鋭い眼光が俺に迫っている。カツアゲされてるような気分だよ。

(10.3)「何を協力するって？」

(10.4) 実は解っていたが、そう訊いてみた。

(10.5)「あたしの新クラブ作りよ」

(10.6)「なぜ俺がお前の思いつきに協力しなければならんのか、それをまず教えてくれ」

（10.7）「あたしは部屋と部員を確保するから、あんたは学校に提出する書類を揃えなさい」

（10.8）聞いちゃいねぇ。

ここで、ハルヒがキョンに向けるツンツンした発話行為をまとめておこう。

1. 拒否する
「あんたの意見なんか誰も聞いてない」（谷川2003a: 29）
2. 命令する
「これから放課後、この部屋に集合ね。絶対来なさいよ。来ないと死刑だから」（谷川2003a: 54）
3. 罵倒する
「ごちゃごちゃうるさい奴ね」（谷川2003b: 28）
4. 叱る
「こらーっ！　撮影係がいないと映画になんないでしょうがっ！」（谷川2003b: 81）

拒否する、命令する、罵倒する、叱る、に共通するのは、自分が相手より上位に立ち相手をコントロールする態度である。それは相手の気持ちを思いやることができない（または、意図的にしない）身勝手な態度であり、正にツンツンしたキャラクターを強調する。他の登場人物がこれらの行為を全くしないわけではないが、『涼宮ハルヒの憂鬱』ではハルヒは一貫して相手をコントロールするツンツンした態度を維持している。

次に終助詞「よ」の使用とハルヒのキャラクターを考えてみたい。「よ」は、話者が相手に比べてより詳しい情報を持っていると判断した時、情報自体に焦点を当て、まだ相手が十分認識していない情報や話者の方が確実に握っている情報について、注意を促しながら相手に訴えるために使われる。そのため、「まだわかってくれないの」という切ない気持ちを伝えたり、「まだ分かってないんならもう一度繰り返すけど」という態度を伝えたりする（メイナード2001, 2005; Maynard 2008）。また「よ」は通常目上の者に対しては使えないという制限がある。これは、相手が知らないと想定することが失礼になるからである。このようなルールを逆手にとって、「よ」を使うことで自分が目上であると主張することもある。

ハルヒはキョンに対して「よ」的態度で接する場面が多い。例えば(11.3)、(11.5)、(11.7)のようにである。「よ」的態度はその場の話し手の態度を伝えるだけでなく、繰り返して使うことで話者の性格をも伝える効果がある。自分の意見を押し付けるというツンツンキャラクターに適した助詞の選択である。

(11)『涼宮ハルヒの溜息』(谷川2003b: 18-19)

(11.1)「ちょっとキョン、聞いてるの?」

(11.2)「いや聞いてなかったが、それがどうした」

(11.3)「文化祭よ、文化祭。あんたももうちょっとテンションを高くしなさいよ。高校一年の文化祭は年に一度しかないのよ」

(11.4)「そりゃそうだが、べつだん大騒ぎするもんでもないだろ」

(11.5)「騒ぐべきものよ。せっかくのお祭りじゃないの。騒がないと話にならないわ。あたしの知ってる学園祭ってのはたいていそうよ」

(11.6)「お前の中学はそんなに大層なことをしていたのか」

(11.7)「全然。ちっとも面白くなかった。だから高校の文化祭はもっと面白くないと困るのよ」

ツンデレキャラクターがツン表現だけを使うと、それはツンツンした性格のキャラクターに過ぎない。ある時点でデレ状態になり、読者にツンデレキャラクターであることを伝える必要があるため、本音を見せる瞬間がある。ここには明らかに話者の複合性が確認できる。

(12)では、ハルヒがめずらしく命令したり罵倒したりせず、ソフトな口調になっている。暑さに参っているハルヒは弱みを見せて(12.3)で「扇いでくんない?」と懇願し、次にみくるにどんな衣装を着せようか、などと相談を持ちかけるのである。極めつけは(12.8)の「それとも女王様がいいかしら?」という発話である。「かしら」は女性を想起させ、ステレオタイプとされるやさしさを伝えることができるため、デレ状態のハルヒの姿が明示される。

（12）『涼宮ハルヒの憂鬱』（谷川2003a: 255）

（12.1）「キョン、暑いわ」

（12.2）そうだろうな、俺もだよ。

（12.3）「扇いでくんない？」

（12.4）「他人を扇ぐぐらいなら自分を扇ぐわい。お前のために余分に使うエネルギーが朝っぱらからあるわけないだろ」

（12.5）ぐんにゃりとしたハルヒは昨日の弁舌さわやかな面影もなく、

（12.6）「みくるちゃんの次の衣装なにがいい？」

（12.7）バニー、メイドと来たからな、次は……ってまだ次があるのかよ。

（12.8）「ネコ耳？　ナース服？　それとも女王様がいいかしら？」

他にも、ハルヒがキョンに向かって「バカ」と甘えて言ったり（2003a: 270）「……キョン、見て……」（2003a: 271）とか「どこなの、ここ……」（2003a: 271）というような甘えた発話をする。

これらのハルヒの会話に使われるキャラクター・スピークを通して、読者はハルヒの内面を知ることになるのである。しかし『涼宮ハルヒ』シリーズでは、ハルヒはキョンに甘えた後もツンツンした態度を維持する。一度デレ状態であったので、読者はハルヒの内面と言動のギャップを楽しむことになる。複雑なキャラクターとしての複合的な話者の登場は、エンターテインメント性が高いのである。

以上考察してきたように、ツンデレキャラクターのツン状態では、（1）会話のルールに違反する、（2）頻繁に相手を冷たく扱う発話行為をする、（3）「よ」で自分の思いを主張する、などのキャラクター・スピークが目立つ。そしてデレデレの気持ちを伝えるためには、時折、「キョン」と呼びかけたり、「してくれない？」などと懇願したり、「かしら」などを挿入して甘える。作者はコミュニケーションのいろいろなレベルの操作をするのだが、これらを総合したスタイルや会話のストラテジーがキャラクター・スピークであり、キャラクター設定に欠かせない。そしてツンデレキャラクターには、その程度に差はあるものの、ツンとデレの様相が混在していて、本研究のテーマである話者複合性が具体的に観察できるのである。

6.5. キャラ提示と話者複合性

言語のバリエーションは、言語使用者の社会的な立場や、その人の生育地、年令、性別、職業などと関係していることが多い。しかしステレオタイプ化したバリエーションやスタイルを逆手にとって一時的に借り物スタイルとして利用することもある。現存せず実際には使われないスタイルやバリエーションでも、それが特殊なグループのイメージを思い起こさせることを利用することもある。瞬時に誰か他の人の声を借りてきて、その声で異なったもうひとりの話者を演じる表現方法であり、単一の声だけでは表現できない効果が期待できるという利点がある。それはあたかも腹話術師のように異なった声を使って、いろいろな主体を操るようなものである。話者は複数のキャラ要素を含むキャラクターとして理解され、そこには声の多重性が具現化する。言語のバリエーションを複数駆使するキャラクター・スピークは、日常会話、ドラマ、マンガなどでも、いろいろな効果を狙って使われるのだが、ライトノベルでも借り物のバリエーションやスタイルがキャラ要素の提示に利用される。

キャラ提示の機能を果たすバリエーションは、キャラクター・スピークとして、あるキャラクターに一貫して使われるわけではない。方言、世代差によるスタイル、中世の言葉、職業言葉、などのバリエーションをコード切り替え（code-switching）にも似た形で時折使うのである。[注4] そのスタイルを混用することで異なった態度や感情を物語の世界に導入し、会話をよりカラフルなものにするのだが、そこにはキャラ要素を含んだ複合性を帯びた話者がいる。

6.5.1. キャラ提示のバリエーション

『涼宮ハルヒ』シリーズの主人公キョンは、そのキャラクター・スピークに借り物スタイルを混入する。例えば第5章で見たように「わい」は老人語であり、「他人を扇ぐくらいなら自分を扇ぐわい。お前のために余分に使うエネルギーが朝っぱらからあるわけないだろ」（谷川2003a: 255）がある。キョンはこのシーンでハルヒのわがままに嫌気がさし、距離感を持って対応

注4　コード切り替えについては、メイナード（2005）と第9章の注5を参照されたい

しているのだが、それが「わい」によるキャラ要素として効果的に使われている。「わい」が、何か達観した老人のような雰囲気を醸し出すことを利用したものである。『とらドラ！』（竹宮2006）では、友達が「やっておくんなまし」という古語を使い、切実な願いを表現しながらユーモア感を醸し出す。例えば「……幸せに、どうか幸せに、してやっておくんなまし……」（竹宮2006: 178）がある。

『おまもりひまり1　浪漫ちっくメモリー』（みかづき2008）では、主人公優人の友人（写真係の泰三）の表現に時代劇風の言葉が使われ、そのキャラクター・スピークについて語り手が説明を加えている。「写真係の役得っつーことで！　ままっ、お代官様、お納めくださいませ」という表現に「時代劇の悪徳商人を真似ながら、泰三は揉み手で優人へと擦り寄ってくる」（みかづき2008: 68）というコメントが続く。泰三が優人に擦り寄ってくる様子がそのキャラクター・スピークとともに表現されることで、泰三のキャラ要素が鮮明に提示される。

ところでライトノベルの会話には、時々話し手の生育地に関係のない方言が使われることがある。その方言は通常のスタイルから逸脱していることから、読者の注意を促しその発話の持ち味を強調することができる。このような効果を狙った現象は、首都圏の女子高生の方言使用状況にも観察できると指摘する研究がある。井上・荻野・秋月（2007）によると、2005年頃、東京の女子高生の間に地方方言を好んで使う動向が見られたとのことである。もともとは、地方の高校生が携帯メールを送るのに、方言を使わないとどうしても教室の日本語のようになってしまって親近感が沸かないため、その地方の方言をあえて使っていたのだそうである。それが東京の女子高生の間ではやりだし、東北の「行くべ」、九州の「よか、うまか」、関西の「そや」などが使われたとのことである。これらの方言を使うことで、それぞれの地域のステレオタイプ化されたイメージを効果的に導入することができる。

このような方言使用は、ここ数年テレビのバラエティ番組やドラマなどにも観察されるのだが、方言に対して従来のようなネガティブな印象が薄れていて、むしろ、くだけた、親しい感じを表現する方策として好まれるようになっている。井上・荻野・秋月（2007）の言うように、方言を現代は「積極的に『娯楽』の対象にして楽しもうという態度が有力になっている」(2007: 57) のであって、エンターテインメントの要素を多く含んだライトノベルにふさわしい方言使用である。

『神様家族』では、主人公が急に東北弁を使う例がある。第4章で触れたように「こりゃびっくりだんべなー」(桑島2003: 62) という東北弁の表現はここ以外では使われない。ここだけで使われるのは、驚きの反応を逸脱したスタイルで表現することで注意を引き、エンターテインメント性に富んだものとしたいからである。

次に、瞬時に関西弁が挿入される例を観察しよう。(13.3) は女性店員の発話であるが、ここ以外では関西弁は使っていない。「行くよ」ではなく「行きまっせ」を使うことで、大阪弁の持つノリの良さを狙っている。関西地域外での関西方言の使用について、三宅 (2005) がアンケートに基づいた結果を報告しているが、関西＝お笑いという印象から、関西弁は、突っ込む、ふざける、笑わせる、受けを狙う、盛り上げる、面白い、ノリ、冗談、などの効果のために使われるとのことである。(13.3) の関西弁の発話には確かに場を盛り上げる効果がある。

(13)『神様家族』(桑島2003: 234)

(13.1)「さ、タイムリミットまであと二〇分？　間に合いそうにないけど、飛ばすよ～ん」

(13.2)「それにしても、途中で店を放っておくなんて……」

(13.3)「いいのいいの。どうせもう……。まいいや。んじゃ、行きまっせ！　マッハ！」

さらに、瞬時に使われるお嬢様言葉がお嬢様のキャラ要素を提示することもある。(14) は『ダーティペアの大征服』に登場するユリの発話である。ユリは通常はむしろ乱暴な口調で、丁寧表現は使わない。しかし、(14.3) で急にお嬢様言葉を使うことでそのお高くとまった態度を示していて、それがユリのキャラクターを創りあげるキャラ要素となる。

(14)『ダーティペアの大征服』(高千穂2008: 69)

(14.1)「では、ケイは無敵の戦士。ユリは魔法少女で決まりであるな」

(14.2) チュリルが言った。

（14.3）「異存ありませんことよ」

（14.4）余裕をかまして、ユリが鷹揚にうなずく。

6.5.2.　スタイルシフト

ライトノベルの会話部分には、スタイルをシフトすることで、話者の異なった立場を明らかにする表現操作が観察できる。間主観性に動機付けられたスタイルの選択は、発話を誰に向けるかを示すことで異なった自分が表現できるからであり、そこには話者複合性が認められる。

（15）は、竜児が密かに好意を抱いている櫛枝実乃梨と顔を合わせる場面である。（15.3）の実乃梨の「……っと、いけねえ」という逸脱したスタイルの発話は、相手に向けているわけではなく単なるつぶやきである。同一人物の同一の発話内部でも、このように言語表現がシフトし、それによって異なった話者の側面が表現され、キャラクターの複合的な内面を垣間見ることができる。

（15）『とらドラ！』（竹宮2006: 28）

（15.1）ああ、なのになのになのに——！　自分の放った声のあまりにつっけんどんな響きに、竜児は叫び出したくなる。

（15.2）なんでこんな返事しかできないんだ、なんでもっと気の利いたことを——

（15.3）「あらあらまあ！　フルネーム覚えてくれてたんだ。嬉しいかもー！　……っと、いけねえ、あっちで呼ばれてる。そんじゃね、北村くん。放課後、今年一発目の新二年生ミーティングだよ。くれぐれも忘れないように！　高須くんもまたね！」

スタイルのシフトがアイロニー効果を生む場合もある。[注5]（16）は『涼宮ハルヒの憂鬱』で、キョンと古泉とのタクシー内の会話である。（16.6）の「ご存知でないな」は、従来敬語使用が期待されない状況で、キョンがあえて使用することでユーモア感を生み出す。やけに丁寧に難しい質問をしてきた相手に批判的な態度を伝えるアイロニーを含んだ表現である。

注5　アイロニーについては、第7章でより詳しく考察するので参照されたい。

（16）『涼宮ハルヒの憂鬱』（谷川2003a: 230）

（16.1）「わざわざ遠出する必要があるのか？」

（16.2）「ええ。僕が超能力者的な力を発揮するには、とある場所、とある条件下でないと。今日これから向かう場所が、いい具合に条件を満たしているというわけです」

（16.3）「まだハルヒが神様だとか思ってんのか」

（16.4）後部座席に並んで座っている古泉は、俺に横目をくれて、

（16.5）「人間原理という言葉をご存じですか？」

（16.6）「ご存じでないな」

6.6.『ダーティペアの大征服』におけるキャラクターとキャラクター・スピーク

前項では、複数のキャラクター・スピークが各種のキャラ提示をしている場合を観察した。本項ではある言語のスタイルがキャラクター設定とキャラ提示の両方に使われ、それが複数の話者の共通項としてアイデンティティの確立に関わる場合を考察する。具体的には『ダーティペアの大征服』（高千穂2008）の会話部分に見られるキャラクター設定やキャラの乗り移り現象を考察する。

高千穂遥による『ダーティペア』シリーズは、1979年に始まりアニメ化もされていて、ライトノベルのブームに先駆けて発表された作品である。舞台は22世紀の宇宙で、銀河系に展開する物語である。軽妙な口調で語り手の役目を果たす若い女性戦士ケイと、パートナーであるユリの活躍を描いたスペースフィクションとなっている。登場人物の中で特に興味を引くのはその口調に特徴のあるチュリルという白うさぎである。チュリルはケイとユリと共に、得体の知れないハワードというボスから指令を受け、トラブルコンサルタントとして銀河系に発生する幾つかの問題の解決をしようとする。ただ、チュリルはハワードの代理人でもあり、チュリルの中にハワードが潜んでいると思われていて、この時点ですでに複数のキャラクターの合成として存在する。

さて、あるシーンでチュリルはドラゴンと戦うのだが、その戦術としてド

ラゴンの中に侵入するという手段に出る。子供のように小さいそのドラゴンはジンガラという名前で、ここに、ハワードを含んだチュリル、そのチュリルを含んだジンガラという三重のキャラクターが生まれる。そして、キャラクターやキャラが複合した状態の中で、一貫性をもたらすのがチュリルの「である」口調なのである。

この「である」表現の効果について、筆者は「だ」と比較してその機能を論じたことがある（Maynard 1985; メイナード2004, 2005）ので、以下、簡単に復習しておこう。まず、「である」表現は原則的に現象文とは共起しないという制限がある。現象文とは、三尾（1948）の文の分類、現象文、判断文、未展開文、文節文のうちのひとつであり、それは「現象をありのまま、そのままをうつしたものであり、判断の加工をほどこさないで、感官を通じて心にうつるままを、そのまま表現した文」（1948: 53）である。例えば「雨がふっている」「星がきれい」「あっ、火事だ」などが現象文であり、「*あっ、火事である」が不自然であることでも明らかなように、「である」の使用は不自然となる。また終助詞「よ」や「ね」などとも共起し難い。「今、三時だよ」は自然でも「*今、三時であるよ」は不自然に感じられる。同様に「何ということだ！」は自然でも「*何ということである！」が不自然であるように、感嘆文にも使えないという制限がある。

「である」の使用と非使用の原則的な条件は、話者の気持ちを相手に向けてそのまま直接伝えるか否かであり、前者には「だ」が、後者には「である」が用いられる。「である」は話者がすぐそのままではなく、ある解釈・判断・思索過程を経た後、語り手としての態度を維持しながら表現する時用いられる。あくまで文末の陳述表現としてあるのだが、それは積極的に相手に働きかける時には余り使われない。このため「である」表現を使うと話者の説明、主張、宣言、などの態度が感じられ、権威者としての立場を強調するような印象を与える。「である」を一貫して使うキャラクターには、いろいろな知識を持った人（またはそう振る舞う人）、なんでも説明する人というイメージがあり、もったいぶった感じさえある。

「である」の使用についてであるが、チュリルは物語の中でケイとユリに情報提供をする役目を果たすことが多く、その場合の「である」調に、

「トゥーレ大陸であるな」(高千穂2008: 39)、「王国の支配者である」(高千穂2008: 46)、「大小合わせて、二百弱くらいであるな」(高千穂2008: 46)、「で、大陸の図、向かって左側の緑色の部分がヒルカニアである」(高千穂2008: 47) などがある。加えて説明でなくても会話の端々に「失敬である」(高千穂2008: 49) や「了解である」(高千穂2008: 67) などが使われ、知識人を装った少々もったいぶった感じがするチュリルのキャラクター設定に役立っている。

さて戦いのシーンに戻ろう。ジンガラがチュリルの口調で「ふたりとも、みごとなのである」(高千穂2008: 142) と言うと、ケイはそのキャラクター・スピークによって、実はそこにいるのはチュリルであることに気付きすぐに「チュリル!」と叫ぶ。

いよいよドラゴンがチュリルであると確信したケイは、(17) でその思いを明らかにする。ここで、ジンガラは (17.2) と (17.3) でチュリルではないと否定するものの、その「である」調を隠すことはできない。(17.4) でケイはそのしゃべり方を証拠にチュリルの存在を確信する。

(17)『ダーティペアの大征服』(高千穂2008: 143)

(17.1)「あんた、チュリルでしょ?」

(17.2)「違うのである」ドラゴンは即座にきんきんと答えた。

(17.3)「ボクはジンガラ。バーバリアン・エイジの最強のドラゴンだ。チュリルなんて、わけのわからないものではないのである」

(17.4) こらこら、そのしゃべり方は、思いっきりチュリルだぞ。

結局ジンガラはハワードであり、チュリルであることが明らかになり、そうであっても、「である」調は、子供のようなドラゴンには不自然であるとして、ケイは「どうも、そのあどけない三頭身の子供的風貌と、チュリル譲りのもったいぶった口調がぜんぜん合っていない」(高千穂2008: 149) というメタ言語表現のコメントまでしているのである。[注6]

注6 ジンガラであるチュリルによる「である」の使用には、談話上の機能があることを指摘しておきたい。メイナード (2004) で説明したように「である」文は主文に、「だ」文は従属的に使われる傾向がある。なお、この作品には、一人称語り手として登場するケイの語りにも「である」が使われていることを付記しておきたい。

ところで、『ダーティペアの大征服』でキャラクター・スピークとして使われる「である」スタイルは、かなり不自然なものもある。例えばジンガラが「なんなのであるか？」(2008: 258) と質問したり「間違いないのであるか？」(高千穂2008: 256) と問い直したりする。これらは、日本語表現としては少々不自然なものであっても、キャラクター設定のためにあえて創造的に使われていると考えることができる。

いずれにしても、ライトノベルというファンタジーの世界では、キャラクターの変身や乗り移りが簡単に行われ、そのために言語のスタイルやバリエーションがキャラクター・スピークとして利用される。そこには、ある表現が一貫して使われることが、重層した複数のキャラクターを強調する場合もあり、それをも含んだ話者複合性が観察できるのである。

6.7.　おわりに

本章では、ライトノベルの会話部分に創造的に使われるバリエーションを通して、登場人物がいかに複合性を帯びた話者として表現されているかについて論じた。登場人物のキャラクターやキャラは、直接話法として引用される会話らしい会話の中で具現化する。会話表現に使われるバリエーションとして若者言葉や廓言葉があり、それは若者キャラクターや、遊女のような性的魅力のあるキャラクターを創り出す。戦国時代の侍のような口調で戦術に長けたキャラクターを特徴付け、「よーん」という語尾でやや能天気なキャラクターを強調する場合も考察した。また、本章で焦点を当てた『キノの旅』と『おまもりひまり』には、バリエーションとスタイルの特徴がそれぞれのキャラクターを浮き彫りにする例を見た。ライトノベルの世界で知られるツンデレキャラクターについても、『涼宮ハルヒ』シリーズの分析を通して、そのスタイルと会話行為の特徴にツン状態とデレ状態の混合が認められ、そこには明らかに話者複合性が観察された。

一方、一時的に使われるバリエーションには、キャラ要素を追加する機能があることも分かった。例えば「わい」という老人言葉が何か達観したようなキャラ要素をもたらしたり、「いきまっせー」という方言がやや意気のいいキャラ要素をキャラクターの側面として加えたり、発話内のスタイルシフトが話者の重層的な声を表現しその複合性を強調したりする。またライトノベルならではの例として、キャラクター・スピークが複数の姿に変身する登場人物に一貫して使われる場合を観察した。『ダーティペアの大征服』に登場するチュリルはファンタジーの世界でその姿を変えても、「である」口調というバリエーションが三重のキャラクターとしての正体を暴くのに利用される。

本章で観察したキャラクター・スピークとしてのバリエーションに見られるように、ライトノベルというジャンルは言語の機能が遊びや娯楽に繋がっていて、そのコミュニケーションは創造性に満ちている。ポストモダンの文化が「大きな物語」の消滅に伴い多数の小さな物語を生むように、日本語もひとつではなくバリエーションに富んだ姿を見せるのである。ライトノベルは現実と非現実が共存する世界を創り出し、日常と非日常が直結する物語構成になっている。ポストモダンの話者はこのようなパラレルワールドとも言える複数の世界を随時呼び出しながら、その多数の世界を生きることができるわけで、話者は状況に応じて変化し、むしろそのような変化する流動的な自分を使い分ける。しかもファンタジーの世界は常に変化を続け、ライトノベルの読者は重複し変動するデータベースの世界の中に自分を置く。ライトノベルという虚構文化の中で意味を交渉する読者は、作者との相互依存的な関係を通して、より具体的にはキャラクター・スピークをヒントとして、架空の登場人物に自分のキャラクターやキャラを重ねていく。

ライトノベルのディスコースを分析することは、その作品の中に描かれた世界を理解するだけでなく、それらを消費する人々の世界観や生き方をも理解することに繋がる。ライトノベルというデータベースの世界に読者が発見するキャラクターのあり方は、程度の差こそあれ、複数のキャラクターやキャラを操作し受け入れる生き方に繋がるからである。ライトノベルのキャラクター・スピークを分析することの意義のひとつは、こうした人間性への理解が可能になるということである。現在の日本で無視できないライトベルというジャンルは、それを作者として創造し読者として消費することで実現する上記のような複合的な話者を、多かれ少なかれ育んでいると言えるだろう。本章の分析結果に基づく人間的観察はその意味で、本研究のテーマである話者複合性を提唱する言語哲学への一歩を提供してくれるのである。

第7章

ケータイ小説：
語りの方策と話者キャラクター

7.1. はじめに：ケータイ小説における語り部分のキャラクター・スピーク

ケータイ小説とは、モバイルデバイスでの閲覧を前提にした専用ウェブサイトに掲載される文芸作品を指す。それは「携帯端末から小説を配信し、携帯端末で読むという、新しいメディアを利用した小説配信の形式」（吉田 2008: 3）である。ケータイ小説の投稿・閲覧は「魔法のｉらんど」などのケータイ小説サイトを通して行われ、2000年頃から、中心ユーザーである女子中高生（加えて20代、30代の女性）によって支持され続けている。ケータイ小説サイトで人気が出た作品は、ユーザーの希望もあり、単行本や文庫として出版される。ケータイ小説ブームと言われた2007年には、トーハンが発表した文芸書のベストセラーに、書籍として出版されたケータイ小説が上位を占めて話題となった。本章で分析の対象となるケータイ小説は「モバイル機種を通して最初ケータイ小説サイト上にバーチャルに存在し、人気のある作品として紙の本として出版されるそのディスコース」（メイナード 2014: 1）である。

本章ではケータイ小説の語り部分を分析の対象とする。それはケータイ小説が、語り手の告白を中心とした一人称の文芸だからである。前章で観察したライトノベルでは、登場人物のキャラクターやキャラが重要であるため、会話部分に焦点を当てたのと対照的である。まず、ケータイ小説のディスコースを概観することから始めよう。

7.1.1. ケータイ小説の文体

2007年のケータイ小説ブームに続いて、ケータイ小説についての批評やコメントが評論界やメディアを賑わした。ネガティブなものでは島田(2008)があり、ケータイ小説は凄味のないスカスカ文章で、読むに堪えないものであると酷評している。宮台(2009)も批判的で、ケータイ小説はコンピュータ・プログラムを使って書けてしまうとコメントしている。

一方、ケータイ小説に対してポジティブなアプローチとして、七沢(2008)がある。七沢は「ネット社会の負の影響を受けながらも、ケータイ小説は『共感』を糧に、あたかもグループセラピーのように、心と心が結びつくコミュニティ、新たな共同体を形成してきた」(2008: 18-19)と述べ、今まで人口のわずか数%程度の限られた人々に書かれてきた小説が、多くの人に開けることで「ケータイが表現メディアとして大衆化することでもたらされる"文化のニューウェーブ"への期待が私の中で高まっている」(2008: 20-21)と記している。また、ケータイ小説は文学かというテーマを追う本を著した石原(2008)も好意的で、上から目線でケータイ小説を批判すること自体に疑問を投げかけている。

ケータイ小説は読むに堪えないという立場も、人間が書かなくてもいいというような見方も、コメントする側の勝手である。しかし最終的には、文学・文芸というものの価値判断がエリートの独断に委ねられるのではなく、創造し消費する人々(ここではケータイ小説家や読者)にとって何なのかが問われるべきである。筆者は、ケータイ小説がある人々に理解できる・できないものであるかどうか、またそれが文学であるかどうかという議論は余り重要ではないように思う。現実として存在するケータイ小説のディスコースを観察・分析・考察することなしに、批評論を繰り広げることは余り有意義ではない。筆者は、ケータイ小説はポストモダンの日本における一種の大衆文芸であり、その作品のディスコースを真剣に考察するべきだと思っている。

ケータイ小説の文体については数々の指摘がある。内藤(2008)はケータイ小説と普通の小説を比較し、ケータイ小説は(1)横書きであること、(2)一人称が多いこと、(3)風景描写がほとんどないこと、(4)事件が次々に起こること、などの特徴があるとしている。同様に黒川(2008)はケータイ小説の特徴として(1)会話文を中心にストーリーが展開すること、(2)行間を効果的に使うこと、(3)地の文はおもに一人称であること、(4)「……」で間合いや心情を表現すること、(5) 記号で表情をつけること、をあげている。田中 (2008) は、ケータイ小説はケータイメールの延長としてあるという見方で、ケータイ小説には (1) 文が短い、(2) 改行が多い、(3) 詩的な表現になる、(4) 語彙数がわりあい少ない、などの特徴があるとする。

メイナード (2014) で論じたように、ケータイ小説の文体はライトノベルと同様、会話体文章として捉えることができる。ケータイ小説には全体的に話しかける態度や遊びの雰囲気が感じられ、それによる親近感を生み出すことができる作品群という印象が強い。ケータイ小説では、語り部分のモノローグとしての心内文などで、言語のバリエーションがいろいろな効果を狙って使われ、会話の声が充満する文章を作り出す。それは会話的で、全体的に読みやすく共感しやすい雰囲気を作る。このような言語の会話性と対話性は、ケータイ小説だけでなくポピュラーカルチャーの日本語に一般的に見られる現象であり、会話的でバリエーション豊かな日本語が駆使されやすいポストモダンの文化的土壌に支えられている (メイナード2012)。

7.1.2.　私小説とケータイ小説

近代文学の歴史の中でケータイ小説と関係があるのは、何と言っても私小説である。日本の私小説は、西洋の自然主義が日本に輸入されたことから始まったとされるが、日本には西洋の自然主義を生んだような市民社会も思想も存在していなかったし、個人主義の確立もなかった。このような状況で取り入れた文学の動向は、作家が自分の体験や私生活をただありのままに表現するという日本的な私小説であった。それはともすると、告白小説や心境小説といった特殊な文学となっていった。私小説は小林 (1962) や中村 (2011) によって批判されてきたが、「私」をテーマとする小説が根本的に消えてしまったわけはなく、1980年代からは新しい私小説が生まれていると主張する立場 (富岡2011) もある。

興味深いことに、小谷野 (2009) は『私小説のすすめ』という著書で、今までの私小説に関する誤解を解き、むしろ私小説に興味のない人の方が不自然だ、という私小説肯定論を繰り広げている。小谷野は「私小説というのは、基本的に、自分とその周囲に起きたことを、そのまま、あるいは少し潤色して描いた小説のこと」(2009: 8) であると定義し、私小説というジャンル分けはかなりいい加減なものであるが、根本的には自己暴露であり、恋愛をめぐる情けなさを描くものであるとしている。ケータイ小説は確かにこの根本的な意味で私小説である。

小谷野(2009)はさらに、小説と物語の相違点について「王妃が死んだ。続いて王が死んだ。」とするのが物語、「王妃が死んだ。その悲しみのあまり王が死んだ。」とするのが小説であると説明している。私の視点からの感情が織り込まれることによって、小説が生まれるという見方である。その小説の中でも私小説こそが真の純文学であり、そのジャンルが日本独自の失敗に終わったと批判されてきたのは、実は間違いであったと言う。小谷野は私小説は立派な文学形式であり、それを批判する人こそ無知か恋愛に興味のない人だとさえ言い切っている。

勝又(2015)は、日本の文学史の中の日記、随筆、短歌、俳句を見直し、私小説をそれらと伝統的に繋がるジャンルとして捉えている。流動的な一人称という日本語の特徴を基軸に、日本文化における私小説という文学の重要性を説いている。私小説こそが日本(語)で書かれるべき運命のもとで創造された文芸なのであり、私小説を考えることは日本人を考えることなのだと述べているのである。本章で考察するケータイ小説は、日本の近代文学史の中に、ポストモダンのひとつの「小さな物語」として存在する私小説的大衆文芸であり、その観察・分析・考察は決して無駄ではない。

7.1.3. 私語りの特徴

筆者はケータイ小説を、物語と異なった「私語り」として捉える。私語りとは、原則的に一人称の語り手と物語に登場する主人公が同一人物と解釈されやすいような形で提示され、読者を意識しながら語り手が身の回りに起きた出来事について告白する、という語り方である。私の視点から世界(それは恋の相手を中心とした自分の周辺からなる宇宙なのだが)を見つめ、私の感情を基軸として語る私語りは、ケータイ小説独特の表現スペースの中で告白的文芸に変身する。

筆者のこの見解と似た立場に、中西(2008)の「マイ・ストーリー」という概念がある。マイ・ストーリーとは、自分の感情を中心に語る告白調の作品であるが、ケータイ小説というジャンルにも言及している。具体的には、中西はケータイ小説が根本的にガール・ミーツ・ボーイという構造ではあるが、その構造に典型的に見られる他者の発見と他者への理解という要素が希薄である点をあげ、むしろ自分の感情を中心に語り続ける作品であると言う。そして次のように説明する。ケータイ小説の中には、なぜ相手が好きなのかという自覚や、距離を置いて相手を対象化して見るという行為が描かれない。作者は、恋愛関係になった細かないきさつや契機を説明することなく、全てが相手との運命的な巡り合いなのだと受け止め、ただひたすら自分の感情を吐露し続ける。小説構造上、他の要素は重要ではなく、時々あらすじも明確でなくなるような傾向があるのだが、最終的には自分の感情を重視することで物語が流れていく、と。中西(2008)の言葉を借りよう。

> ケータイ小説の主人公とて自己を見失う危機にしばしば見舞われるが、「私の感情の真実」をみつめさえすれば、正しい出口に必ずたどり着ける。言い方を変えると、ケータイ小説とは、時々の感情によって揺らぐこの私をどうしたら率直に肯定できるかの物語、徹頭徹尾一人称の物語なのである。(中西2008: 10)

このようにケータイ小説は自分中心で、自分の視点を貫き通すものが多いのだが、「私語り」は、正にそのような語りの態度を指している。

ここで、ケータイ小説の私語りを支える日本語の特徴について、簡単に触れておくべきであろう。本章ではそういった私語りのキャラクター・スピークの様相を明らかにしていくのだが、それに先立って私語りという告白的な語り方が、「内面暴露」と「見え」というふたつの概念によって特徴付けられることに触れておきたい。

特にリアル系と言われるケータイ小説は、恋愛関係にまつわる感情を言葉にして引き出すのだが、それは自分の内面を暴露する作業に他ならない。例えば、主人公である語り手の心内会話で内面を表現する(1)がある。(1.3)の「うん、これでよかったんだ、きっと」という表現は、自分で自分を納得させようという会話体の心内文であり、他の誰かに向けられたものではない。「これでよかったんだと思う」ではなく、あたかもひとりごとの会話をしているような表現には、自分の心を吐露することで物語を成り立たせるという自分中心の語りの視点が感じられる。

（1）『ポケットの中』（からさわ2010: 98）

（1.1） アユミ先輩に、わたしは笑ってうなずいた。

（1.2） 緑の芝生の上の陸人を見ると、気持ちがすっと明るくなる。

（1.3） うん、これでよかったんだ、きっと。

また、私語りの効果を生むためには自分の視座から見える世界、つまり自分の見えを描く表現が使われることがある。例えば、（2）の短く挿入された風景描写は、一人称語り手主人公美穂の見えに他ならない。（2.2）の「見上げた秋晴れの空は、青色というより、涙色に近かった」という部分は、美穂の目に映った風景を捉えたものであり、限りなく感傷的な描写になっている。それは情景描写というより心情表現に近い。風景と言えども、私に映った見えとしての心情が風景に映し出されているのである。こうして自分の見えを表現することで、その風景を見る私を間接的に前景化する表現は、私語りのケータイ小説に有効な技法である。ケータイ小説には風景描写が少ないという指摘もある（内藤2008）が、風景に映し出される心情は大切な語りの要素である。

（2）『告白　— synchronized love —』Stage 1（夏木 2009: 163-164）

（2.1） でも……三上くんと付き合うことで、恭一への気持ちをホントに忘れられるかな。やっぱり恭一を好きでいるか、いないかということに彼は関係ない気がする。

（2.2） 見上げた秋晴れの空は、青色というより、涙色に近かった。

なお、ここで風景描写が感情表現と解釈されるのは、作者が提示した風景を読者も同じように見て、その風景から感じる情意を共有し共感するからである。何かに託して感情や思いを表現する「付託」（尼ヶ崎1988; メイナード2000）が観察できる。感情を直接表現するのではなく、何かを談話の世界に持ち込んで焦点を当てて話し手の見えを伝えることで、相手も共に経験してくれるだろうことを期待するレトリックの技法である。[注7]

以上、例をふたつあげたに過ぎないが、ケータイ小説の語り部分に私語り

注7　付託はもともとは和歌の表現法のひとつであるが、筆者は付託をビジュアル情報にも応用して論じたことがある（メイナード 2000; Maynard 2002）ので、興味のある方は参照されたい。

の特徴が確認できる。「私」が切なく恋する相手、その相手との世界を私視点で語る。それはモノローグとしての心内文で、具体的には後述するように、あたかもひとりで会話でもしているような心内会話で表現される。そして状況描写も、私の目に映った心象風景として表現される。そんな私中心、私起点の小説がケータイ小説である。そして本研究に関して特に重要なのは、内面暴露の傾向も、見えを通しての共感も、話者の複数の側面を必要とするという点である。そこに、ある程度距離を置いた語り手としての話者と暴露した内面を持つ話者、そして、語る行為をする話者と読者に間接的にアピールしようとする話者、という複雑な構図が見てとれるからである。

なお、ケータイ小説はあくまで一人称で語られるものであるが、そこには興味深い語り方の工夫が成されていることを指摘しておきたい。私語りという手法は私小説と違って、語り手の自由が許されるジャンルなのである。例えば異なった登場人物が、それぞれの視点からリレーをしながら私語りをする場合がある。私語りとは語り方の一種であり、必ずしも私小説的な視点の一貫性を意味しない。ケータイ小説の私語りはより自由な形で声の重複を可能にし、語り手の複数のキャラクターやキャラの特性を包み込みながら、新しい形の私的小説、一人称小説を生み出しているのである。

7.2.　語る私と語られる私の話者複合性

ケータイ小説の語り部分には、「私」という意識がいろいろな表現に見え隠れする。例えば一人称の表現自体であるが、その種類や使用方法を通して話者の複数の側面が表現され、そこに複合性が観察できる。

7.2.1.　一人称自称詞の使用・非使用

日本語の一人称表現にはいろいろな種類がある。ここで「私」や「自分」などの一人称表現の使用・非使用を含むストラテジーに焦点を当て、それぞれどのような動機に支えられて選択されるのか、それらはどのような効果をもたらのすかについて考えてみたい。

筆者は日本語の一人称表現に関連して、表現される主体に諸相が認められることと、その使用方法について、次のように論じたことがある（Maynard 2007）。

1. 言語主体は、前景化する必要がなければゼロ標識となる。
2. 客体的主体には「私」およびそれに類する表現が使われる。
3. 内面的主体には「自分」が使われる。
4. 小説における一人称の非使用は、コンテクストからあえて言及する必要がない場合、また、トピックとして設定されていてその提示が不要である場合が多い。
5. 小説の中で客体的主体を表層化して「私」などとするのは、コントラストのため明示する必要がある時、私的な立場であることを強調するため、談話上のトピック構造を維持するため、などのことが多い。

上記のように日本語の一人称では、ゼロ標識や「私」と「自分」の使用・非使用によって、異なった主体のイメージが前景化され複数の自己が表現される。通常一人称の主人公が登場する場合、ゼロ標識が多いのだが、語り部分によっては一人称自称詞が頻繁に使用されることもある。語り手が登場し自らの目に映る世界を描く場合であり、それは、私視点・私中心の語り方となる。

(3) はそのような例である。(3) では一人称語り手で主人公である瑠璃華の語り部分で、一人称が省略されゼロ標識の場合が (3.2) と (3.6) に観察できる。同時に「あたし」も下線部に見られるように繰り返し使用されている。「あたし」は語り手とともに物語の登場人物を意識させる。登場人物としての私は、語り手が客観的に捉えた対象としての私である。ここで使われる「あたし」という一人称表現には、物語の語り手と主人公である登場人物を同時に前面に押し出す機能があり、そこに複合的な話者が感じられる。

(3)『*。° *hands*°。*　～命をかけて、愛した～』(やっぴ 2011: 18)

(3.1) 朝の光が差しこむ部屋。

(3.2) 今日も無事に朝を迎えました。

(3.3) あたしはゆっくりと体を起こしてから、いつものように見上げた。

(3.4) 白い天井。

(3.5) 白い壁。

(3.6) 周りを見渡せば……白、白、白。

(3.7) あたしは、何年前からかずっとこの白い箱に閉じこめられている。

(3.8) だからあたしは、白が大嫌いだった。

7.2.2.『視線』の一人称表現

ケータイ小説の一人称表現をさらに考察するために、『視線』（本城 2009a, 2009b）に焦点を当てることにしよう。『視線』は一人称の語り手主人公である栞が20歳から15年にわたる恋を描いた作品で、大学時代の仲間であり親友の渡辺悠美、栞が一目惚れをする佐伯章吾、一度は付き合うことになる岡田哲也、後に世話になる藤村允といった仲間たちとの交流が描かれている。佐伯と岡田は親友であり、栞は本当は佐伯が好きなのだが言い出せずにいた。一時は岡田の優しさに魅かれて付き合うのだが佐伯への思いを捨てきれず、結局大学卒業の頃は佐伯と幸せな恋人関係となる。しかし、結婚に反対されたふたりは愛し合っているものの別れる。それから、5年、10年と、それぞれの道を歩むのだが、どうしてもあきらめきれずにいる。そして偶然母校で再会し、長い試練を超えて結ばれる純愛物語である。

作品全体を通して一人称はゼロ標識になっていて、語り手の存在は潜在的に意識される構成となっている。しかし、「私」と「自分」が使用される場合もある。まず、「私」が頻出する (4) と「自分」が頻出する (5) とを比較してみたい。「私」が使用される場合は、語り手がある距離を置いて自己を客体的に捉えるため、それだけ語り手の描写意識が強く伝わり、そこには登場人物としての私のイメージが浮かぶ。(5) に見られるように「自分」が使われる場合は内省的に自己の内面を捉えていて、そこには語り手の心内に響く声が聞こえる。いずれにしてもゼロ標識の場合と比較すると私がより強く意識され、話者の異なった側面が前景化される。

(4)『視線』上　(本城 2009a: 47-48)

(4.1)「あ！　はい、はい！」

(4.2) 私は、焦って携帯をバッグから取り出した。

(4.3) 焦る必要なんてないのに。

(4.4)「えっと……ここをこうして……っと……」

(4.5) 私の携帯の扱いに困っているような佐伯君の様子に、思わず見とれてしまっていた。

（4.6） そのような、よくある光景に“見とれる”なんて、おかしいと思われてしまいそうだけれど、本当に“見とれていた”と言う表現がぴったりの私だったと思う。

（4.7） 初めて佐伯君を紹介された時に、彼の目に釘付けになっていた、あの時と同じ私がいた。

（5）『視線』上　（本城 2009a: 101）

（5.1） しかし、いくら感情を押し殺しているつもりでいても、佐伯君への想いが日増しに大きくなって行くことは、どうしても否定することは出来ない自分がいた。

（5.2） それを止めることの出来ない自分が恐い。

「自分」の使用例は他にも「そのように考えてしまう自分も恐い。それでも、まだ岡田君との仲を壊したくないと思っていた自分もいた。そんな自分が更に恐かった。」（本城 2009a: 102）がある。

（6）は「私」と「自分」が混用される部分である。ここで「私」と「自分」を全部どちらか一方にすることも、入れ替えることも可能である。しかし（6）のような選択がなされたのには、それぞれ語り手が自己を客体的に捉えるか内面的に捉えるかのどちらかによるのであって、そこに異なった自己が表現される。いずれにしても「私」や「自分」を使う場合、話者が異なった側面を前景化しているわけで、そこには複合性が感じられる。

（6）『視線』下　（本城 2009b: 60）

（6.1） 両親に対して、また、学生時代の自分の優柔不断のせいで哀しみや辛さというものに巻き込んでしまった周りの人たちに、その時の私の未熟さを恥ずかしく思っていた。王子様を待っていた夢見る幼い自分が、未だ、私の中に存在していたという事実も、同時に突きつけられた瞬間だった。

（6.2） 早いうちに、自分から佐伯君に確かめなければいけないとも思っていた。

（6.3） 佐伯君には、私の両親の思いや育ってきた環境なども、ほとんど話していなかったのだから。

（6.4） 浮かれすぎていた私……。

(6.5) 危なく、過去の失敗を繰り返すところだった。

「私」と「自分」の違いは、「私がいた」と「自分がいた」という表現の比較によってさらに明らかになる。例えば「彼に夢中になってしまっていた私がいた。」（本城 2009a: 29）と「どうしても否定することは出来ない自分がいた。」（本城2009a: 101）の類である。前者は距離感を持って自己を客体的に捉え、後者は内省的に自己の内面を強調する。このような表現の選択は一見どちらでもいいように見えるが、『視線』の作者はそれなりの動機があって選択しているわけで、それを無視することはできない。

ところで、上記の「私がいた」と「自分がいた」は、(6.4)の「浮かれすぎていた私……。」にも観察されるように、修飾節が先行している。修飾節付きであるからには、語り手がある程度、客観的に自己について描写していると言える。修飾節の機能のひとつに視点の移動（メイナード 2005）があるのだが、日本語の語順に沿って、つまり修飾節に名詞が続くという順序に視点を導くことで、そのディスコースで表現したい視点移動を促すことができる。また修飾節と後続する名詞句が一緒になることで、まとまった情報提示の効果が生まれる。修飾節付きの表現であっても、選ばれる一人称表現によって客観性と内面性の程度に差が出てくることには変わりなく、「私」は客体として自己を捉え、「自分」はより内省的に自己の内面を捉える態度を伝えている。

以上、ゼロ標識と対照的に「私」と「自分」という自己表現を観察したのだが、ケータイ小説の読者はこれらの複数の視点から見た私を複合することで、話者の複雑に重複するイメージを理解する。私語りの私は複数の自己として表現され、そこには複数の声が聞こえるのである。

7.3. もうひとりの私の存在

7.3.1. 私についてのコメント

一人称の語り手はその告白の中で私、つまり自分自身についてコメントすることが多い。それは、語り手視点から見た一定の距離感のある描写となり、James (1984[1890]) の言う「I」と「Me」に似て、自分を相手として、つまりもうひとりの私として見ることになる。特に目立つのは自分のバカさ加減を嘆く表現と、自分を詠嘆の対象として形容詞や感嘆表現で描写する時であり、多くの場合語り手のつぶやきとして提示される。

まず、自分のバカさ加減を嘆く表現であるが、それは(7.4)のようにコメントの対象としての語り手を演じるために利用される。

(7)『お女ヤン!! イケメン☆ヤンキー☆パラダイス』(岬2011a: 31)

(7.1) おいおい!!

(7.2) あたしが昨日言ったの？　自分で白百合だって？

(7.3) ま、まさか！　嘘だろおいっ！

(7.4) 昨日のあたしはバカ！　オマエはバカだ！　抹殺したい！

さらに、(8.1)と(8.2)に見られるように自分を感情の対象として、形容詞を伴った独立名詞句で距離を置いた感嘆表現として捉えることもある。自分自身に対する感嘆表現は、あたかも他者の視点から発信されたような強い感情を表現する。語り手が「あたし」を名詞句のまま独立して用いることで、その情報をそのまま詠嘆の対象として提示することになるからである。

(8)『クリアネス』(十和2007: 131)

(8.1) 自分を大事にできなかった、バカなあたし。

(8.2) 自分に大事にされなかった、かわいそうなあたし。

このような一人称の語り手が頻繁に自分を描写する手法は、ある程度の距離を置きながらも、いかに自意識が強く自分について語りたがっているかを示していると言える。私語りのケータイ小説には、このような私へのこだわりと私への潜在意識が充満している。その心理には、自分を分裂し相手として語りかけるという話者複合性への願望があるように思える。

7.3.2.　私への呼びかけ表現

ケータイ小説のディスコースでは自分に距離を保ちながら、呼びかけることで感情を表現することがある。会話性を利用して自分に話しかけ、インターアクションを鮮やかに導入することで、生き生きした会話体文章にすることができるからである。私に呼びかける行為は、語り手がもうひとりの自分を前景化する(Haiman 1995, 1998)わけで、そこには分割された複数の自己が存在する。(9.5)はその例であり、他にも「笑え、私。」(秋桜2008: 50)、「頑張れあたし。」「―おい、あたし。」(十和2007: 38-39)がある。

(9)『大好きやったんやで』上　(れい2007: 23)

(9.1)「はーい。どちらさん？」

(9.2)　出たー!!!!!!　あいつや!!!!!!!　間違いなくあいつの声や！

(9.3)　第二関門突破!!

(9.4)　いつの間にかベッドに正座しとる俺。

(9.5)　(落ち着け！　俺！　落ち着くんや！　焦っとるんは格好悪いでー。電話かけてあげたんやで的な演出するんや!!)

ここでは、自分に呼びかけることで会話性と対話性の効果を生み出している。私語りをするということは単に語り手として語るだけでなく、語り手が登場人物の私を相手として会話することも含むのである。

7.4.　心内会話と語りのキャラクター

7.4.1.　心内会話があらわにするもの

ケータイ小説には語り部分でありながら、語り手の思考内容や感情を直接話法で提示する心内会話表現が観察される。心内会話は語りのディスコースでありながら、その場で語り手が会話をしているように提示される独立した部分である。それは発話されない会話調の内言であり、かぎ括弧なしで提示される。ざっくばらんな口語体のキャラクター・スピークは内的な独白として機能することが多く、口に出しては言わない(または言うべきではないとされる)言葉で、心の奥底にある思想や感情、不安や希望などをあらわにする。そのプロセスを経て登場人物の語り手としてのキャラクターが創られる。そして心内会話で興味深いのは、次項で見るように、実際の会話部分や語り部分と呼応するかたちで、話者とのまたは異なる自分との間主観的な行為が観察されることである。特に「掛け合い心内会話」には、自分の内面における心理や感情が相手に聞こえないまま、会話部分と相互交換しながら表現される現象が見てとれる。

心内会話は、演劇の劇的独白にその系譜を求めることができると言う説(前田2004)もある。劇中で本来無言である登場人物が直接客席に話しかけるように、ケータイ小説では話者は表には出さない気持ちをあえて直接読者に告白するのである。特に本項で考察する心内会話には、キャラクター・スピークとしていろいろなバリエーションやスタイルが使われる。それによって語り手の態度や感情があらわになり、各種のキャラクターやキャラが創られる。読者は心内会話と括弧付きの会話部分の交錯を通して、異なった声の残響を聞くことになり、ケータイ小説の私語りはそれだけ読みがいのあるディスコースとなっているのである。

7.4.2. 心内会話の種類と機能

心内会話は、そのコンテクストによって異なった談話上の機能を果たす。その種類には (1) 思考内容を暴露する「思考心内会話」、(2) 直接引用される相手の会話に心内会話文で答える「掛け合い心内会話」、(3) 相手なしで、ひとりで会話しているような心内会話で自分の心中を伝える「一人相撲心内会話」、(4) 直接引用に続けて心内会話で終わることで描写から会話へのシフトが見られる「会話つなぎ心内会話」の四つがある。以下、それぞれの心内会話例を見ていこう。

思考心内会話は、直接会話部分と心内会話が交錯する場合に観察される。例えば会話の間に挿入される (10.2)、(10.4)、(10.6) のような心内会話によって、読者は一人称語り手主人公である安音の間主観的な心のつぶやきを、登場人物の発話の間にそのまま聞くことができる。

(10)『天国までの49日間』(櫻井 2011: 45-46)

(10.1) 冷血人間の榊でもさすがに腹が立ったのか、軽く眉間にシワが寄ってる。

(10.2) 言い過ぎだな、今のは。

(10.3)「ごめん……でも」

(10.4) よし、とりあえず謝った。ここは素直にならなきゃ。

(10.5)「でも……あたし、今、ひとりぼっちじゃん？　誰にも見えないし、誰とも話せないし、話し相手ぐらい、欲しいでしょう……？」

(10.6) こんなこと言うの、すっごいいやなんだけど、仕方ない。

(10.7) 榊は少し黙ってから、こう言った。

(10.8)「つまり、寂しいわけ？」

直接引用される相手の会話に心内会話で答える場合は、掛け合い心内会話で、それはあたかも話者交替をしているような印象を与える。答えの内容は相手には伝わっていないのだが、あたかも会話をしているような印象を与える。このような心内会話には、実際会話する際に選ばれるスタイル（例えば、デス・マス体などでフォーマルに答えるなど）が使われたりするためそれだけ臨場感を醸し出し、語り手の発話態度を通して、そのキャラクターが特徴付けられていく。

（11）と（12）も、相手の発話にいちいち心中で答え、それが掛け合い心内会話として機能している例である。（11）では（11.3）と（11.5）に観察できるスタイルの変化と呼びかけ表現が、（12）では（12.3）、（12.5）、（12.7）の間投詞と（12.8）の心内会話が、実際の会話のような効果を生む。ここには、会話が遂行される世界の登場人物としての話者と、語る行為を遂行し、内面を伝える語り手としての話者が、キャラクター・ゾーンの中で相互活性化する（Bakhtin 1981）状況を感じ取ることができる。

（11）『空色想い』（Ayaka 2008: 13）

（11.1）「なんか空くん、全然戸惑ってなかった」

（11.2）「彩花が戸惑いすぎなのよ」

（11.3）……いや、ママ、あなたが冷静すぎますよ。

（11.4）「あんまり迷惑かけちゃだめよ」

（11.5）……あんたが言うな、あんたが。

（12）『いつわり彼氏は最強ヤンキー』上　（香乃子 2012: 37）

（12.1）そうつぶやきながら、久世玲人は視線を鋭くし、私をじっと見つめた。

（12.2）「菜都、俺は解消する気はない」

（12.3）…え？

（12.4）「どーせ騒がれるのも今だけだ」

（12.5）…えぇ!?

（12.6）「我慢しろ」

（12.7）えええーっ!!

（12.8）なんでそうなるのよ!!

心内会話で心の中を伝える場合、（13）に見られるように、あたかもひとりで会話しているような印象を与えることがあり、それが一人相撲心内会話である。特に実際の発話では避けられるような乱暴言葉を用いたざっくばらんな感情表現となっていて、その逸脱性が独り相撲の会話という印象を与える。(13.2) から (13.4) の表現では、語り手のスタイル自体が (13.1) や (13.5) に見られる通常の発話と異なっていることに気付く。乱暴言葉を使うことで、語り手の態度が直接伝わり、やけっぱち、押しの強さ、女ヤンキー的、などのキャラ要素が提示される。

(13)『イン　ザ　クローゼットblog中毒』上　(藤原2008: 29)

(13.1) タクシーの運転手が怪訝な顔をしてバックミラーからアタシを見ていた。

(13.2) 見るなよ、チクショウ。

(13.3) テメエは客商売だろうが。

(13.4) そんなジロジロ客の顔見て失礼だろうがよ。

(13.5) アタシは睨み返したが、サングラスでアタシの目が奴に見えない事に気づいた。

自分の発話が直接引用され、それに心内会話が続いてそこで終わる、というかたちの会話つなぎ心内会話という構造もある。(14) と (15) に見られる現象は、相手に向ける会話から自分の内面へと変化しながら、心内会話で心理状況を暴露するという語り方である。(14.3) は (14.2) をトピックとした疑問文の反応であり、同様に (15.6) も (15.5) に関する述部である。両方とも会話部分と心内会話が連結する文構造になっている。そのプロセスには、登場人物と語り手の間を乗り移りながら移動する話者が観察でき、特にこの会話つなぎ心内会話には、会話と心内会話という異なるディスコースの融合が確認できる。

(14)『いつわり彼氏は最強ヤンキー』上　(香乃子2012: 84)

(14.1)「しっかし、あの久世君と一晩中ゲームして遊んだって、そんな貴重な体験できるのアンタだけよ！　この贅沢者！」

(14.2)「贅沢者って…」

(14.3) どこがよ。

(14.4) できることなら、代わってほしいんですけど。

(15)『いつわり彼氏は最強ヤンキー』上　(香乃子2012: 160-161)

(15.1) どこまでも大げさな3人に、困るどころかあきれてくる。

(15.2) そんなに騒ぐほどのことなのだろうか…。

(15.3) しかも、デートなんて呼べない1日だったのに。

(15.4)「なっちゃん！　玲人に何してあげたの!?」

(15.5)「いや、何も」

(15.6) するもんですか。

(15.7) 即答する私に、3人は「またまたぁ～！」とニヤけた視線を返してくるだけ。

以上、心内会話がどのようなコンテクストで使用されるかを見た。心内会話は、語りの中で内面をあらわにする各種のバリエーションを使うキャラクター・スピークとして機能し、読者が語り手の心理状況に直接アクセスすることを可能にする。そこには発想・発話態度を汲み取ることができ、それが語り手としての話者のキャラクターやキャラを色付けることに繋がる。心内会話はケータイ小説の私語りには欠かせない手法であり、会話性と対話性に支えられることで、話者を複合性を帯びた存在として意識させる機能がある。加えて多様な心内会話は、キャラクター・ゾーンに登場する登場人物と語り手の多言語性をもたらし、それぞれの声の相互活性化を可能にしている。

本項では、語りの部分にも心内会話というかたちで会話や対話の声が充満していることを観察した。語り手は読者に話しかけるような会話性を保ちながら常にディスコースに見え隠れし、そのキャラクターやキャラを提示するのである。語りと会話は、決して別々の世界として存在するわけではないのであり、その操作自体がキャラクター・スピークの一部として機能していることが分かる。

7.5.　バリエーションと語りの話者複合性

ケータイ小説における一人称の語り手は、語り部分に使うバリエーションを通して読者にそのキャラクターやキャラ要素を提示する。ケータイ小説では語り手と主人公が同一人物と理解できる場合が多いため、語り部分に使われるキャラクター・スピークの選択がそれだけ重要な意味を持ってくる。そこに登場人物と語り手としてのキャラクターやキャラの複合性を観察することができるからである。語り手のキャラクターやキャラを実現するバリエーションとして、若者言葉、ヤンキー言葉、方言の、使用状況を考察しよう。

7.5.1. 若者言葉

ケータイ小説の作者と読者は10代から20代の女性が多いことは先に指摘したが、読者層との共感を狙った若者言葉が観察できる。ライトノベルと同様、ケータイ小説にも典型的な若者言葉が使われ、例えば「普通にウゼーんだけど」(櫻井 2011: 47)や「ずっとムカつく奴だと思ってたけど」(櫻井 2011: 53)などがある。

第6章で触れたように、若者言葉にはソフト化効果があるのだが、ケータイ小説の語りの中にもその効果を狙った評価副詞が使われる。評価副詞は話者の発想・発話態度を表現する談話のモダリティ表現であり、評価する人の立場が強調されるわけで(Maynard 1993)、そこには複数の意識が働いている。例えば「無駄に」「無意味に」「何気に」であるが、それらは「無駄に大きい声で言った」(沙絢2010: 57)、「変な男と話すといつもこうなる。貧乏ゆすりが増えて、無意味にイライラして。いつもなら大好きな部屋の静けさが気持ち悪い」(Ayaka 2008: 46-47)、「そのくせ女の子に何気に人気があって」(櫻井 2011: 53)などに観察される。これらの表現には、語り手がある現状をどのように評価しているかが表現されるのみならず、特に「何気に」の場合はソフト化効果を意識する語り手のキャラクターが反映されている。

7.5.2. ヤンキー言葉

ケータイ小説の中には、語り手がヤンキー言葉や乱暴言葉を語りのキャラクターとキャラの一部として使う例が観察される。ヤンキー言葉とはヤンキーと呼ばれる若者の仲間言葉であり(斉藤2009)、乱暴言葉、反抗的な口調、独特の語彙使用などの特徴がある。ヤンキーには、不良、チンピラ、不良軍団、などの意味があるが、永江(2009)はその特徴として(1)秩序を重んじる、(2)下町系と郊外系がある、(3)学校が嫌い、(4)落ち着きたいと思っている、などをあげ、要するにヤンキーとは成熟と洗練を拒否する若者・青年のことだとまとめている。また、難波(2009)はそのヤンキー系文化を多方面から論じた編著の中で、ヤンキーは、社会への抵抗、右寄りの思想、特定の言葉遣い、奇抜なファッション、などで特徴付けることができるとしている。このヤンキーキャラクターと関連付けられるヤンキー言葉が、語り手のキャラクター設定やキャラ提示に利用される。(16) は数少ない男性の語り手のヤンキー的乱暴言葉で、素に近い感情の表現として使われている。

(16)『やっぱり俺のお気に入り』(星瑠 2011: 35)

(16.1) 表面だけしか見てねぇくせに……。

(16.2) 俺のこと、なんも知らねぇのに、好きだとか付き合いたいとか言い寄ってくるオンナたち。

(16.3) 俺を知ろうともしねぇで、そんなこと言うんじゃねぇよ。

ケータイ小説で特に興味深いのは、女性の語り手がヤンキー言葉やヤンキー風の乱暴言葉を使う場合である。『ワイルドビースト』シリーズや『イン　ザ　クローゼット blog 中毒』のように、作品によってはかなり頻繁に使われるものがある。ユウによる『ワイルドビースト』シリーズは、一人称語り手主人公である女子高校生アヤカが、自殺しようとして助けられることから始まる。助けたのはヤンキーのグループで、アヤカはその頭であるリュウキに恋をするという私語りで、ケータイ小説にヤンキーブームを巻き起こしたとされる作品である。アヤカの語り部分はヤンキー言葉ではないが、次第にヤンキーの色に染まっていき、女ヤンキーとしてのキャラクターが強調されるようになる。ところどころに乱暴言葉を使った心内会話を導入することで、ざっくばらんな、むしろ反社会的で、反抗的な語り手の女ヤンキーのキャラクターが設定される。(17.3) はそんな用例である。

(17)『ワイルドビーストⅠ　―出逢い編―』(ユウ 2009a: 74)

(17.1) この二人、あたしに内緒で耳栓でもしてやがるんじゃないかってくらい平気な顔。

(17.2) ってか、絶対耳栓してんだろって思う。

(17.3) <u>おい、その耳栓あたしにもよこせよ。</u>

『イン　ザ　クローゼット blog 中毒』の語り手のキャラクターはヤンキーではないが、(18.1) や (18.2) のようなヤンキー的な内面を暴露する時があり、そこには乱暴言葉を使うキャラ要素が提示される。

(18)『イン　ザ　クローゼット blog中毒』上　(藤原2008: 49)

(18.1) すげえ。

(18.2) なんだこいつは。

(18.3) 何処の星の生き物だ。

7.5.3. 方言

ケータイ小説では、時々話し手の生育地に関係のない方言が使われることがある。そのバリエーションは通常のスタイルから逸脱していることから、それだけ注意を引くものとなる。なお、三宅(2008)は、ケータイメールで使われる方言を「ケータイ方言」と呼んでいる。ケータイ方言は遊び感覚で使われるもので、2006年に首都圏の女子中高生を中心に方言ブームになったとのことである。第6章で触れたように方言が話者のキャラクターやキャラ表現として使われるのだが、ここでは私語りの様相を理解するために、語り手がどのように方言を導入するか、特に心内会話に焦点を当てて考察してみたい。

方言をある特殊なコンテクストでのみ使うと、それがその話し手の素に近い姿を表現することがある。話し手のアイデンティティの一部である方言であれば、それが本音の自分を伝えたいという心理と結びつく。

『天使がくれたもの』では、一人称語り手主人公である舞の語り部分が、心内会話になると大阪弁になることが多い。語りの印象が強い部分は標準語になっているのだが、心内会話で一部が大阪弁にシフトすることがあり、標準語と大阪弁との使い分けが興味深い。大阪弁で語る素の私語りは、そうでない部分とは異なったアピールの仕方で読者を引き付ける。(19)と(20)には、そのような方言の使用・非使用が観察できる。(19.4)では舞が恋人カグに心内会話で直接質問する様子が描かれ、「気にしてくれてるん？」という方言を使用する。(19.4)は方言でなくても表現できるのだが、大阪弁を使用することでより素に近い自分を表現している。(19.4)と対照的に、(20.3)の「と思ってた」と(20.4)の「と思ってたし」は間接話法の語りとなっていて方言は非使用なため、語り方に距離が感じられる。

（19）『天使がくれたもの』（Chaco 2005: 52-53）

（19.1）「…同窓会どうやった？」

（19.2）「えっ…」

（19.3）…キュンと胸がしめつけられた。

（19.4）もしかして…気にしてくれてるん？

（20）『天使がくれたもの』（Chaco 2005: 55）

（20.1）自信に満ちた幹の笑顔。

（20.2）…意外だった。

（20.3）綺麗な顔でスタイルもよくてモテるのに、3年も片思いしてたなんて…。悩みなんかないと思ってた。

（20.4）…それに、どっちかっていうと拓ちゃんから告白したんだと思ってたし。

（21）では、舞の反応が心内会話で語られるのだが、同じ心内会話部分でも方言の使用・非使用が観察できる。（21.4）の「これって、キス…やでな」は素に近い反応で、しかし時間の経過と共に、（21.5）、（21.8）、（21.9）、そして（21.11）から（21.13）の語りの説明が入る。そして冷静になってから（21.14）の「あたし、からかわれた？」という方言を避けた心内会話となる。同じシーンの反応でも、異なった心理状況が語られるのである。前者は本音に近い気持ちであり、後者は一歩距離を置いた心内会話である。こうして方言の選択によって心理過程の違いが表現され、語り手としての話者の複数の諸相が表現される。なお、『天使がくれたもの』の舞は、（21）で一人称表現として、（21.3）、（21.8）、（21.12）で「舞」、（21.13）で「自分」、（21.14）で「あたし」として登場する。「あたし」と「自分」が異なった自己の側面を強調することに加えて、自分を名前で呼ぶことはそこにもうひとりの自分を想定する態度が見受けられ、ここにも話者複合性が観察できる。

（21）『天使がくれたもの』（Chaco 2005: 60-61）

（21.1）…2人の唇が、そっと近づいていく。

（21.2）……あと5センチくらい。

（21.3）舞はゆっくりと瞳を閉じた。

（21.4）…これって、キス…やでな？

(21.5) 照れくさい感情が、体を火照らせる。

(21.6) ……ゴツッ!!

(21.7)「…痛っ！」

(21.8) 急に頭突きをされて、舞は額をおさえ目を向けた。

(21.9) カグはプッと笑ってエンジンをかける。

(21.10)「さぁ、荷造りもまだやし…帰るわぁ！」

(21.11) いつもの調子で振り返る彼。

(21.12) 舞は唖然となった。

(21.13) …何もなかったかのような彼の態度に、キスを待っていた自分が恥ずかしくなる。

(21.14) …あたし、からかわれた!?

7.6. 語りの演出とキャラクター・スピーク

7.6.1. 表記工夫と創造的なキャラ要素

ケータイ小説では編集という過程を経ずに比較的自由に表現できるため、作者の創造力が発揮されやすい。表記工夫も創造的なキャラ要素を伝えるツールのひとつである。

(22.3) は「です」の代わりに「DEATH」、(23.2) は「だい」の代わりに「DIE」を使った例である。この作品の内容に暗い面があり、「死」や「死ぬ」という意味も全くの場違いではない。英語表記にすることで、日本語では伝えられない意味を暗示する手法である。読者はこのような斬新なレトリックの綾を使う語り手としての話者のイメージを、語り手のキャラクターの一面として理解するわけで、そこに話者の複雑な様相を感じ取ることになる。さらに、(24.2) のような日本語と英語の洒落を利用した表現もある。

(22)『ワイルドビーストI　―出逢い編―』(ユウ 2009a: 21)

(22.1) これは監禁？

(22.2) それとも軟禁？

(22.3) ……どっちにしても身は危険DEATH

(23)『ワイルドビーストI　―出逢い編―』(ユウ 2009a: 42)

(23.1) そう思ったりもするけど、絶対にそんな事はなくて……

（23.2）……あなたは何者DIE？

（24）『イン　ザ　クローゼット blog中毒』上　（藤原2008: 243）

（24.1）だけど、アタシの吐いたゲロを拭くマユマユ、おまえが一番のお気に入りみたいだよ。

（24.2）嫉妬、嫉妬、SHIT。

（24.3）クソもしてやろうかしら、マジ腹立つ。

7.6.2.　語りの演出：ツッコミと自分ツッコミ

ケータイ小説におけるツッコミは、笑いを取るために使われるのだが、最終的には読者に向けての娯楽、さらに読者同士が同様のユーモアを分かち合うという共感を促すことを目的とする。ツッコミには他者に向けるものと自分に向けるものがあるが、いずれにしても話者としての語り手の複合性が観察できる。突っ込む行為には、通常の語りを超えたユーモアに満ちたキャラが感じられ、特に自分ツッコミには、突っ込む側と突っ込まれる側という複数の私の存在が想定されるからである。

一人称語り手主人公が語りの中で突っ込む例を幾つか観察したい。(25.2)のツッコミは、スタイルがダ体の疑問文で、ツッコミに独特の強く鋭い口調が感じられる。語り手が登場人物の発話や行為にツッコミを入れると、読者はその行為に語り手の態度を感じ取る。自分も入れたかったかもしれないようなツッコミを、語り手が自ら入れてくれるのである。語り手のツッコミは、語り手が仮想の会話をするパフォーマンスであり、その瞬間そこまで語ってきた話者と異なるもうひとりの話者が登場し、そのひとり二役の会話で読者を楽しませてくれるのである。ツッコミの例としては他にも「金髪アシメが大きい袋をズリズリ引きずりながら歩いてきた。オマエはサンタさんか」（岬 2011a: 67）や「向かいのマンションから視線でストーキングされているとも知らずに、レオは隣の男と『あっち向いてほい』を始めた。『あっち向いてほい』って、お前は子供か」（十和 2007: 16）などがあり、娯楽性を兼ね備えた表現で読者を楽しませてくれる。

（25）『やっぱり俺のお気に入り』（星瑠2011: 165）

（25.1）やがて、照明が消え、スポットライトを浴びた司会の先生が現れた。

(25.2) ……って、うわっ……司会、青山かよ。

(25.3) 舞台の上に立っていたのは、グレーのシンプルなスーツを着こなした青山だった。

自分ツッコミの場合は、自分の語り方に一定の距離を置いて批判することになる。(26.4) では一人称語り手が、自分の行為のバカさ加減に気付いて突っ込むのであるが、一度語ってから開き直ってそういうのは変だとツッコミを入れる行為に、ユーモアが感じられるのである。読者は、このような話者の内面と物語内の状況とを行き来する語りを通して、それだけ複雑なキャラクターを楽しむことができる。他の例として「高校生に飲酒すすめてどうすんのよ！　……今まで連れまわしてた居酒屋とかも、本当は駄目なんじゃん？　飲んでいないとはいえ、居酒屋とか大人としてどうなの、あたし！」(陽未 2011: 108) などがある。

(26)『いつわり彼氏は最強ヤンキー』上　(香乃子 2012: 187)

(26.1)「菜都に手を出す奴は絶対許さねぇ」

(26.2) うっ…。

(26.3) サラリと吐かれたその頼もしい言葉に、ドキンと胸がうずく。

(26.4) こんな状況だというのに、ときめいてどうする…。

筆者はツッコミ表現の機能について論じたことがある (メイナード 2012) が、特に話者複合性に関係ある機能として、視点の変換やシフトがある。ツッコミはユーモアをもたらし、その場の軽い楽しい雰囲気を作るのに役立つのみならず、突っ込む話者と、突っ込まれる話者というふたりのインターアクションが実施されることで、視点シフトが実現する。語り手と登場人物はともにボケ役とツッコミ役の二役を演じながら、それぞれ視点シフトをすることになるのである。

7.6.3.　語りとレトリックの綾

ケータイ小説には語り部分に、アイロニー、ふざけ、洒落、もじりなど、ツッコミ以外のレトリックの綾が豊富に使われる。ライトノベルでは、登場人物のキャラクター・スピークにも同様の現象が見られるのだが、一般的にポピュラーカルチャーのディスコースにはこうした技法が駆使されている。

アイロニー、つまり皮肉または反語は、表面上の言葉の意味とは裏腹な意味を伝え、諷刺的に解釈される。そのため言葉の意味を反転して解釈することを余儀なくされる。瀬戸(1997)によると、アイロニーは「高めて落とす」という原理に支えられているとのことである。つまり、通常より高めて表現すると、それが反転して否定の意味を含みアイロニーとして読まれるのである。

アイロニーのために意味を高める言語手段の中には、過度の上乗せをした語彙を使う場合があり、例えば、ある人の失敗談を聞いて「おまえ、天才だよ」と言ったりすることがある。常にアイロニーと読まれる表現に「ご大層な」や「お偉方」、またしばしばアイロニーと解釈されるものとして、「ご立派」や「おめでたい」がある。感嘆文を使って意味を強化する場合や、さらに必要以上に丁寧な大袈裟なスタイルを使用する方法がある。このような強調表現や過度に誇張した表現は、アイロニーと捉えられることが多いが、それは字義通りの意味ではないことを知らせるために必要なマーカーとして作用する。アイロニー表現を正しく理解するためには、読者は話者が発話の表層的な意味と距離を置いていることを感知する必要がある。ひとひねりしたレトリックの綾を使う話者は、いつもと違うおもしろい話者である。この時話者はひとりで二役をこなすわけで、それは複数の自分の存在を暗示しているとも言える。

(27)では、半分けんかのような状況が、(27.2)と(27.3)で過度に不自然な丁寧表現を使って語ることでアイロニー効果を生み出し、ユーモアのあるものになっている。語り手のふざけた口調が読者を楽しませる仕組みである。丁寧表現によって、通常の意味から逸脱していることが伝えられる。そこには余りにていねいに振る舞うもうひとりの話者がいる。

(27)『ワイルドビーストII　―黒ソファ編―』(ユウ 2009b: 30)

(27.1)「ちゃんと考えて話せよ。間違えた事言ってみろ、承知しねぇぞ」

(27.2) とてもご立派に脅して下さった。

(27.3) リュウキのお言葉通りちゃんと頭を動かし、きちんとお話して差し上げようと、息を吸い込む。

ケータイ小説には読者を楽しませるふざけ表現も目立つ。(28.4)では、一人称語り手主人公彩花の心内会話を通して、自分の親も再婚子持ちなので相手の状況にびっくりしてる場合じゃない、と気付く様子がおもしろおかしく語られる。

(28)『空色想い』(Ayaka 2008: 12)

(28.1) 晃さんが苦笑いしながら、となりの男に左手を向ける。

(28.2)「浜崎空です。よろしく。高校で、美容の勉強してます」

(28.3) そんなそんな。ご丁寧にどうも。

(28.4) ……ちょっと。……ちょっと待った!! ってことは晃さんも再婚かい。しかも子持ちかい。……いや、あたしが言える立場じゃないけどさ。

(29) は、語り手の妄想のようなふざけ心内会話が読者を楽しませてくれる例である。(29.4) の「スタコラサッサ〜」というマンガのような表現や、(29.3) の「できそうだぜーい」と (29.5) の「トンズラだぜ」という威勢のいい表現をはじめ、全体的に軽い語り口調を女性の語り手が使っていることによるおもしろおかしい表現効果は、話者の多様なキャラ要素を伝えている。[注8]

(29)『お女ヤン!! イケメン☆ヤンキー☆パラダイス』(岬 2011a : 37)

(29.1) とっ、とにかくやった!

(29.2) なんてラッキーガールなんだあたしって奴は!!

(29.3) 今なら海パン一丁で躍り狂って竜宮城にざっぱーんできそうだぜーい!

(29.4) 玉手箱ゲットして、そこら辺の人にあげてスタコラサッサ〜。

(29.5) トンズラだぜ!!

(29.6) いやっ!!…………いやいや違う違う。

(29.7) とりあえず安堵してため息をつく。

(30) のように洒落を使って笑いを誘うものもある。「オケツ」と「墓穴」を使うその洒落には、お笑い芸人風のノリが感じられる。読者はそんな話者のキャラを楽しむことができる。

(30)『お女ヤン!! 2 イケメン☆ヤンキー☆パラダイス』(岬 2011b: 10)

(30.1)「あ、あのね佐野さん」

(30.2) ど、どうしよう! 聞いちゃダメじゃん!

注8 女性の話者が終助詞「ぜ」を使うことについては、第10章で言及するので参照されたい。

（30.3）しまった墓穴掘った!!
（30.4）佐野さんが、腕を組み、不思議そうに首を傾げあたしの言葉をじっと待っている。
（30.5）かなり待っている。
（30.6）葵君の話題の他になにか佐野さんに聞きたいことがあったかな？
（30.7）か、考えろ！　オケツ回避できる話題を何か！
（30.8）ああ違う！　オケツじゃなくて墓穴！

さらに、ラップ詩のようなリズム取りを狙った駄洒落もある。例えば、『ワイルドビーストI　—出逢い編—』（ユウ 2009a: 34）に使われる「今のこの状況は……どう言えばいいんだろうか……。ポカン？　唖然？　呆然？」である。

このようなふざけや洒落に加え、ユーモア効果をもたらすレトリックとしてもじりがある。もじりは江戸時代に流行した表現法であり、和歌・漢詩・散文をもじって、狂歌・狂詩・狂文としてもてはやされた。例えば、『伊勢物語』をもじった『仁勢（にせ）物語』があり、これは題名からしてもじっていることが一目瞭然である。私達は『仁勢物語』を読む時、その内容よりどのようにもじってあるかというところに目をつける。要するにもじりの技法そのもの、つまり言語操作そのものに注意して、それを吟味し楽しむのである。このように語り手の創造力がものを言うのが、もじりという言語の遊びである。

現代でももじりはレトリックの綾として使用されるが、ケータイ小説にはこのようなレトリックの綾を駆使したものが観察できる。（31）では芸能人の名前をもじることで固有名詞を避けている。しかしそれぞれの持ち歌をイメージすることができ、一人称語り手の音楽の好みが分かるような仕組みとなっている。もじりはそれを使って演出する話者の存在を前景化し、そのような語りのキャラ要素を付加する。語りのレトリックには、常にその背後に話者の複合性が感じられるのである。

（31）『お女ヤン!!　イケメン☆ヤンキー☆パラダイス』（岬 2011a: 20）

矢沢えいきしと北島さびろうのスンバラスィートベストソングが入っ

ているiPodがない！　和田ミキ子嬢が入っているiPodがない！

7.7. 語り手の登場とキャラクター・スピーク

私語り行為の一種として、デス・マス体などを通して読者に直接語りかけアピールする場合がある。このようなシフトは、誰か（この場合誰かとは不特定多数の誰かであるが）にアピールする意図から丁寧表現になるもので、意見を述べたり問いかけたりする際、あたかも公の場を想定して誰かに聞いてもらいたい気持ちがあることを伝える。正式に発表する前によく考えてから至った結論なのだ、という印象を与える。この他者を意識した語り口調は、逆に読者に語り手の存在をそれだけ意識させることにもなる。

他のスタイルから逸脱してデス・マス体にシフトする例として「それから、あっという間の12年。……現実は甘くないみたいです」（からさわ 2010: 8-9）がある。通常のスタイルではないことから、特別の意味が想定される。それは読者に宣言するような説明調となっていて、そこに設定される場は現行の物語内部ではなく、読者に向けたものである。同様に読者に訴える表現として、終助詞を使用し読者との会話を装った語り手の表現がある。例としては「じゃあ、どうして知ってて好きになってんの？　って話だよね」や「だーよーね！　その疑問、大正解。もうここまで聞いたら、最後まで聞いてね」（陽未 2011: 7）がある。そこには見え隠れする語り手が、あたかも会話の相手としての読者に、その存在をあらためて意識させる効果がある。このようなスタンスをとる話者は、私語りの語り手として語る私と、物語の外に位置する読者に語りかける私、という二役を引き受けていることになる。やはり、ここにも話者の複合的な存在が見え隠れする。

語り手が意識されるディスコースの一種として、言語使用についてコメントするメタ言語表現がある。例えば「いつもの大阪弁じゃなくて。それに聞いたこともないような鬱陶しそうな声。」（陽未 2011: 157）とコメントするなどである。また、語り手が言い直すことで発話行為を意識させることもある。例えば「それがあたし、酒井美緒と、ヘラヘラ男・深田恭一の出会い。いや、再会だった。」（夏木 2009: 9）といい直す。言語使用一般についてコメントする行為を通して、読者は語り手の語り行為を、より具体的には語る態度そのものを意識させられる。このような表現方法は、語りのキャラクターを立てるのに有効なキャラクター・スピークとして機能するのである。

7.8.　おわりに

ケータイ小説は心に浮かんだまま、心が動くままを重視した表現に満ちた文芸である。そこには少女達の心の声が聞こえ、短い表現で感情を伝え、語り手としての私の存在をいろいろな標識で意識させる世界が織り成される。ケータイ小説の作者は私語りという行為を通して、創造的でしばしばユーモアに満ちた表現を使い、一人称語り手である主人公の存在感を鮮明なものとする。

ケータイ小説の語りのキャラクター・スピークは、本章で観察したように、言語の幾つものレベルに関連している。私語りのディスコースを実践するのは「私」「あたし」「自分」などの語彙の使用・非使用、私視点からの風景描写、私に語りかける呼びかけなどであり、それは話者の複合性を示している。各種の心内会話と会話との交錯を通してあらわになる語り手としての話者の内面には、多くの声の残響が響き合い、それだけ複雑な意味が交渉される。そこには、従来直接話法と心内会話という別々の空間と見なされてきたディスコースを、自由に行き来する話者の姿がある。

ケータイ小説に使われるバリエーションには、若者言葉、ヤンキー言葉、方言があり、創造的な表記による語りのキャラ提示や、話者の演出のために使われるツッコミや自分ツッコミなどの工夫も見られる。加えて語りのレトリックとしての、アイロニー、ふざけ、洒落、もじり、など、そのバリエーションとスタイルは枚挙に暇の無いものとなっている。豊かなバリエーションやスタイルを駆使した私語りは、キャラクター・ゾーンの中の多言語現象を生み、登場人物・語り手・作者間の会話性と対話性を相互活性化する。ケータイ小説のディスコースは、私語りという行為を通して、キャラクター・ゾーンに複数の人々を登場させることでハイブリッド構造を形成し、それだけ重層的で複合的な表現世界を創っているのである。それはもともとは無の場所であっても、そこに繰り広げられるしごく人間的なインターアクションを通して自分が意識させられるのであり、西田哲学を思い起こさせるものがある。

ケータイ小説を創作する作者は、二重の意味で「語る私を語る」と言える。まず、作品を創作することが、言語行為の主体である作者としての「私」を語ることになる。と同時に日本語の表現を駆使したキャラクター・スピークを使うことで、一人称語り手である登場人物を創り、その存在を通して、語る「私」を語ることになる。本章で観察・分析・考察したキャラクター・スピークの諸相は、作者として語る私の告白を色付けるとともに、登場人物を通して間接的にしかし常に豊かに語る私語りを実現する。そこには、複合性を帯びた話者の姿が確かに認められるのである。

第8章

トーク番組：おネエ言葉と話者複合性

8.1. はじめに：言語と性差

本章では、第6章と第7章で書き言葉を分析してきたのと対照的に、テレビやラジオのトーク番組の話し言葉に焦点を当てる。分析の視点として、ジェンダー意識、特に性差を想起させるジェンダーバリエーションであるおネエ言葉を考察する。[注1] おネエ言葉は、いわゆるおネエキャラクターを呼び起こすキャラクター・スピークの一種である。それは同時にキャラ提示のツールとして、必ずしもおネエキャラクターと考えられていない話者によっても使われる。

前者の例として、マツコ・デラックスのキャラクター・スピークを考察し、後者としておネエ言葉をエンターテインメントの技法として使うことがある福山雅治の言語行為を分析する。マツコ・デラックスは、テレビ・ラジオのトーク番組やバラエティ番組に出演するだけでなく、エッセイストとしても著作があり、知名度の高いタレントで2014年に最も人気のあるおネエキャラクターとして選ばれている(Gooランキング 2013)。

一方、福山雅治は、シンガーソングライター、作曲家、俳優、写真家として、そしてラジオ番組のパーソナリティーとして広く活躍している。特に興味深いのは、ラジオ番組のひとつで、一時期、主婦雅子という女性キャラクターとして登場していたことである。それ以外でもふざけておネエ言葉を使うことがなきにしもあらずで、そのバリエーションと主体・話者の関係を考察することは有意義と思われる。本章の観察・分析・考察を通して、おネエ

注1　広義のジェンダーバリエーションについては第10章を参照されたい。

言葉は性差やジェンダーのイメージを利用しながら、話者の複合性を示す現象であることを明らかにしていきたい。

本章でデータとして使用するテレビ・ラジオトーク番組は、マツコ・デラックスがゲスト出演する『おしゃれイズム』と『森田一義アワー　笑っていいとも』のコーナー「テレフォンショッキング」、そしてマツコ・デラックスがメインで登場する『マツコ＆有吉の怒り新党』である。福山雅治のキャラクター・スピークを分析するために使用するのは、ラジオ番組『福山雅治のSUZUKI Talking FM』とそのコーナー「主婦雅子のTalking FM」である。加えて、テレビドラマの『半沢直樹』（TBS 2013）、及びマツコ・デラックスのエッセイ『続・世迷いごと』（マツコ・デラックス2013）を通して、おネエ言葉が広くメディアに受け入れられている状況に触れる。

言語と性差の関係やジェンダーという概念については、1970年代から論じられてきた。当初は女性が女らしい言葉を使うことが性差別の証拠であるという、フェミニズム的アプローチ（Lakoff 1975; 井出 1979）が主流を占めていた。1990年代の研究者は、これとは異なったアプローチをとっている。Butler（1990）に代表される研究で、私達の性アイデンティティは生来のものではなく、社会の中で繰り返される具体的な経験によって育まれるものであるとする立場である。女性の言葉は生まれ持った性別に直結しているわけではなく、言語の選択・使用、そしてその評価自体が言語のイデオロギーの一部である、とする立場である。特に人類学者の多くの研究結果に観察できるように、次第に従来の性と言語を必然的に結びつける立場から、アイデンティティ表現としての流動的な言語という見方（Cameron 1990; Bucholtz 1999a; 中村 2002）にシフトしていった。こうしてジェンダーの意識は個人の身体的条件と直結するものではなく、言語使用や談話行為に参加することによって交渉・構築される社会的な概念である、と理解されるようになった。

日本語研究においてもOkamoto（1994, 1995）は、女性の言葉とか男性の言葉という概念は実際の言語使用を反映せず、ステレオタイプとして存在するに過ぎないことを指摘している。従来、性別と関連付けられてきた言語使用の傾向、例えば女性語の特徴と考えられてきた丁寧表現は、ある年代の女性に受け入れられていても、若い世代や職場で活躍する女性はむしろ女性語のステレオタイプを避け、男性的と考えられる表現を選んで使用しているという現状を報告している。

この動向を代表するものとしてGal (1995) は、ジェンダーとアイデンティティの関係は文化的な構築に他ならないとまとめているが、次の言葉が示唆的である。

> 今までの女性語研究に欠けていたことは、女性語とか男性語という範疇や、権威があるとか力がある言語、という概念が話者のアイデンティティと指標的に直結しないという理解である。実際は、話者の発話自体がその人のアイデンティティを創り出すのである。女性的とか男性的というような広義の表現を含むこれらの範疇は、その社会内部で文化的に構築されたものであって、歴史的に変化するものであり、例えば人間のあり方、権力支配、道徳意識といった文化的言説と、意図的・組織的な関係にあるのである。(Gal 1995: 171 筆者訳) 注2

Okamoto (2004) も同様の立場で、日本語の丁寧表現や敬語さらに他の間接的な表現を使うことで相手に敬意を表すという行為は、女性または女というジェンダーと直結しないと主張している。確かに女性的、男性的という解釈は、あくまである女性の言葉を使うことに対するイデオロギーを基盤とする価値判断なのであって、女性・男性という性別によるものではない。

Gal (1995) の立場には説得力があるが、筆者は上記の引用部分をもっと真剣に一歩進めて考え直す必要があると思う。つまり、話者が選ぶ言語表現とは、社会的な要因だけでなく、個人の境遇や動機によっても左右され、さらに言語が可能にする表現効果(例えば、遊びとかユーモア効果なども含めて)に影響されるとする立場である。Okamoto (2004) の指摘についても説得力はあるのだが、筆者は、言語行為は最終的には個人の言語使用に対する欲望や願望によって決まるという根源的な理解の仕方を、充分考慮に入れるべ

注2　原文では次のようになっている。What is missing in such work is the understanding that the categories of *women's speech, men's speech*, and *prestigious* or *powerful speech* are not just indexically derived from the identities of speakers. Indeed, sometimes a speaker's utterances create her or his identity. These categories, along with broader ones such as feminine and masculine, are culturally constructed within social groups; they change through history and are systematically related to other areas of cultural discourse such as the nature of persons, of power, and of a desirable moral order. (Gal 1995: 171, イタリックは原文のまま)

きであると考えている。話者は発話の瞬間ごとに、自分に最も有益で満足のいく表現を選ぶのであって、社会からの期待を裏切ることのできる範囲で裏切ったり、社会的な要因をむしろ逆手にとってそれを利用することもある。言語はパフォーマンスであるという根本的な立場（Goffman 1959）に見られるように、言語のバリエーションやスタイルの選択は、コミュニケーションのジャンルや目的によって大いに左右される。本研究の対象であるポピュラーカルチャーのディスコースは根本的に娯楽のためにあり、そのように受け止められ消費される。であればこそ、より個人的な動機を無視するわけにはいかないのである。

例えば丁寧表現を選ぶか選ばないかの判断は、イデオロギーのみによるのではなく、ある性を想起させるイデオロギー自体を利用したり拒否したりしながら、個人の表現上の必要性や欲望によって決まるのである。あくまで個人的である言語表現の意図を、社会的なイデオロギーとすりかえてはならない。イデオロギーという名目で、個人に与えられた自由を無視してはならない。後続する分析によって明らかになるように、おネエ言葉の研究にはこの点を認めることが特に大切になる。

8.2. キャラクター・スピークとしてのおネエ言葉

8.2.1. おネエ言葉の変遷と特徴

おネエ言葉の研究はクイア言語学（queer theory または queer linguistics）の分野に位置付けられる。Vasvári（2006）によると、queer theory というのは従来無視されてきた人々の声や抑圧されてきた物語を研究する分野で、それには一般的に常識とされてきた談話に対抗して、同性関係、その他、従来は変態的とさえ考えられてきた現象の研究が含まれる、とのことである。

もっとも、女性的な言葉を男性が使うという現象は現在に始まったことではないのだが、昨今おネエ言葉として話題になっている女性的な言葉は、2000年代に入ってゲイの男性、特に新宿のゲイバーで話されていた言語のバリエーションを指している。この点は、Maree（2003）によると、おネエ言葉を話す人の間でも認められていたとのことで、その言葉の特徴として、典型的な女性の言葉を誇張したイントネーションを伴い、母音を長く発音したものと理解されていたとのことである。具体的にはSayuriとOkaというふたりのレズビアンの意見として報告されているが、おネエ言葉とは女性の言葉を五割増しに誇張したものだ、とも付け加えているとのことである。

Lunsing and Maree (2004) は、おネエ言葉を話す人は女性的（正しくは女性的と考えられている特徴を強調するような）イントネーションやジェスチャーを使い、女性の服装または派手な装いをする、と特徴付ける。さらにおネエ言葉については、その特徴として下品な側面があり、例えば、「あたし今からカレー食ったら下痢だわ」(2004: 97) というような表現が使用されること、また、辛辣なコメントや毒舌が遠慮なく使われること、などの指摘がある。

日本のメディアでおネエ言葉が注目を浴びるのは、『おネエ★MANS』というテレビのバラエティ番組（日本テレビで2006年から2009年に放送）による。この番組のおネエ言葉への影響力は大きく、おネエキャラクターとともにおネエ言葉が一般の視聴者の耳に届く契機となった（マリィ 2013）。番組では美のエキスパートであるおネエキャラクターが、美容・エステ関係のアドバイスをするという設定で、レギュラー出演するおネエキャラクターのタレントには、IKKO、假屋崎省吾、植松晃士、真島茂樹、はるな愛、などがいた。

ところで、テレビ番組で使われる言葉と街のおネエ言葉は、同一ではないこと（マリィ 2013）を確認しておく必要がある。『おネエ★MANS』で使われたおネエ言葉には、確かに一般的におネエ言葉と言われるバリエーションに似た特色があるのだが、それはあくまでおネエキャラクターを演じるタレント達の「おネエキャラの言葉」として存在する。[注3] マリィ (2013) によると、おネエキャラの言葉は、丁寧でガーリーな言葉でアドバイスを与えるという印象が強く、おネエ言葉には欠かせない意地の悪さや毒舌が足りないという見方があったとのことである。正確に言うと、筆者が分析するバリエーションは、トーク番組に登場するおネエキャラクターの言葉であることを確

注3　ここでは文献に従って「おネエキャラ」という表現を使うが、それは筆者のおネエキャラクターを指す。筆者は「おネエキャラ」とはあくまでおネエキャラクターの側面を指す言葉として使う。

認しておかなければならない。

ところで、おネエ言葉の特徴について阿部(2014)は五つの観点をあげ、それらが本当にそうであるかを論じている。五つの見方とは、(1)おネエ言葉はゲイバーで使われる言葉、(2)ゲイの男はおネエ言葉が嫌い、(3)おネエ言葉は女言葉を真似たもの、(4)おネエ言葉は毒舌、(5)おネエ言葉はパロディー、である。

分析の結果、(3)を除いては正しいと報告していて、次のようなコメントを加えている。おネエ言葉には、人をけなしてもそれが許される傾向があるのだが、それは、差別を受ける代わりにその分自由な発言権が与えられるからである。そしておネエ言葉はパロディーであるという点については、マイノリティーであるという連帯感のもと、パロディー化した会話を楽しむ風潮がある、と。さらに、おネエ言葉はゲイによってのみ使われるわけではないことを確認しておく必要がある、という指摘もある。誰でも使うことができる例として、尾木直樹(通称尾木ママ)の話し方をあげている。

阿部(2014)は、(3)のおネエ言葉と女性語の関係について、次のように論じている。阿部のインタビュー結果では、ゲイ(男性)のひとりは、おネエ言葉は女性語だと主張し、もうひとりはそうではないと主張したとのことである。おネエ言葉に近い現場にいる人の間で、女性語との類似性については複雑な感情が拡がっていることが分かる。阿部によると、おネエ言葉を使うタレントをあげてもらったところ、ゲイの友人は、KABAちゃん、おすぎ、ピーコ、IKKOなどを、ヘテロの友人は、美輪明宏と假屋崎省吾などをあげた。

阿部(2014)は美輪のおネエ言葉の使用に関して、次のようにコメントしている。美輪は「あたくし」「なの」「ですもの」を使いながらも、男性特有の自信満々の話し方をする。このスタイルは、女性語のステレオタイプ的特徴(上品さ、高貴さ、敬語の使用)をうまく利用しながら、男性的部分も残しておくスタイルである。このようなおネエ言葉は女性語を真似たものではなく、女性語を利用しながら男性語もミックスしたスタイルである、と。

おネエ言葉についてはいろいろな議論があるのだが、筆者はLunsing and Maree(2004)、マリィ(2013)、阿部(2014)を参考にしながら次のように定義する(Maynard 2016)。

1. 大袈裟なイントネーションを使い、遊びやパフォーマンス的な印象を与える。
2. 次の表現を使うことが多い。
   名詞句に直結する終助詞の「よ」や「ね」
   終助詞「わ」及び「わよ」や「わよね」
   「あたし」「わたし」や自称詞としての名前
   「あら」「かしら」や終助詞の「の」
   「なさい」など直接命令する表現
   感情をあらわにする表現や誇張表現
3. 伝統的に女性と結び付けられる会話の場やトピックに関心がある。
4. 皮肉、批判、毒舌、などが含まれる。
5. おしゃべりに積極的に参加する態度を示す。
6. 自分の意見や、自分が支持する思想に固執する傾向がある。

この中には、「あたし」「かしら」「あら」など、おネエ言葉を強く意識させるものと、「の」のように比較的弱く意識させるものがある。終助詞の「の」は、非おネエ言葉として使うことがあるが、女性的なニュアンスがあることも確かである。[注4]

上記のリストに加えて、本章で明らかになるようにおネエ言葉には、乱暴言葉や下品な語彙の混用、自分を卑下する発話行為、男性を想起させる荒っぽい表現、などが目立つ。おネエ言葉は確かにジェンダーの意識と無関係ではないが、性と直結することなく、むしろその言語のイデオロギーを自分を演出するために利用したり、遊びやパフォーマンスに応用するための創造性に満ちたバリエーションなのである。

8.2.2.　性差を想起させるエンターテインメント：『半沢直樹』の場合

『おネエ★MANS』が特別なテーマを売りにしたバラエティ番組だったの

注 4　いわゆる女性らしさを表現する言葉は、男性話者によって使われることが全くないわけではない。「かしら」についても非おネエ言葉として使われることが全くないわけではない。一例として、ラジオパーソナリティーの安住紳一郎が、『安住紳一郎の日曜天国』（TBS 2016, 2016 年 2 月 28 日放送）でトークの一部として使っている「ごめんなさい、日曜日の朝からこんな話していいのかしら」「大丈夫かなあ、こんな話して誰か得したのかしら」などがある。

と対照的に、2010年代に入ってテレビドラマでもおネエ言葉をしゃべる人物が目立つようになった。注5 エンターテインメントの世界ではおネエ言葉がめずらしいものではなくなってきているのであるが、ここでは2013年に放送された人気ドラマ『半沢直樹』(TBS 2013) の場合を考察したい。おネエキャラクターやおネエ言葉が、メインストリーム化している様子が観察できるからである。

このドラマで注目に価するのは、東京中央銀行に勤務する主人公半沢直樹と対立することになる黒崎駿一という人物である。黒崎は金融庁の検査官、大阪国税局査察部統括官、金融庁検査局主任検査官という役職をこなす切れ者のエリートである。スーツ姿で登場するが、傲慢でヒステリックなところがあり、その口調はまぎれもなくおネエ言葉なのである。

まず、(1.2) の黒崎の話し方を見てみよう。藤沢 (女性) の話し方と比較すると、黒崎の終助詞「わ」と「よね」の使用や、自称詞「あたし」の使用がおネエ言葉であることを印象付ける。二人称代名詞の「あなた」もおネエ言葉の傾向があり (非おネエ言葉なら「そちら」「おたく」などが自然であろう)、また「おりこうさん」という表現で相手を上から目線で扱うあたり、ずけずけ言うおネエキャラクターの雰囲気を助長している。

(1) 『半沢直樹』第5話 (TBS 2013)

(1.1) 藤沢：だから隠し口座なんて知らないって言ってるでしょ。銀行もあなた達もしつこいわね。

(1.2) 黒崎：銀行？　銀行になんて言われたか知らないけど、東田の隠し口座について教えてもらえたら、あなたのお店にかかる資金と、あなたのこれまでの違法行為に対し、いっさい目をつむってあげるわ。東田、銀行、あたし。どこに協力するのが一番おりこうさんかあなたには、お分かりよね。

(2) は黒崎が、質問には回答が期待されるという会話の「隣接応答ペア」

注5　一例として2012年から放送されたテレビ朝日系のドラマ『Doctor-X 外科医・大門未知子』に登場する医師、神原晶のおネエ言葉がある。ウェブ上の番組紹介 (テレビ朝日 2013) で神原の言葉として「本院で未知子がどんな活躍を見せてくれるのか、楽しみだわ。今回もみなさんにもご紹介しますね。うちの看板猫ベンケーシーもよろしく。」がある。

(Sacks, Schegloff, and Jefferson 1978 [1974]; Maynard 1989; メイナード1993; ten Have 1999) のコンテクストで、半沢に詰問するシーンである。半沢の反応が「好まれる応答形式」(メイナード1993) でなかったため、黒崎は怒りをぶちまける。「の」「わよねえ」「わ」などの文末表現を強調・誇張することで、その押しの強さを表現する。言語のバリエーションの選択を通しておネエキャラクターを演じると同時に、机を強く叩くという男性的ともとれる行為に出る。ここには、黒崎のおネエキャラクターの中に潜む男性を想起させるキャラが確認できる。

(2)『半沢直樹』第9話 (TBS 2013)

黒崎：〈机を強く叩いて〉　もう結構。〈もう、を誇張する〉　この前と全然変わってないじゃないの。〈全然変わって、を誇張する〉　その場しのぎとしか思えないわよねえ。〈思えない、を誇張する〉　率直に言って、こんな再建計画が実現するとは思えないわ。〈思えないわ、を誇張する〉

黒崎はますます興奮して、(3) では促音付きの終助詞「のよっ」や「よっ」の使用が目立つようになる。

(3)『半沢直樹』第9話 (TBS 2013)

黒崎：だったらナルセンの件はどうなるのよっ。〈どう、と同時に机を叩き、発話の終わりで立ち上がる〉　最新型の、予約システムが使えなくなった今、代替案が提示されてないじゃないのっ。〈ないじゃ、と同時に机を叩く〉　だいたいこのシステムを作るのに、伊勢島は、113億とんで450万もつぎこんだのよっ。その損失はどうするつもりっ。

なお、ドラマ『半沢直樹』の原作にも、おネエ言葉が使われていることを指摘しておきたい。例えば『オレたち花のバブル組』(池井戸 2008) には (4) があり、黒崎の口調について (4.2) の「オネエ言葉だ」という語りの説明が続く。(5) では、黒崎の終助詞「の」が疑問文や強調表現に使われることについて、(5.4) の「気味の悪い男である」というコメントまである。おネエ言葉の使用についてメタ言語表現でコメントすることは、語り手がおネエ言葉をどのように理解し、さらに読者に対してどのようにアピールする意図なのかを知る手掛かりとなる。銀行というビジネスの場で、おネエ言葉が不自然なものであるという反応を語りに加えながらも、主要人物がおネエキャラクターとしてオネエ言葉を繰り返すという物語の設定である。ジェンダーバリエーションとしてのおネエ言葉があえてエンターテインメントのツールとして使われることが、受け入れられつつあることを示している。

(4)『オレたち花のバブル組』(池井戸 2008: 145)

(4.1)「あなたたちは一体、なにを考えているんです？　九時半に集まれって聞かなかったの？」

(4.2) オネエ言葉だ。

(5)『オレたち花のバブル組』(池井戸 2008: 146)

(5.1)「申し訳ありませんでした」

(5.2) 次長の謝罪を黒崎は鼻で笑った。

(5.3)「謝るぐらいなら、遅刻しないの！　東京中央銀行のガバナンスはどうなってるの？」

(5.4) 気味の悪い男である。

ドラマ『半沢直樹』の視聴率は最高42.2%(ORICON STYLE 2013)に達し、近年に例を見ない人気ドラマとなった。その人気の理由は幾つかあげられるが、半沢と黒崎のドラマチックなやりとりやかけひきが、ひとつの理由であることは否定し難い。実際『半沢直樹』というドラマのヒットのためには、おネエキャラクターの登場があったという指摘(林2013)もある。林(2013)はドラマの福澤克雄監督を相手にしたインタビューで、まず(6.1)で黒崎というキャラクターがドラマを盛り立てていたとコメントし、それに監督が(6.2)で答えている。

(6) 林(2013)

(6.1) 林：　片岡愛之介さんがとてもいいキャラクターとしてドラマを盛り立てています。

(6.2) 福澤：そうですね。原作にも出てくるオネエ言葉は飛び道具じゃないですか。一歩間違えると、はじかれる。ああいう役は日本の歌舞伎役者にやってもらうしかないと(笑)。プロデューサーとも意見が一致して、これまで仕事をしたことがあるは愛之介に頼みました。でも、社内ではオネエ言葉の国税職員なんか、出さないほうがいいという意見もありましたが、押し通しました。あんな人はいないと思うのですが、原作に書いてあるから仕方がない(笑)。

おネエ言葉を話すキャラクターは、その受け入れの程度に差があるものの、その差異性のためにドラマチックな効果をもたらすのである。なお、ここで黒崎が歌舞伎役者によって演じられる点、キャラクターや話者の複雑に重層するジェンダーのイメージが、エンターテインメントの裏に隠されている状況は興味深い。

8.3. マツコ・デラックスのキャラクター設定とキャラ提示

8.3.1. マツコ・デラックスのキャラクター・スピーク

マツコ・デラックスは、コラムニストやエッセイスト、そして女装タレントとしてテレビやラジオ番組に登場する。司会やゲストとしてオネエ言葉を使い、多くのおネエキャラクターの中でも、その人気にはゆるがないものがある。[注6] マツコの言語使用については(7)に見るように書き言葉でも、「かしら」や「のよ」などのおネエ言葉は健在である。

(7)『続・世迷いごと』(マツコ・デラックス2013: 74)

番組の製作者たちも芸人さんに頼り切ってしまっている。コレ、いつまで続くのかしらと思っていたのよ。

テレビ番組に登場するマツコのキャラクター・スピークを観察しよう。全体的に、強調したい時誇張したイントネーションが目立ち、(8.6)の「わ」、(8.10)と(8.14)の「の」、(8.10)の「のよ」は、おネエ言葉に典型的な終助詞である。感情的な表現として(8.6)の「かなわない」があり、(8.14)の笑い方はおネエキャラとしての印象を決定的なものとする。(8.13)のタモリの「わかるんですよ」と(8.14)のマツコの「わかるのよ」のコントラストに見られるように、ふたりの会話表現は明らかに異なっていて、そこにも自己主

注6　マツコ・デラックスに言及する時は、メディアでもまた視聴者の間でも「マツコ」が使われることが多いため名前のマツコを使う。(ただし、著者として言及する場合は「マツコ・デラックス」を使う)

張が観察できる。(8.14) でマツコがタモリの発話に重ねて「わかるのよ」「わかるの」と繰り返しタモリに同調するのだが、これはおしゃべりに積極的で熱心に参加するおネエキャラクターの傾向と矛盾しない。

(8)「テレフォンショッキング」(フジテレビ2014, 2014年2月11日放送)

(8.1) タモリ：あれ地下鉄の駅もできるかもしれないって話もあるんですよ。

(8.2) マツコ：あ、やっぱ、[さすがね。

(8.3) タモリ：　　　　　　[あそこに。ええ。

(8.4) マツコ：都営新宿線の。

(8.5) タモリ：都営新 [宿線の。

(8.6) マツコ：　　　[さすがだわ。かなわない、この人には。そういう話さしてよ、もう。いつも行[こうと思って。

(8.7) タモリ：　　　　　　　　　　　　[行き、行きましょうよ。

(8.8) マツコ：誰も話してくれないから、こういう話。

(8.9) タモリ：周り興味ないからあんま。

(8.10) マツコ：興味ないのよ。首都高とか乗っててもマネージャーにここはね、とか言ってもね、何にも興味も示さないの。

(8.11) タモリ：ああ。

(8.12) マツコ：ずっとそんなのばっかり見てるから。

(8.13) タモリ：首都高が一番わかるん [ですよ。分かるんですよ。

(8.14) マツコ：　　　　　　　　　[分かるのよ、首都高が。分かるの。〈ほほほほと笑う〉

感情をむき出しにする表現は、マツコのキャラクター・スピークの端々に観察できる。(9.5) では、マツコが大袈裟に誇張したイントネーションを伴って「くやしい」と言う。客席からの笑いの反応に見られるように、少々滑稽なほどの誇張振りである。この発話は場違いのような印象を与えるのだが、それがエンターテインメント的効果をもたらし、その場の雰囲気を盛り上げていることも確かである。非おネエ言葉であれば、「うらやましいです」という自分の感情を描写する表現が使われることが多い。

(9)「テレフォンショッキング」(フジテレビ2014, 2014年2月11日放送)

(9.1) マツコ： あとね、あの飯倉の交差点の近くも今すごくなるよ。あの外務省の別館みたいなとこあるでしょ。

(9.2) タモリ： 我善坊［ね。

(9.3) マツコ： 　　　　［そう。

(9.4) タモリ： あそこ、ちょいちょい行ってます。

(9.5) マツコ： やだもう、やだ、くやしい。

(9.6) 客席： 〈笑い〉

8.3.2. 命令・辛口・自虐というおネエ行為

マツコのおネエ言葉には、ずけずけ言う会話のスタイルを支える行為が目立つ。命令したり辛口の批判を言うかと思うと、それが自分に向けられる自虐行為ともなるのである。

特に目立つものに相手への命令表現がある。マツコの命令は「なさい」という直接的な表現で下されることが多いのだが、これは日常会話では極度に制限される表現である。親が子供に対して命令するというような上から下へという関係に制限されていて、「なさい」の使用は人間関係によっては、極度に失礼・無礼となる。例えば、マツコは若手のおネエキャラクターのタレント、ミッツ・マングローブとの会話で、彼(女)を「この子」と呼び、テレビ向きじゃないと冷たくあしらう。ミッツ・マングローブがマツコと一緒に名古屋まで行ったと言うと、「豊橋にしときなさい」と命令する(フジテレビ2010)。おネエキャラクターの間では、割合厳格に先輩・後輩関係が維持され、その逸脱性のため、何でもありの印象を与えるおネエ言葉のコミュニケーションでありながら、保守的な面もある。

他者をこなしたりバカにしたりする辛口批判が、マツコのキャラクター・スピークのところどころに現れる。例えば「デブ」「この女」「奴」などの語彙が使われ、粗雑で下品な印象を与える表現も多い。しかし、辛口批判には相手に対する考慮や甘えが伴うことが多い。(10)は、その直前マツコがある人を批判し、それを上田がなだめる発言をすることから始まる。(10.2)でマツコは子供のように「だって」で半分甘えながら批判し続け、その態度を変えない。「だって」には自分の立場を強く主張する機能と同時に、会話の

dispreference marker (Pomerantz 1984) またはreluctance marker (Bilmes 1988) として、後続する発話が相手の期待や好みに沿わないことを警告する機能 (Maynard 1993; メイナード1993) がある。相手の発話に応えて話者交替する際「だって」を使うと、強く反対してもその行為をよりソフトにすることができる。意味的には辛口の批判であっても、行為的にはソフト化するというおネエ言葉と矛盾しない機能を持った接続詞なのである。(10) ではマツコのこの態度が (10.3) で客席から笑いを誘うのだが、その盛り上がりの中でマツコのおネエキャラクターが強調される。

(10)『おしゃれイズム』(日本テレビ2010, 2010年5月23日放送)

(10.1) 上田：　でも友達がいない理由がわかったまでで。

(10.2) マツコ：だってこの人だっていないもん、友達。

(10.3) 客席：　〈笑い〉

(10.4) 上田：　知らないけどさ。

マツコの悪びれることなくズケズケ言う態度は、番組収録に参加する客席にも向けられる。(11) はマツコがステージに現れた瞬間を捉えたもので、客席を交えたやりとりが観察できる。客席に対して (11.3) の「の」と (11.5) の「のよ」を伴って、二度執拗に繰り返される挑戦的なキャラクター・スピークは、相手との相互主観的なコンテクストでおネエキャラクターを前景化し、それ自体がエンターテインメントとなる。

(11)「テレフォンショッキング」(フジテレビ2014, 2014年2月11日放送)

(11.1) タモリ：どうぞ、どうぞ。おかけください。

(11.2) 客席：　オー。

(11.3) マツコ：何が「オー」なの？

(11.4) 客席：　〈拍手〉

(11.5) マツコ：何が「オー」なのよ。

(11.6) タモリ：〈笑いながら〉初めてですね、あのワーとかいう歓声はあるんですけどオーとかいう。

マツコは相手や話題になった人に対して辛辣な言葉を浴びせるのだが、自分に対しての批判もする。それが、マツコのキャラクター・スピークを特色付ける自虐・自己卑下である。一方で相手を上から目線で批判しながら、もう一方で自分を最低の位置に置くという、一見矛盾した行為のように感じられる。このような二面性は、力を誇示する一方、自虐的な態度で相手からの同情を求めるという心理に支えられているのだが、その複雑な発話態度が正におネエ言葉の特徴であり、そこには話者の複合性が感じられる。

例えば『おしゃれイズム』（日本テレビ2010）の中で、マツコは某化粧品会社からコマーシャルに出ないかと誘われたと言う。それは信じられないとする司会者が本当かと確認すると、マツコは「嘘です」と告白する。相手への敬意を表す「です」で弱気丸出しのマツコである。マツコの従順な（というより、そう装っている）態度は、視聴者からの同情を期待するものでもあり、実際「嘘です」と同時に客席から笑い声が上がる。マツコの自虐傾向のあるキャラクターが色濃く提示され、同時に番組がエンターテインメントとして生きてくる仕組みになっているのである。

自分を卑下して告白・懺悔するような場面もあり、それは特に、マツコが自分の容姿について劣等感を抱いていることを告白する時に感じられる。自分が太っていること、おネエとしての変わった服装をしていることなどの意識が、自己卑下に繋がっている。自己卑下という行為には、卑下する者と卑下する対象としての自分という一人二役が観察され、複合的な話者を意識させる機能がある。例えば自分の容姿について「ばけものという認識があるから、自分で」（テレビ朝日2014）と自虐的に告白したりする。カメラの前で自分の醜さについて懺悔するマツコは、相手や客席、また視聴者から同情を買うことを意識しているのであり、メディアを利用する技を心得ていることを示している。

マツコの自虐的な発話は、ジェンダーのイメージとも絡み合っている。（12.5）に見られるように、自分を「いやな女」として捉えることもある。マツコは女としての自分を本音で主張しているのか、またはこれもパフォーマンスの一種なのかは定かではないのだが、いずれにしてもおネエキャラクターには女としての意識を言葉にする行為が見てとれる。

（12）『おしゃれイズム』（日本テレビ2010, 2010年5月23日放送）

（12.1）マツコ：じゃ何、あたしはあんたをずっと喜ばせなきゃいけないわけ？

(12.2) 客席：〈笑い〉

(12.3) 森：　　や、[いや。

(12.4) 上田：　　　[どこでそういう解釈になるの。

(12.5) マツコ：いやいや。わたし、やっぱ、いやな女？

(12.6) 客席：〈笑い〉

さらに、マツコは自分のことを「おばさんみたいなおじさん」(日本テレビ2010) と呼んで自分の置かれた境遇を卑下することもあり、性の意識を複合しながら、おネエキャラクターが強調される様子が見てとれる。

8.3.3. 男性的キャラクターと女性的キャラクターの共存と話者複合性

マツコの発話には、男性を感じさせる表現が見え隠れする。おネエキャラクターを演じていてもやはり男性であることを意識させられ、ジェンダー意識を基盤とした話者複合性が表面化する場面が観察できる。(13.1)、(13.5)、(13.7) には「あたし」と「のよ」というおネエ言葉が使われる一方、(13.3) では「することねえだろ」というドスの利いた怒りの表現として男性をイメージさせる言葉が使われる。(13.3) にも他の発話と同様、演出が感じられるのだが、いずれにしても複数のキャラクターを意識させられる発話行為であることは確かである。[注7]

(13)『マツコ＆有吉の怒り新党』(テレビ朝日2014, 2014年5月28日放送)

(13.1) マツコ：あたしあの羽田空港の喫煙スペースどうにかしてほしいのよ。見世物だよあれは。

(13.2) 有吉：ほんとだよね。

(13.3) マツコ：ガラス張りにすることねえだろ、[あれ、ほんとに。

(13.4) 有吉：　　　　　　　　[ガラス張り、宇宙、宇宙船の中みたいだよね〈笑いながら〉

(13.5) マツコ：そうなのよ。ちょっとこじゃれてるからね。

(13.6) 有吉：そうそう。

注7 『マツコ＆有吉の怒り新党』は視聴者から寄せられたメールの内容が、本当に怒るべきことなのか、そうでもないのかを判断するという構成のトーク番組である。このため、マツコの怒り方が特に注意を引くように制作されているのだが、それを考慮に入れるとおネエ言葉が欠かせない要素であることが分かる。

(13.7) マツコ：なおさらイラッとくるのよ。

ステレオタイプとしての男性を想起させるバリエーションの使用は、投稿者にも向けられる。(14.3)の「やめろそんなの」という発言は、番組に寄せられたメールについてのコメントなのだが、同時に客席を意識したパフォーマンスでもある。しかしすぐ「そういうこと」というスタイルに戻り、ジェンダーを想起させる複数のキャラクターが流動的に操作される。(13)と(14)に観察される現象は、私達に伝統的に認識されてきた女性語・男性語という範疇が、言語の実際ではいかに流動的なものであるかを教えてくれる。なお(14)で興味深いのはテロップの使用である。マリィ(2013)が指摘するように、バラエティ番組のテロップは、多種の字体やサイズの文字が派手な色付きで表示されるのだが、それは視聴者の注意を引くことを目的として、多くの場合、怒り、楽しさ、かわいらしさ、驚き、など感情の強調表現として使われる。(14.3)のテロップは「やめろそんなの」という怒りの表現を強調する。

(14)『マツコ＆有吉の怒り新党』(テレビ朝日2014, 2014年2月26日放送)

(14.1) マツコ：あ　なるほど、やってることは飲み会と変わんないの。

(14.2) 有吉：　＝変わんないの変わんないの。

(14.3) マツコ：＝ああもうやめろそんなの。〈ここで「やめろ、そんなの！」というテロップが表示される〉　そういうこと。

他にも、客席の拍手に反応して「入らねえよ、拍手」(日本テレビ2010)と発話することがある。おネエ言葉を維持していれば「この拍手、何なの」とでも言うべきなのだが、「入らねえよ」は、おネエキャラクターの中に潜在的に存在する男性を想起させ、ここにもジェンダーの流動性と話者の複合性が見てとれる。

マツコの重複するジェンダー意識を反映する例として、(15)のようにおネエ言葉に訂正する場面がある。(15.4)の自分が非おネエ言葉で発話してしまったことを自分から訂正するself-repair行為(Schegloff, Jefferson, and Sacks 1977; Schegloff 2013)である。「食ってた、って言っちゃった、あたし」という男性と女性の両者のイメージが混在するキャラクター・スピークは、話者としてのマツコの複合性を示す好例である。

（15）『おしゃれイズム』（日本テレビ2010, 2010年5月23日放送）

（15.1）マツコ：普通に食べても多分、30貫ぐらいは食ってた。

（15.2）森：　　はああ。

（15.3）上田：　へえ。

（15.4）マツコ：食ってた、って言っちゃった、あたし。

8.4. おネエ言葉を混用するエンターテイナー

8.4.1. 福山雅治のイメージとラジオ番組

福山雅治は、歌手として、また2010年のNHK大河ドラマ『龍馬伝』の龍馬役を通して、幅広いファン層に支えられている。一般的なイメージは正統派で優等生的なものだが、ラジオ番組ではその完璧なイメージより、おちゃめな、時には羽目を外した発言をするパーソナリティーとして長い間人気を保ってきた。その中でもおネエ言葉の研究のためには『福山雅治のSUZUKI Talking FM』のコーナーである「主婦雅子のTalking FM」が興味深い。[注8]

まず、おネエキャラクターの場合と、非おネエキャラクターの場合の福山の発話を比較することから始めよう。(16) は2011年の母の日の放送で、雅子のキャラクターを演じている。一方 (17) は2014年の母の日の放送で、福山雅治として登場している。まず (16) では家庭的なトピック、(17) では母の日を広い視野から語る、というスタンスの違いがあり、そこには異なったキャラクターが感じられる。(16) には、(16.1) の「そうねえー」「の」「のよ」、そして (16.3) と (16.5) の「わよ」というおネエ言葉の特徴が幾つか使われているが、(17) にはおネエ言葉の表現は皆無となっている。

（16）「主婦雅子のTalking FM」（TOKYO FM 2011, 2011年5月8日放送）

（16.1）雅子：アイアム雅子です。母の日、子供たちから欲しいもの？　うーん、そうねえー。ちょっとしたお手伝いしてくれたらいいのよ。でもそれは母の日に限ったことじゃないの。毎日のことで、洗い物もそうだし洗濯もそうだし、ちょっとした家、家事にまつわることのお

注8　『福山雅治 SUZUKI Talking FM』は1996年4月よりTOKYO FMで週一度放送されてきたが、2015年12月より『福山雅治　福のラジオ』と改名され現在に至っている。

手伝い、してくれてたらいいのよ、いいの。何？　今浪さん、何の用？

（16.2）今浪：本日は母の日らしく、奥様方のノーマル雅子を。

（16.3）雅子：ああ、い［いわよ。

（16.4）今浪：　　　　　［お願いできたらと思い［まして。

（16.5）雅子：　　　　　　　　　　　　　　　［いいわよ。

（17）『福山雅治のSUZUKI Talking FM』（TOKYO FM 2014, 2014年5月11日）

福山：母の日。世界の風習。ネパールでは母親に卵、甘いお菓子、くだものなどをプレゼント。エジプトでは子供達が幼稚園や学校で、アラブの伝統的な踊りを披露。（略）本日母の日。全国の、お母さん。毎日のお仕事、お疲れさまです。〈音楽が入る〉　こんにちは。日本全国、すべてのお母様に、感謝。福山雅治です。お母様方、この時間は心穏やかにして55分間お耳をお貸しください。

「主婦雅子のTalking FM」は、パートナーである放送作家の今浪との掛け合いとして構成されている。（18）では、おネエキャラクターの典型的な役割がそうであるように、福山は視聴者からの相談メールに答えてアドバイスする役目を果たす。おネエキャラクターを演じる理由のひとつが、このアドバイスをするという設定に動機付けられていると考えられる。おネエ言葉を使うことで相手を怒らせずに、飾らずにアドバイスすることができるからである。（18）ではおネエキャラクターとして印象付ける助けとなる表現として、（18.3）、（18.9）、（18.13）、及び（18.15）の終助詞「の」と（18.19）の「かしら」が使われている。また、（18.9）と（18.15）で雅子が「減ってるの」という表現を使うが、これが（18.10）の今浪の「減ってるんですか」とのコントラストを際だたせ、おネエ言葉に矛盾しない発話が繰り返される。

（18）「主婦雅子のTalking FM」（TOKYO FM 2011, 2011年5月8日放送）

（18.1）雅子：ズバリ言うとね。

（18.2）今浪：はい。

（18.3）雅子：めんどくさいの。

（18.4）今浪：え、めんどくさい。

（18.5）雅子：そう。

（18.6）今浪：え、何がですか。

（18.7）雅子：メールを送るのが。

（18.8）今浪：好きな気持ちは、どうなんですか。

（18.9）雅子：ちょっと減ってるの。

（18.10）今浪：〈笑い〉 減ってるんですか。

（18.11）雅子：ちょっとよ。

（18.12）今浪：はい。

（18.13）雅子：なくなってるわけではないの。

（18.14）今浪：はい。

（18.15）雅子：ちょっとだけ減ってるの。

（18.16）今浪：戻せないですかね。

（18.17）雅子：あのね、オキシトシンていう脳内物質。

（18.18）今浪：はい。

（18.19）雅子：以前お話したかしら。

（18.20）今浪：ちらっと。

8.4.2. 雅子のキャラクター・スピーク

雅子のキャラクター・スピークとしてまず豊富な感情表現が目に付く。例えば（19.3）に観察できるような関西弁による内面暴露であったり、「もらい泣き」という今浪の発話を受けて（19.5）で繰り返したり、（19.1）の「雅子」を自称詞として使うことであったりする。関西弁を借りてきて一時的にキャラとして導入することは、関西弁が可能にする感情の直接表現であり、関西弁＝笑いという印象（三宅2005）を応用したウケを狙って演じている雰囲気も伝わる。「雅子」と自分を呼ぶこともおネエ言葉と矛盾しない。それがかわいらしさや、ぶりっ子振りや、自分を主張する態度を伝えるからである。

なお、名前を自称詞として使うことについて、日本テレビの調査（2012）によると、若い女性は「わたし」という表現より自分の名前を好む傾向があり、それは「わたし」という一人称がともするとかしこまった感じを抱かせるのでそれを避ける意図と、自分に固有の名前があるのでそれを主張したいという理由があるとのことである。一方、しらべぇ（2015）によると、30歳代の女性が名前を自称詞として使う場合があり、その理由として女らしさやかわいさを表現するからという報告もある。名前を自称詞として使うことは、女性らしさやかわいさを利用して、雅子のおネエキャラクターを作り上げるのに役立っていると言える。

(19)「主婦雅子のTalking FM」(TOKYO FM 2011, 2011年5月8日放送)

(19.1) 雅子：ご自身がフィールドでうるうるってきて。あれ見ててもう雅子。

(19.2) 今浪：〈笑い〉

(19.3) 雅子：ああ、あかん。

(19.4) 今浪：もらい泣き。

(19.5) 雅子：もらい泣き。

他にも、感情的で女性的な語彙、例えば「ロマンチックだったわあ、ロマンチック」(TOKYO FM 2011, 2011年5月29日放送)の例があり、そこにおネエキャラクターと矛盾しない話者のキャラクターが設定される。

主婦雅子のキャラクター・スピークには、上から目線の態度が感じられることがある。しかし、(20)にあるようにその前には「ずばり言ってもいい？」という「断り」(prefacing)が使われる。会話構造上の断りというのは、発話のデザイン(recipient design)の一種で、発話を相手に受け入れられやすいようにデザインすること(Schegloff 1968; Sacks, Schegloff, and Jefferson 1978 [1974]; Bilmes 1988; ten Have 1999)である。「ずばり言ってもいい？」は、視聴者にこれからのアドバイスの警告を鳴らすとともに、相手を思いやっていることを知らせる役目を果たす。(20.3)の雅子のアドバイスは、命令形を避けた「もうやめたら」という間接的なもので、ずばり言うことを避けることでおネエ言葉の諸相とのバランスを取っていると言える。そして(20.7)の「かわいらしい」と(20.11)の「偉いわね」という評価形容詞を使った上から目線のコメントは、おネエキャラクターをより鮮明なものとする。

(20)「主婦雅子のTalking FM」(TOKYO FM 2011, 2011年5月8日放送)

(20.1) 雅子：ずばり言ってもいい？

(20.2) 今浪：お願いします。

(20.3) 雅子： なおなおちゃん。もうやめたら？〈もうやめたら？ の部分にエコーがかかる〉
(20.4) 今浪：〈笑い〉
(20.5) 雅子： 偉いわねと思ったのよ、あれを分かるコツ、
(20.6) 今浪： はい。
(20.7) 雅子： コツなんてあるんでしょうかなんてずいぶんかわいらしい。
(20.8) 今浪：〈笑い〉
(20.9) 雅子： ねえ。まだその、それに対して、その毎日行われる、
(20.10) 今浪： はい。
(20.11) 雅子： なぞなぞに、なぞなぞクイズに答えようという気持ちがあるわけでしょ、偉いわね。

雅子のおネエ言葉には、おネエ言葉に特有の不満をぶちまけたり、叱咤するという表現も使われる。(21) では、パートナーの今浪に文句を言う様子が見てとれるのだが、その口調は典型的なおネエ言葉の要素に満ちている。(21.1) の「あたし」、(21.1) の「かしら」、(21.11) の「わたし」、(21.17) の「わ」、(21.3)、(21.5)、(21.13) の「の」、(21.7) の「よね」、(21.3) と (21.15) の「雅子」などであり、雅子のキャラクターを設定するのに役立っている。加えて (21.1) の「イラッとする」と (21.17) の「イラッとするわ」は感情をむき出しにした表現、また (21.9) で「そう思わない、みなさん」とリスナーにアピールしようとする点、そして (21.1) の「やめてくれる」と (21.15) で「やめて」ときつく注文するなどの行為を通して、おネエキャラクターは一層否定しがたいものとなる。

なお (21) の会話では、雅子が叱ると今浪は笑いで反応しているが、この笑いには複数の感情が隠されているように思える。半分は叱られたことによる恥ずかしさもあり、半分は福山のおネエキャラクター振りを楽しんでいるように見える。雅子は今浪を叱り続けるのだが、それは今浪の笑いに支えられ、今浪との相互交換的な交渉のプロセスで、おネエキャラクターとしての話者が形作られていく。

(21)「主婦雅子の Talking FM」(TOKYO FM 2011, 2011 年 6 月 12 日放送)

(21.1) 雅子：あたしからすれば、ずばり言ってもいいかしら？　歌い上げない。〈歌いあげないの部分にエコーがかかる〉その手、ちゃっとするのやめてくれる。イラッとするから。

(21.2) 今浪：はい。

(21.3) 雅子：雅子に指示すんの？

(21.4) 今浪：そうしない、ですよ。

(21.5) 雅子：何なの、今のこれ、はい、みたいな。

(21.6) 今浪：お願いしますっていう。

(21.7) 雅子：なんか、上からよね最近。

(21.8) 今浪：あれ？〈笑い〉

(21.9) 雅子：そう思わない、みなさん。

(21.10) 今浪：〈笑い〉

(21.11) 雅子：ずばり言ってもいい？　ってわたしが正に言おうとした時にそれって、

(21.12) 今浪：〈笑い〉

(21.13) 雅子：何なの？

(21.14) 今浪：ラジオですから。すみません。

(21.15) 雅子：ちょっと二度と雅子の前でそれやめて。

(21.16) 今浪：わかりました。二度ともう。この手は、この手は。

(21.17) 雅子：驚いたわ、イラッとするわ、もう。なに、今浪さん、今日は？

(22) にも、(22.2) の「わね」、(22.6)、(22.14)、(22.20) の「のよ」などの、おネエ言葉の特徴が観察できる。(22.2) と (22.4) の「なに」表現は叱咤する態度を示し、おネエキャラクターを強調することになる。他にもおネエ言葉のストラテジーとして、(22.18) の「雅子」の使用、(22.12) と (22.16) の「ショック」や (22.18) の「具合悪くなってきちゃった」という感情の直接表現があり、(22.6)、(22.14)、(22.20) の「言われたくない」というメタ言語表現の繰り返しは、相手の発話行為を批判し、フラストレーションをそのまま表現するという非難の感情表現である。(22.8) の「捨てなさい」という上から目線の命令形も、おネエ言葉である。

(22.2) では、視点がシフトしている点が興味深い。「雅治さん」という呼称が使われ、雅子は雅治を三人称の視点から捉えている。これは、(22.2) で雅子としてのキャラクターが、雅治が原因で気分を害していることに見てとれる。しかし (22.4) では「はっきり言ってしてなかったけど」という雅治本人としてのコメントにシフトしている。雅子の視点を維持するのなら「はっきり言ってしてなかったようだけど」とでもなるべきであり、ここには雅子と雅治の間を行き来する話者の姿が観察される。なお (22) では、今浪もこの会話がエンターテインメントであることを承知しながら、福山をサポートしている点に注意したい。(22.15) の「芯ができてないんでしょうね」で、いかにも雅子が雅治についてコメントしたことを補足するような口調になる。このような相手とのやりとりが、雅子のおネエキャラクターをさらに印象深いものにしていく。

(22)「主婦雅子のTalking FM」(TOKYO FM 2011, 2011年5月8日放送)

(22.1) 今浪：うーん。雅治さんていくつぐらいにこう芯がしっかりしたって言うか、

(22.2) 雅子：ちょっとなに。あなたその雅治さんが芯がしっかりしていない前提の聞き方したわね、今。

(22.3) 今浪：あのこうね、しっかりしたのいつごろだったのか聞きたかったんですよ。

(22.4) 雅子：はっきり言ってしてなかったけど、なに？

(22.5) 今浪：〈笑い〉

(22.6) 雅子：そんなね今週も変なTシャツ着ている今浪さんに言われたくないのよ。

(22.7) 今浪：〈笑い〉

(22.8) 雅子：捨てなさいって言ったでしょ、

(22.9) 今浪：はい、はい。〈笑い〉

(22.10) 雅子：どうして今週も着てきてるの。

(22.11) 今浪：もう今日限りにしようとしてるんです、最後の別れで

す。

(22.12)雅子：ほんとに、ショ、ショック。そんなTシャツ着てる人に、

(22.13)今浪：〈笑い〉

(22.14)雅子：言われたくないのよ。〈笑い〉

(22.15)今浪：まだまだあの芯ができてないんでしょうね。

(22.16)雅子：ショック。もう、なんか。

(22.17)今浪：今日で。

(22.18)雅子：なんかね、雅子、具合わるくなってきちゃった、今日。

(22.19)今浪：じゃもう、今日はお帰りいただいて大丈夫です。

(22.20)雅子：お帰りいただいてなんてことも言われたくないのよ。

(22.21)今浪：〈笑い〉

主婦雅子のキャラクター・スピークには、(21)と(22)で観察したように、その批判が個人的なものになる傾向がある。雅子は(21)で今浪の自分に対する態度について批判し、(22)では今浪の服装について自分の好みに合わないと非難し叱りつける。このような個人的な非難や批判は、おネエ言葉のスタイルと矛盾しない(マリィ 2013)。福山のキャラクター・スピークはエンターテインメントを目的としたものであり、そこには女性語のパロディー化現象が見え隠れする。

8.4.3.　話者複合性：雅子・雅治・福山

福山によるラジオ番組のパフォーマンスには、複数の話者がキャラクター・ゾーンに混在する現象が、具体的にそして豊かに観察できる(Bakhtin 1981)。キャラクター・ゾーンには語り手と登場人物だけではなく、作者や会話行為の参加者などの声も聞こえるのであり、ポピュラーカルチャーのディスコースにおいては、これらの声が肉体的にはひとりの人間によって演じられ具現化されることもある。福山の場合は、雅子と雅治という番組に登場するキャラクターに加え、(22)で考察したようにその背後に存在するシンガーソングライター・俳優・パーソナリティーとしての福山のキャラクターが認められる。以下、この現象を詳しく見ていこう。

(23)は雅子と番組のディレクターである清水との会話である。雅子はア

サトという男子中学生リスナーからの投稿メールに答えている。福山の意見を聞いているのだが、答えるのは雅子であり、(23.1)、(23.11) の「かしら」、(23.19) の「ね」、(23.3) の「わよ」、(23.9) と (23.21) の「わね」、(23.17) の「わ」など、おネエ言葉を特徴付ける表現が多く使われている。

ところで、(23.9) の「女の子としゃべったことほとんどなかったわね」という発話は、先に (22.4) について観察されたのと同様、雅子が発したとすると不自然である。雅子はあくまで当事者ではないので、「女の子としゃべったことほとんどなかったようね」とでも言うのが自然である。この発話には、半分は雅子、もう半分は雅治というふたりのキャラクターの声が同時に聞こえる。第5章で触れたように、日本語では主観性に関する文法上の条件が課されているのだが、この表現はその原則を無視している。それが話者の複合性を表層化することになる点、興味深い。

さらに、声の多重性が明らかになるのは、(23.15) の「僕」という表現と、続いてすぐに (23.17) で「僕になっちゃったけど」と言う部分である。このふたつの発話の背後には、ふたりのキャラクターを操る福山の存在があり、その視点が反映された表現になっている。加えて (23.21) にも声の多重性が観察できる。雅子は「伝えなきゃだめばい」と言っているが、「ばい」という長崎方言を使うのは雅子ではなく、時々非おネエ言葉のラジオ番組で長崎弁を使う番組のパーソナリティーとしての福山である。この方言使用は、パフォーマンスをしている長崎出身の福山を思い起こさせる。そして (23.21) で「と思ったかもしれないわね」で再度おネエ言葉にシフトし、雅子のキャラクターが前景化される。このように雅子と雅治、そして福山という話者は流動的にディスコースを行き来するのであり、それは確かに話者複合的な現象である。

(23)「主婦雅子のTalking FM」(TOKYO FM 2011, 2011年10月9日放送)

(23.1) 雅子：ずばり言ってもいいかしら。

(23.2) 清水：お願いします。

(23.3) 雅子：アサト君、雅治さんはねえ、中二の時ねえ、おもしろくない人だったわよ。〈おもしろくない人だったわよ、の部分にエコーがかかる〉

(23.4) 清水：ほう。
(23.5) 雅子：と記憶しています。
(23.6) 清水：ほ［う。
(23.7) 雅子：　［うーん、口下手？
(23.8) 清水：はいはい。
(23.9) 雅子：女の子としゃべったことほとんどなかったわね、中学生のころ。
(23.10)清水：雅治さんがしゃべり始めたっていうのは、やっぱ高校生とか、上京して。
(23.11)雅子：うーん。とねえ、高校になった、ぐらいからじゃないかしらねえ。
(23.12)清水：ほーう。
(23.13)雅子：たぶんねえ。
(23.14)清水：はい。
(23.15)雅子：中学の頃しか僕を知らない人だと、僕は多分しゃべってる印象はないと。
(23.16)清水：ほう。
(23.17)雅子：あ、僕になっちゃったけど、あの、雅子さん、雅治さんねないと思うわ。
(23.18)清水：部活ぐらいですか。
(23.19)雅子：そうね、あの、ブラスバンド部の部長を、
(23.20)清水：〈笑い〉
(23.21)雅子：やるようになってから（（清水：うん））やっぱり、思いってのは言葉で伝えなきゃだめばい、と思ったかもしれないわね。

なお、(23.17)には「雅子さん、雅治さん」という自分による訂正行為が見られるのだが、これは自分の行為を距離感を持って観察するもうひとりの話者が隠れていることを示している。同様の例として、リスナーが何にでもマヨネーズをかける夫について文句のメールを送ってきたことに対して、雅子が答える場面がある。雅子は雅治さんのマヨネーズの使い方について説明

するのだが、つい「わたし」と言ってしまい「わたしじゃないわ、雅治さん」(TOKYO FM 2006) と言い直す。ここにも雅子、雅治、福山という複数のキャラクターの流動的な乗り移りが観察できる。

福山によるキャラクターの操作が、「たい」表現によって表面化してくる場合を一例あげておこう。(24) ではリスナーが、遅くまで晩酌の相手をさせられて大変だというメールを送ってくる。それに答えて雅子は (24.5) で「なりたい」という表現で答えるものの、すぐに (24.7) で「なりたい、なりたい、と思うわ」と続けている。このシフトは文法的な理由、つまり「たい」は三人称には通常使えないという制限 (Maynard 1990, 2005, 2009, 2011) による。(24.8) には、おネエキャラクターと非おネエキャラクターとの調整にとまどう話者の様子が見て取れる。「だめかしら」というおネエ言葉と「だめかな」という非おネエ言葉が連続して使われ、ジェンダーバリエーションを行き来する話者の複合性が明らかになる。続けて自分に向けると同時に、今浪やリスナーに向けて「どっち」と尋ねているのだが、これはパーソナリティーとしての福山の声でもある。

(24)「主婦雅子の Talking FM」(TOKYO FM, 2006, 2006年12月17日放送)

(24.1) 雅子：こういう旦那さんが欲しいわ、わたしも。
(24.2) 今浪：あ、雅子さんも。
(24.3) 雅子：うん。
(24.4) 今浪：雅治さんこういうタイプ、になりますかね。
(24.5) 雅子：なりたい。
(24.6) 今浪：なりたい。
(24.7) 雅子：なりたい。なりたい、と思うわ。
(24.8) だめかしら、だめかな。あ、どっち？
(24.9) 今浪：〈笑い〉
(24.10) 雅子：そうなの。

ラジオ番組でのパフォーマンスでは、演出したいキャラクターを効果的に設定することが大切である。福山はパーソナリティーとしてそのキャラクター設定に敏感であり、そのことが表面化するやりとりもある。(25) は主婦雅子のキャラクターが自然消滅してから、非おネエキャラクターとして登場する2014年の番組である。自分でおネエ言葉を発した後、(25.3) でキャラ設定がおかしいと指摘し、おネエキャラクターになってしまっているとコメントしている。おネエ言葉がエンターテインメントに役立つことを承知しながらも、それを拒否することもあり、そのような態度についてコメントすること自体もまたエンターテインメントとなっているのである。

(25)『福山雅治のSUZUKI Talking FM』(TOKYO FM 2014, 2014年7月6日放送)

(25.1) 福山：さて、本日のトーキングエフエムですよ、女歌がいつもより似合うかもしれないプログラム。ほう。嘘でもいいの、#甘くて、#あまーくて、やさしい言葉をちょうだい。

(25.2) 今浪：〈笑い〉

(25.3) 福山：設定がちょっとおかしいんだよね、俺のキャラ設定がね。完全におネエでしょ。

(25.4) 今浪：そうですね。

(25.5) 福山：違うよね。嘘でもいいの、甘くて優しい言葉をちょうだい。一ヶ月ぶりにお送りするんですが、なんとスペシャル。

8.5.　おわりに

本章の分析で言語と性・性差の関係は必然ではなく、ジェンダーバリエーションはキャラクターやキャラを創りあげるリソースであることが明らかになった。ジェンダー意識を想起させるバリエーションは、それが逸脱している場合にはどんなものであっても、それなりのキャラクターやキャラと関係付けられる。私達はおネエ言葉でないものでも、例えば急に従来男性的と思われてきた言葉が挿入されれば、ジェンダーを意識させられる。ジェンダーと言語の関係性はおネエ言葉に特有のものではないが、おネエ言葉には創造的な力があり、キャラクターやキャラを創るために有用なバリエーションとして選ばれることは確かである。

特にトーク番組のように娯楽を目的とするディスコースにおいては、ジェンダーにまつわるバリエーションは、その娯楽性やウケを狙って使われることが多い。本章で分析したトーク番組に登場する話者は、おネエ言葉というバリエーションを操作することで、その重層する複雑な自己を演出するのである。おネエ言葉を使う際にも、例えばマツコ・デラックスのキャラクター・スピークに観察されたように、その中に男性を想起させるバリエーションが含まれていたり、おネエ言葉を演出として取り入れる福山雅治が、雅子、雅治、福山というキャラクターの間を、時には自分の間違いを訂正しながら行き来する様子は、話者複合性を具体的に示している。

本章で分析したのはトーク番組という特殊なジャンルであり、おネエ言葉が日常会話でどの程度普及しているかは定かではない。しかし、おネエ言葉が特殊なバラエティ番組だけでなく、小説、エッセイ、人気テレビドラマなどむしろメディアの中央舞台に登場し、トークという比較的日常性を帯びたジャンルでの表現ツールとなっていることは、ジェンダーを想起させるバリエーションが重要になってきていることを物語っている。それは私達に言語というものがまぎれもなく個人の演出のためにあり、社会的な条件や慣例を超えて選ばれるものであることを教えてくれる。この傾向はポストモダンの文化に矛盾しない形で、言語を遊びやエンターテインメントの一部として活用する主体的で複合的な話者の存在が、否定できないものであることを示している。言語の主体は Goffman (1959) の言うように、自分を演じるパフォーマンスを通して、その複数のキャラクターやキャラを設定するのである。

なお、本章では触れないが、おネエ言葉がパロディーとして使われ (阿部 2014)、それが女性蔑視に繋がる可能性も否定できないことに留意していく必要がある。このような問題も含みながら、ジェンダーと言語の問題は筆者が探求する言語哲学へのひとつの証を提供してくれる。そのディスコースのキャラクター・ゾーンには、演じる複数の話者の複合性が明らかに観察できるからである。

第9章

テレビドラマ：
フィクションとしての方言と話者複合性

9.1. はじめに：方言の変遷と方言ドラマ

9.1.1. 方言の変遷：その価値の変化

本章はドラマにおける言語のバリエーションとしての方言が、話者とどのように関わっているかを理解することを目的とするのだが、そのためには、標準語とコントラストしながら、方言に対する価値観やその変化について復習する必要がある。[注1]

今からおよそ半世紀前には、方言は恥ずかしいものであり、その訛りを隠すことに一生懸命だった時代があった。いわゆる「方言コンプレックス」(柴田1958)である。井上(2000)によると、従来は標準語が文章・公的・高い位置と関連付けられ、方言が口語・私的・低い位置と関連付けられたが、明治以後は、方言撲滅、方言記述、方言娯楽という経過を辿り、方言はその価値を高めてきたとのことである。さらに井上は1990年代には方言のメインストリーム化が顕著になり、方言イベント、方言コマーシャル、方言ドラマ、マンガのセリフや文学の方言使用などが否定し難いものとなり、エンターテインメントの世界にも方言を使うタレントが登場したと指摘する。確かに方言は本書の他章の考察でも明らかなように、今やポピュラーカルチャーに不可欠なバリエーションとなっている。

注1　本章ではバリエーションという表現を標準語・共通語・方言などを含む言語の様相やスタイルという意味で使う。また標準語は共通語と同義とし、東京言葉とは特に東京で話されている言葉を強調する時に使うが、それは一般的に標準語と言われるバリエーションに近いものと理解する。

実生活でも、方言は楽しみを目的として使われることが多くなっている。井上(2000)は「今や若者は方言より共通語を使いこな」し、「方言はエキゾチックなものになり、なまかじりのことばとしては、英語と同格になった」(2000: 174)と述べている。そして方言が娯楽として楽しまれることについて、次のようにまとめている。

> 個人の使用能力からいうと、以前は日常会話に方言が圧倒的に使われたが、今は共通語の方をよく使う人が増えている。この背景があって、今は方言を楽しもうという「娯楽」タイプの雰囲気が盛り上がっており、「方言の復権」が指摘されている。(井上2000: 203)

同様に、方言価値の変遷について、陣内(2007)は次のように説明している。かつて集団就職で上京した地方の若者は訛りを隠すのに必死であり、訛りは自己嫌悪の象徴だった。しかし、現在の若者世代では「むしろその人の個性として肯定的に受け止められている」(2007: 27)のであり、主に、ツッコミ、合いの手、文末表現などでレトリカルとも言える使い方になっている、と指摘している。「共通語が話せない」という態度から「共通語しか話せない」という態度に変化していて、共通語しか話せない人は面白くない、味がない、楽しくない、など否定的な評価を受けがちになる、と。本章ではドラマの方言を考察するのだが、もともとエンターテインメントとして存在するドラマであれば、その楽しさや面白さへの志向性が一致する意味でも、方言使用の多さは容易に理解できる。なお、田中(2011)は2010年代に至っては、方言はかっこいい、おもしろいという付加価値のあるものになり、「一時のブームから恒常的なものとして定着した」(2011: 66)とまとめている。

このような価値変化が起こった原因のひとつとして、ポストモダン社会があるとする立場(陣内2005)がある。陣内は標準語と方言の使い分けの定着を条件として、関西弁が広がっている現象を日本語のポストモダン的傾向と関連付けて論じている。伝統志向型のプレモダン、内部志向型のモダン、そして、他人志向型、自由、異質性、多様性、遊び、などが尊重されるポストモダンという流れの中に、方言価値のシフトを位置付ける。陣内は特に関西弁人気の原因について、それが楽しむことや楽しく生きることが価値化されるポストモダン社会のニーズに合っている点をあげている。関西弁の特徴として、「間合いの近さ、饒舌、笑い(ユーモア)に長けている、違いを楽しむ志向性」(2005: 329)などがあり、それがポストモダンの価値観と一致する、と言う。注2

方言は、実生活だけでなく創作活動の中でも利用されてきた。例えば中沢(2012)は、特に深沢七郎の文体に甲州弁が使われていることを指摘し、それがぶっきらぼうで、内容よりリズム感を生むような表現法として使われる点をあげている。そして、この作品の方言は、共通語という国家権力の下に治まりきらない「身体と思考の身ぶりやくせのようなもの」(2012: 283)を意味していると言う。確かに方言にはそういった一種反骨的な主体性を表現する力があり、その分、特殊なキャラクターやキャラのイメージを作り出す表現力があるように思う。例えば、あるバリエーションの使用や選ばれる文体によって作品全体に流れるくどさ、ぶっきらぼうさ、相手との意思疎通の困難さ、などが伝わり、そこに反骨的で土着的な、ある意味乱暴なキャラクターのイメージが具現化することがある。

なお、方言の機能を「アクセサリー化」という表現で捉える立場もある。小林(2004)は現代方言には「アクセサリー化」とでも呼ぶべき質的変容が起こりつつあることを指摘し、その機能として、相手の確認と発話態度の表明をあげている。つまり「同一地域社会に帰属する親しい仲間同士であることの確認」と「発話態度の表明、その場の会話を気取らないもの、くだけたものにしたいという意思表示」(2004: 106)の機能があるとしている。共通語の服を着ていても、その中に適当に投入される方言はアクセサリーのような機能を果たしていると言う。方言機能がこのような、筆者の言うパトス的な要素(メイナード1997, 2000)と密接に関係していることは、方言が話者のキャラクター設定やキャラ提示を、よりカラフルなものにする可能性を秘めていることを示している。

9.1.2.　地域外使用の方言とドラマにおけるキャラクター方言

方言の価値が高まった現代、話し手がレトリックの方策として、自分の発話に地域外方言を一部導入する現象が見られる。共通語が広く一般的に使用

注2　第4章で触れたことだが、これはポストモダン文化の日本で広くポピュラーカルチャーに人気があること(Maynard 2016)に繋がっている。

されるようになり、その共通語の中に話し手の生育地や居住地外の方言が混じる使用法である。この場合、方言の習得は直接接触によるものではなく、メディアを通した間接接触のことが多い。話者が自分の経験とは無関係に方言を取り入れる傾向は、特に関西方言の受容に観察できる現象である。

三宅(2005)は、関西域以外における関西方言の受容に関する調査結果に基づいて、その使用理由に関連して次のような報告をしている。関西方言の好感度は若者及び30代で高く、その評価は、楽しい、おもしろい、ノリ・テンポがいい、親しみやすい、あたたかい、やわらかい、などのキーワードに集約されるとのことである。[注3] 関西弁はメディアで頻繁に使われたり文字化されるため認知度が高くなり、その使用が容易になる。領域外の話者の関西弁使用は、関西＝お笑いの効果を含む関西的コミュニケーションを狙ったものであり、また、自分のスタイルとは違う関西弁をある部分に導入することで、緊張をやわらげようとすることもある、とのことである。

特に興味深いのは三宅(2005)が「新・戦略的利用」と呼ぶもので、数は少ないものの、方言を(1)場を盛り上げる、(2)笑いをとる、(3)緊張の緩和のために意識的に使う、などレトリック的に使用するものである。関西方言は「内容の厳しさをオブラートに包んで緊張を和らげようとする心理が働き、それが地の文とは違う言葉を使うという手段を選ばせ」(2005: 276)その役割にふさわしい言葉として使われる、と言う。さらに、話者と相手が共に方言を使うことの効果に「相手との距離を縮める」「安らぎを与える」「緊張を和らげる」(三宅2005: 277)などがあるが、関西方言は他の方言を代表してその役目を引き受けているものと思われる、と述べている。

地域外話者の方言使用について、田中(2011)は、話し手が生育地方言とは関わりなく、イメージとしての方言を臨時的に着脱することを指す「方言コスプレ」という概念を紹介し、現代を方言コスプレの時代と捉えている。方言コスプレに関連して、田中(2011)は方言を三層に分ける。まず、土地や生活と結びついたリアル方言としての本方言があり、それと対峙するものにヴァーチャル方言がある。ヴァーチャル方言は二種類に分けられ、それは

注3 関西弁のこれらの特徴は、ライトノベルやケータイ小説などでもその使用の動機となっていることを確認しておきたい。

ジモ方言（リアル方言由来の「土地」と結び付くヴァーチャル方言）と、ニセ方言（リアル方言とは無関係で「土地」から切り離されたヴァーチャル方言）である。田中は加えて、日常生活における言語行動としての方言コスプレには、特に呼称、文末表現、語彙、などが多く使われるとしている。そして現在の方言使用では方言のおもちゃ化が進み、メディアの影響を受けながら方言ステレオタイプが形成されるのだが、それとヴァーチャル方言がセットとして結びつくことが多いと強調している。その例として、おもしろい（大阪方言）、かわいい（京都方言）、かっこいい（東京方言、大阪方言）、あたたかい（沖縄方言）、素朴（東北方言）、男らしい（九州方言）、女らしい（京都方言）などをあげている。

田中（2014）はさらに、ドラマと方言の関係について、NHKの大河ドラマや連続テレビ小説で、どのように方言が取り入れられてきたかについて論じている。『カーネーション』『龍馬伝』『八重の桜』を本格方言ドラマと位置付け、連続テレビ小説『あまちゃん』を方言コスプレドラマとして紹介する。『あまちゃん』のヒロイン天野アキはニセ方言ヒロインであり、自分を「訛ってる方」として「かわいい」ユイとコントラストするなど、方言の使用・非使用がキャラクター設定に影響する様子が確認できるとしている。

なお、岡室（2014）は方言とアイデンティティについてコメントしているが、『あまちゃん』の天野アキは、人工的に身に着けた言葉、地元を作るヒロイン、地元を発見するヒロインであると指摘する。加えて岡室は『あまちゃん』の方言を架空の町の架空の方言として理解するべきだとしている。

筆者は本章で『あまちゃん』の方言使用を分析するのだが、それに当たって、次のように考える。まず『あまちゃん』は創作された作品であり、すべてが虚構の中の出来事なので、言語使用は虚構の中の虚構という二重にフィクション化された現象であることを確認する。田中（2011）は、このドラマを方言コスプレドラマとしているが、登場人物の使用例を細かく観察すると、その中にいろいろなかたちの方言使用があり、異なった効果を狙って創造的な使い方をしていることが分かる。筆者はコスプレドラマという性格付けを否定するわけではないが、より詳細な分析、特にあるバリエーションを着脱するそのコンテクストと動機を明らかにする分析、が必要であると考えている。実際のドラマの言語使用を観察すると、それぞれの登場人物の異なった方言使用が明らかになるだけでなく、登場人物が置かれるコンテクストによって豊かにシフトする様相が観察され、方言がより多様に戦略的に使われていることが分かる。アキはフィクションとしての袖が浜方言を袖が浜で使う「ニセ方言ヒロイン」(田中2014)という側面はあるのだが、例えば、アキが東京で方言を使うのは、方言コスプレ的現象というより、むしろ複数の自己表現として戦略的に使っているものと思われる。

アキが標準語で話している春子との会話で、都合が悪くなると方言を使って逃げるのも、コスプレというよりむしろその話の場における話者の内面に動機付けられている。三宅(2005)の言う現実の社会で起きている方言の戦略的利用が、ドラマにも応用されているのである。後続する分析で明らかになるように、アキの方言は随時着脱するコスプレというより、もっと深い心理や動機に繋がっている。本章では、『花子とアン』とコントラストしながら『あまちゃん』の標準語と方言の使用状況を、例えば役割語とか方言コスプレドラマという大きな枠で括ることなく、雑多な用法を観察することで、そこに見えてくる話者の複合性をテーマとして探っていくことにする。

9.2.『花子とアン』と『あまちゃん』

9.2.1.『花子とアン』と伝統的な方言使用

方言がドラマの中でどのような機能を果たすのか、それはドラマの脚本家やプロデューサーによって異なってくる。本章では『あまちゃん』(NHK 2013)をデータとして、主要登場人物のキャラクター・スピークを観察・分析・考察するのだが、コントラストするために、やはりNHKの連続テレビ小説である『花子とアン』(NHK 2014)の方言使用を観察する。

話者と方言との関わり方には、大きく分けて二種類ある。まず、生育地や生活環境に動機付けられる伝統的な方言使用がある。つまり自分が育った地域の方言に加え、もし生活環境が変われば新しい地域の方言を使い、複数のバリエーションを使用するといった具合である。例えば生育地外へ移り住んだ際にその土地の方言をそれぞれある程度受け入れ、生育地内で、または生育地外でも同一の生育地方言使用者とのコミュニケーションでは、基本的に生育地方言を使う、という方言シフトタイプである。生育地の方言をそのまま他地域でも使い続ける場合もあるが、それは方言一貫タイプである。二番目は、自分のキャラクターを作り出すために生育地の方言と関わりなく、ある方言を利用したり拒否したりする場合である。

『花子とアン』のはな（花子）の場合は方言シフトタイプであり、伝統的な方言使用方法が導入されている。もちろんドラマという創作物の中の虚構の世界ではあるのだが、物語の登場人物の視点からも視聴者にとっても、実生活に基盤を置いた方言として理解されている。

『花子とアン』は、『赤毛のアン』の翻訳者として知られる村岡花子の半生を描いた作品で、2014年3月から9月まで放送された。ドラマは156話から成り立っていて、時代的には1900年から1952年が想定されている。『花子とアン』の方言使用が、伝統的な扱いになっているのは、方言に対する社会的な評価を含む時代背景が、大きく影響しているものと思われる。（データは、『花子とアン』の脚本は出版されていないため、放送されたドラマをもとにして筆者が書き起こしたものである。）

キャラクター・スピークの中で特に方言が意識されるのは、主人公安東はなが、東京の修和女学校に編入する時である。甲府の貧しい農家の出であるはなにとって習得した日本語は甲州弁であり、(1)の下線部のような発話をする。

(1)『花子とアン』第7話（NHK 2014）

（1.1）父：　娘がお世話になります。

（1.2）はな：安東はなでごいす。よろしくおねげえしやす。

（1.3）醍醐：わたくしもここへ来たばかりなんです。

（1.4）はな：ふんとけ？

（1.5）白鳥：ふんとけ？

甲州弁は、長野・山梨・静岡の「ナヤシ方言」の一部（平山1983）で「ずら」「つら」が使われる。金田一（1956）は、「行かん」「行かなんだ」「行っちょ」などの活用形を甲州弁の特徴としている。「よ」や「ね」と類似した意味で「じゃん」が使われることもあり、特に芦安地方では「ございます」の意味で「ごいす」が使われる（金田一1956）ことが知られている。ドラマで使用される方言は、甲府で話されていたとされるバリエーションであり、このような特徴に加え、てっ（えっ）、こぴっと（きちんと）、えらい（大変）、おら（私）、おまん（おまえ）、ふんと（ほんと）、ふんだけんど（そうだけど）、ほうか（そうか）、ほんなこん（そんなこと）などが使われている。

一方修和女学校で「正しい日本語」とされていたのは女学生言葉である。「てよだわ」言葉と関係しながら、明治時代に設立された女学校で話された言葉（金水2003）である。それは次第に全国に拡がり戦前の女学生言葉となっていくのだが、「よろしくってよ」などの「てよ」表現、終助詞「わ」、そして極度の丁寧表現に特徴付けられる。[注4]

甲州弁と女学生言葉（下線部）で交わされる会話には(2)がある。はなが、その後友人として長く付き合うことになる醍醐と出会い、寄宿舎の先輩白鳥かをる子がはなの方言に驚愕するシーンである。

(2)『花子とアン』第7話（NHK 2014）

(2.1) 醍醐：はなさん＃わたくしのお友達になってくださらない？

(2.2) はな：いいずら。おらこそ、友達になってくれちゃあ。

(2.3) 白鳥：ずら？　おら？［くれちゃあ？

(2.4) 醍醐：　〔まあうれしい。

(2.5) 白鳥：小さい人たちちょっとお待ちになって。

白鳥は、修和女学校で言葉遣いや上下関係の礼儀作法にことのほか厳しく、その姿勢を代表する発言として「言葉の乱れは精神の乱れです。美しく正しい日本語を話せるよう努力なさってください」（第7話 NHK 2014）がある。

はなは女学校生活に次第に順応し女学生言葉を習得する。しかし、甲府に帰ると、家族や友人・知人とは甲州弁・甲州的なコミュニケーションを維持する。そして卒業後、郷里の小学校教師となって赴任する時は、東京の言葉が口を突いて出る。恩師の本田先生に向かって「ごきげんよう。本田先生、またお世話になります」「六年生のクラスに馴染めるようがんばります」と挨拶し、それに本田先生は「六年生のカラス？」（第43話 NHK 2014）と答えて、そのコミュニケーションのギャップが強調される。

注4　これは現代マンガの登場人物のお嬢様が話す「お嬢様言葉」に繋がっている。

生徒達に向かっては、「六年生の皆さん、ごきげんよう」という挨拶をし、生徒達に東京の人かと質問され「ええ、東京の女学校に行ってました」と答え、すぐに「ふんだけんど10歳まではこの学校に通ってただよ」（第43話 NHK 2014）と続ける。トピックの変化やコンテクスト（例えば授業中は標準語に近い言葉を使うなど）によって方言を使ったり使わなかったりする。この流動的なバリエーションの使用は、はなの女学校卒のお嬢さんと甲州キャラクターとも言うべき郷里出身者という、ふたつのキャラクターの設定を可能にしている。[注5]

ドラマの中で描かれるはなは、その後、東京で結婚し居を構え、甲府関係の人達とのコミュニケーションを除いては、東京弁が中心の生活を送る。はなのバリエーションの選択は、話者のアイデンティティと関係したもので、実生活と結びついた伝統的な方言シフトタイプである。

『花子とアン』でもう一件、話者のキャラクターとバリエーションの選択が結び付いている場合を観察したい。修和女学校の白鳥先輩は、実は山梨の勝沼出身であり、甲州弁をひた隠しにしながら徹底して女学生言葉を使っていたのである。それが判明するのは、卒業式の日にはなと白鳥が交わす(3)の会話による。はなは(3.4)で「てっ」という甲州弁で反応し、白鳥は(3.5)で「おまん」「おら」「てっ」「たまらんで」などを使いながら、内面のアイデンティティと結びつく甲州弁へのなつかしさを告白する。そして次のシーンで白鳥のキャラクター・スピークは「甲府にけえってもこぴっとやれし」（第42話 NHK 2014）となっていて、甲州弁ではなを送り出すのである。このシーンで、話者としての白鳥のキャラクター・スピークには、潜在的に甲州キャラクターが秘められていたことが判明する。(3.3)の「わたくし」と(3.5)の「おら」のコントラストは、複数の話者として生きていることを明示している。

注5　この現象を広義のコード切り替え（code-switching）と捉えることもできる。社会言語学で話題になるコード切り替えは特に英語とスペイン語のバイリンガル話者に関連して論じられることが多かったのだが、ある言語の複数の方言やスタイルの間のシフトに関しても使われることが認められる（Myers-Scotton 1993; 田中・田中 1996; メイナード 2005; Maynard 2016）。

(3)『花子とアン』第42話 (NHK 2014)

(3.1) 白鳥：安東はなさん。

(3.2) はな：〈ふりむいて〉 はい。〈お辞儀をする〉

(3.3) 白鳥：わたくし、ずっと黙っておりましたが、実は＃山梨の勝沼の出身でございます。

(3.4) はな：てっ。

(3.5) 白鳥：おまんが最初に寄宿舎に来て挨拶に来た時はおらも「てっ」って思ったさ。訛りがなつかしくてたまらんで。

はなの方言史は、甲州弁から女学生言葉へ、そして標準語へと繋がるのだが、それはヴァーチャルなものではなく、生活に基盤を置いたものとして描かれている。この伝統的な方言シフトは、後述するように『あまちゃん』と鮮やかなコントラストを示すのである。

9.2.2.『あまちゃん』：背景とあらすじ

NHKの連続テレビ小説『あまちゃん』(NHK 2013) は2013年4月から9月まで放送された。ドラマは第1話から第72話の第1部と、第73話から第156話の第2部になっていて、前者は袖が浜を、後者は主に東京を舞台に展開し、時期としては2008年の夏から2012年の夏という設定になっている。袖が浜は岩手県北三陸市に位置しているとされるが、岩手県久慈市をモデルにしたフィクション上の場所であり、久慈市界隈がロケに使われている。

宮藤官九郎による脚本は、2013年末に『NHK連続テレビ小説「あまちゃん」完全シナリオ集』の第1部 (宮藤2013a) と、第2部 (宮藤2013b) として出版されている。宮藤はインタビュー (NHK 2013) で、地方のアイドル、特に自身の出身地である宮城県を含む東北のアイドルをテーマにしたドラマを書きたいと思っていた、と話している。海女をテーマにと考え、久慈市の小袖地区を訪ねたのだが、そこで鉄道マニアに人気のある三陸鉄道のことを知り、また小袖で「じぇ」という感嘆表現に出会ったとのことである。これらの要素を取り入れ、さらに東日本大震災の復興のため、東北への思いを込めて書かれたのが『あまちゃん』である。『あまちゃん』は週によっては22%という高視聴率を獲得し (Brasor 2013)、「じぇじぇじぇ」が2013年の流行語大賞を受賞したことでも知れるように、人気ドラマとなった。

本章で分析するのはシナリオ集である。放送されたドラマでなく脚本をデータとするのは、次の理由による。まず、ドラマの放送分と脚本が完全には一致していないということがある。番組のチーフプロデューサーである井上剛は、宮藤 (2013a) の序文で、台本にあったシーンでも放送上の時間制限のためカットされた部分があると述べている。カットされたものを無視するのは、脚本家の意図にそぐわないため脚本を優先することにした。次に、脚本の重要性がある。井上は脚本がいかに重要だったかについて、「僕が最初に読んで心を摑まれた台本が正にこれだ。そして1年以上にわたり現場の皆を熱くさせた答えもこのホンの中にある。始まりは脚本だ」（宮藤2013a: 5) と述べている。脚本の重要性が明らかであるため、シナリオ集をデータとするのが妥当であると判断した。

さらに、脚本をデータとするのには、具体的な分析上の理由がある。放送されたドラマを分析するのであれば、多くのビジュアル情報を無視することはできない。本研究の分析目的はあくまで言語のバリエーションであることから、バーバル記号に焦点を当てることが第一であると考えた。また、シナリオにはところどころにセリフに伴って、状況の説明や登場人物の気持ちや発話態度についての説明が加えられていたり、トガキの中にも発話に関するヒントがあり、このようなメタ言語情報が分析に有益であることも、脚本を優先した理由のひとつである。

『あまちゃん』は天野春子が娘のアキを連れて、24年ぶりに故郷の袖が浜に帰って来るシーンから始まる。春子自身はアイドルを夢見て上京したのだが夢破れ、タクシー運転手と結婚し東京で暮らしていた。春子の母である夏は、現役の海女として活躍中なのだが、後継者不足に気をもんだ北三陸鉄道袖が浜駅の駅長をしている大吉が、夏が危篤だというメールを春子に送ったことから、ドラマは動き出す。

東京では暗いイメージのアキだったが、海女の訓練を受けることで明るい元気な女の子に変身する。秋になって編入した高校では、北三陸鉄道のアイドル足立ユイと友達になり、先輩の種市に恋をする。初めてウニを撮ったアキは、袖が浜のPRビデオに登場し、ユイとアイドルユニットを組んだ結果、袖が浜に観光客（主に鉄道マニア）の波が押し寄せる。

東京から袖が浜にやって来た芸能事務所のスカウトマン水口は、ふたりを加えたアイドルグループの結成を考えている社長兼プロデューサーの荒巻（通称、太巻）の了解のもと、ふたりを東京に呼ぶ。アキとユイが東京に出発する前夜ユイの父親が倒れ、アキはひとりで上京する。しかしアキはなかなかアイドルとして認められず、あこがれの女優、鈴鹿ひろ美の付き人などをして過ごす。

実は春子が東京でアイドルになろうとしていた頃、全くのオンチだった鈴鹿の影武者としてヒット曲「潮騒のメモリー」を歌うように依頼したのが、太巻だったのだ。春子には、結局自分の声であることは秘密のまま、鈴鹿が有名女優となっていったという苦い思い出があった。一度は諦めかけたアイドルへの道を娘に託して、もう一度やってみようということで、春子は東京の自宅をタレント事務所とし、そこに水口と鈴鹿が加わることになった。ユイは父親が病に倒れたばかりか、母親の家出という重なる不幸で地元のヤンキーと付き合いだしたりするのだが、結局はアイドルの夢を捨て切れず、アキと一緒に頑張る決意でひとり東京行きの電車に乗る。その時東日本大震災が発生し、東京行きの夢はまたも絶たれる。

アキは東京で頑張るものの結局は袖が浜に帰り、復興の手助けをしようと決意する。復興イベントとして、震災で大被害を受けた後リニューアルされた袖が浜の「海女カフェ」で、鈴鹿を迎えたショーを開催するまでになる。最後はアキとユイが北三陸鉄道のトンネルを、明るい光の注ぐ方向へ走っていくという象徴的な希望のシーンで終わる。

9.3. フィクションとしてのバリエーションと話者複合性

9.3.1. 袖が浜方言というフィクション性

『あまちゃん』に使われる方言は、ドラマの中のフィクションとしてある。しかし、その形成過程には東北方言が織り込まれているため、その経過を追ってみたい。NHK盛岡放送局（2013）によると、『あまちゃん』に使われる方言は、岩手県久慈市の小袖地区で話されている方言を応用したものとのことである。東北方言の発音について、平山（1983）は子音の「k」と「t」が第二音節及び第二音節以降で母音化し、「シ」は「ス」に変化することをあげている。このため、柿は「カギ」、刀は「カダナ」、寿司は「スス」に変化する。また、助詞の「が」「は」「を」は直前の母音の長母音として発音されるかまたは省略されるため、「おれは嫌だ」は「おらあやんだ」または「おらやんだ」になる。NHK盛岡放送局が例示している小袖地区の方言をあげておこう。やんねば（やらなくちゃ）、いがった（よかった）、でがす（です）、ぶったまげる（驚く）、やっぺ（してあげましょう）、おばんです（こんばんは）、くっちゃべる（話す）、だと（だって）、ずぶん（自分）、やがましい（うるさい）、めんこい（可愛い）、さ（助詞「に」と「へ」に代わって使われる）、だべ（だよ、でしょ）、まんず（まずは）、んだ（そうだ）、きてけろ（きてください）、ばっぱ（おばあさん）、じぇ（驚きの感嘆詞）などであり、いずれもドラマに登場する。

ドラマで使われ有名になった「じぇじぇじぇ」は、小袖地区の高齢者が使う「じぇじぇー」に類似しているとのことであり、小袖地区以外では「じゃ」が使われる。土屋（2013）は、小袖北限の海女の会の会長が「方言は恥ずかしいのでみんなあまり使いません。ドラマが始まって気軽にじぇじぇーと出るようになりました」とコメントしたと報告している。また、高校二年生の海女のアルバイトをする少女は、「じぇ」も「じゃ」も使わないと説明し、「ドラマが始まって学校で使う子もいるけど、わたしは使わない。聞き取りにくい」と言ったと報告している。『あまちゃん』の方言使用は、実生活に見られる方言を導入してはいるものの、その使用状況にはギャップがあり、あくまでエンターテインメントのためにフィクションとして創られたものである。

さて、『あまちゃん』の中でどのような方言を使う判断がなされたのだろうか。そのいきさつに関しては、プロデューサーのコメントがヒントを与えてくれる。土屋（2013）は、訓覇圭プロデューサーの「方言の楽しさ、豊かさを表現したいというのが、このドラマの出発点。地元の言葉にきわめて近い形にしようと踏ん張っている」というコメントを記載している。加えて、菓子浩プロデューサーの言葉として次のコメントがある。

> しかも『あまちゃん』の場合は架空の北三陸市ですから、どこかのリアルな言葉というのではなくて、「あまちゃん語」というのを作りま

> しょうと。岩手のある町の架空の方言「あまちゃん語」を作る作業を始めました。まず全体の方言のレベルを決めた上で、それぞれのキャラクターについてどれくらいの訛りにするかというのを考えていきました。（金水・田中・岡室2014: 60-61）

『あまちゃん』の登場人物では、菓子（金水・田中・岡室2014）の次の説明にあるように、キャラクターによって方言の使用程度が異なっている。例えば漁業組合の小山内や、夏の夫で遠洋漁業の猟師忠兵衛は、強度の方言使用者であるが、これは袖が浜の伝統的な仕事に従事する男のイメージ作りに役立つからである。大吉は駅長であり、遠方からの旅行者とのコミュニケーションが必要なため、方言使用はそれほど強くない。観光協会の職員の若い女性栗原は、都会的な印象が少なからずあり、方言は余り使わない。種市は若いのだが、訛りがはげしい。これは、その方がキャラクター設定にふさわしいと思ってとのことである。菓子はこの辺の事情について「まず全体の『あまちゃん語』のレベルを決めた上で、キャラクターに合わせて生い立ちとか、描いてない背景を考えながらそれぞれのレベルを決めていったという感じ」（金水・田中・岡室2014: 61）だと述懐している。

さらにどの程度の方言がドラマのシーンで使われるかという決定は、そのもたらす効果によって決められたとのことである。例えば、アキにとって袖が浜方言がいかに異様なものに思えたかを表現するため、第1話には(4)の会話がある。この選択について菓子（金水・田中・岡室2014）は「たまずぼろぎ」はほとんど使われない方言なのだが、視聴者にも方言に初めて直面した時のショックを伝えるために選ばれた、と述べている。台本では(4)に見られるようにセリフにカッコ内の標準語が付け加えられていて、放送されたドラマには標準語のキャプションが加えられている。

(4)『NHK連続テレビ小説「あまちゃん」完全シナリオ集第1部』（宮藤2013a: 17-18）

(4.1) 弥生：「＊んが、春子が？（おまえ、春子か？）」

(4.2) 春子：「……は、はい」

(4.3) 弥生：「＊じぇじぇ！　たまずぼろぎ、はぁ〜、すっかり大人さなって！（こりゃ驚いた！　すっかり大人になって）」

（4.4）かつ枝：「＊んだべゃあ、20年も前ぇぬハ出だきりだものな（そりゃそうだ、20年前に出たっきりだもの）」

方言がエンターテインメントのツールとして使われることは、それがメタ言語的に言及されることでも分かる。(5)では、アキの東北弁が本物ではないということが会話のトピックとなっているのである。アキの東北弁はドラマの中の虚構に過ぎないので本物ではないのだが、(5)の下線部に見るように、他の登場人物の間でその方言が不自然に感じられていたと告白したり、本物であるかどうか話し合われたりすること自体が、エンターテインメントなのである。

（5）『NHK連続テレビ小説「あまちゃん」完全シナリオ集第2部』（宮藤2013b: 458）

（5.1）鈴鹿：「アキのセリフを録音したテープ、方言指導の先生に聞かせたんだけど」

（5.2）アキ：「はい」

（5.3）鈴鹿：「あんたの東北弁、デタラメらしいわよ」

（5.4）アキ：「じぇじぇ！　そんな今さら…」

（5.5）水口：「どうなの？　種市くん」

（5.6）種市：「いや、もう慣れましたけど、最初は虫唾が走りましたね」

（5.7）アキ：「ひどいよ、先輩」

（5.8）水口：「良かった、俺だけじゃなかったんだ違和感感じていたの」

（5.9）梅頭：「最初、沖縄の訛りだと思ったもんね」

（5.10）鈴鹿：「直そう！　この際だから、ね？　ついでにボイストレーニングもやりましょう」

上記に見るように『あまちゃん』の方言使用は、最終的には脚本家の創造的なツールやリソースとして利用され、それは主にドラマのキャラクター設定のために使われていることが分かる。宮藤はNHKの『あまちゃん』紹介のサイト（NHK 2013）で『あまちゃん』のシナリオを書く段階で、「あと、言葉もそうですね。東京から来たヒロインは、東北弁がかっこいいと思って積極的になる。でも、ずっと地元で育った子は、なまりは恥ずかしいと思って標準語をしゃべる。そういう、物事に対する見方や感じ方のコントラストを色濃くだしていこうと思っています」と述べている。ドラマにおける言語のバリエーションとは、言うまでもないことだが、表現手段として脚本家が意識して登場人物に割り当てるものなのである。

9.3.2. 標準語と方言の選択と話者複合性

ここではまず、主要登場人物（アキ、ユイ、春子、夏）以外の登場人物が、標準語と袖が浜方言をどのように混用しているかを観察したい。標準語には機能の違うダ体とデス・マス体があり（Maynard 1991, 1999, 2001, 2004）、方言の場合より明確に丁寧さの度合いを調節することができる。加えて、相手が方言でない場合は、相手に合わせることで相手への尊敬の気持ちを伝えることができ、自分が田舎者と見られるのを避けることができる。このような理由で日常生活で強い訛りの話者も、正式なシチュエーションで丁寧な会話をする時には、方言を回避し標準語になることが多い。例えば、袖が浜の高校教師磯野は通常は訛りが強いのだが、春子に説明する時「いかがですか」（宮藤2013a: 266）と言ったり、方言使用が多い大吉は、東京で鈴鹿に会った際には「二回も会えるなんて、運命を感じますよね」（宮藤2013b: 370）と言ったりするのである。

標準語が話者と相手との心理的距離感を拡げる働きをすることがあるが、それを利用してバリエーションを選択する（6）のような場合もある。先輩海女である美寿々と安部が、（6.2）と（6.3）で昔の海女の潜り方についてアキの質問に答えるのだが、ここでは標準語にシフトすることが嘘をついていることを伝えてしまう。いつものようにリラックスして親しげに話しかけることができずに、本音を隠そうとして（6.2）でつっかえを伴う「……そ、そうよ」という不自然な標準語表現となってしまうのである。加えて括弧内に示された「困惑しつつ標準語で」という脚本家の説明が、このような解釈のためのヒントを提供してくれる。

（6）『NHK連続テレビ小説「あまちゃん」完全シナリオ集第1部』（宮藤2013a: 80）

（6.1）アキ：「じゃあ、安部さんや美寿々さんも、新人の頃はおっぱい放り出して潜ってたの!?」

（6.2）美寿々：「（困惑しつつ標準語で）……そ、そうよ」

(6.3)　安部：「丸出しよ」

(6.4)　アキ：「……じぇじぇじぇ〜」

標準語と袖が浜方言は、同じ会話の中でも話しかける相手によってシフトすることがある。これは話者が複数のバリエーションを駆使して、複数のキャラを演じていることの証である。(7) は、北三陸駅の副駅長である吉田が、ユイとアキに飲み物を勧めるシーンである。吉田は、ユイが北三陸鉄道のアイドルであり標準語を話すことを知っているし、アキも東京からきた若い女の子ということで、吉田は (7.1) の括弧内の指示にあるように、(7.1)、(7.5)、(7.8) では標準語になり、そんなイメージのキャラ要素を提示する。しかし、(7.13) では話の内容が祭りにシフトし、弥生が (7.11) で「オラんどこの旦那も繰り出されだ」と方言を使うこともあり、方言にシフトする。こうして、吉田はその場に応じた複数のキャラ提示で、話者の複合性を示すことになる。

(7)『NHK連続テレビ小説「あまちゃん」完全シナリオ集第1部』(宮藤 2013a: 108)

(7.1)　吉田：「(あえて標準語) 好きなの、頼めばいいさ」

(7.2)　ユイ：「じゃあねえ……チャイください」

(7.3)　一同：「可愛い〜〜〜」

(7.4)　ユイ：「なんでなんで？」

(7.5)　吉田：「チャイは可愛い子の飲み物だよねえ (笑)」

(7.6)　弥生：「可愛いけど、ここのメニューには無い (笑)」

(7.7)　夏：　「チャイってなんだべ？ (笑)」

(7.8)　吉田：「君たち、予定ないなら山車見ていきなよ」

(7.9)　アキ：「だし？」

(7.10) ユイ：「そっか、もうそんな季節なんですね」

(7.11) 弥生：「オラんどこの旦那も繰り出されだ」

(7.12) 夏：　「今年はどこも気合い入ってで、立派な山車なんだってよ」

(7.13) 吉田：「まあ優勝はもらったげどなあ」

方言と標準語は、異なった場に呼応するキャラを呼び起こす。このような虚構のバリエーションを利用したスタイルシフトは、ドラマの登場人物をその複数のキャラとともに際だたせるのに効果的なのである。

9.3.3. メタ言語表現と話者複合性

『あまちゃん』の中には、方言を意識している場面が幾つかある。特にキャラクター・スピークの一部としてメタ言語表現が使われると、それが話者の言語に対する意識を伝えることになる。ここではアキの方言に関してアキとユイ、アキと種市、アキと春子の間で交わされるメタ言語表現を観察する。(8) では、第5章で触れた通り、アキがユイに紹介される場面で、(8.3) でアキがユイが訛っていないことを、(8.8) でユイがアキが訛っていることを意識しコメントしている。アキとユイが方言使用・非使用というキャラクターで、互いに区別しようとしている状況が観察できる。

(8)『NHK連続テレビ小説「あまちゃん」完全シナリオ集第1部』(宮藤2013a: 51)

(8.1) 夏：　「早えな、学校が？」
(8.2) ユイ：「はい、終業式なんです」
(8.3) アキ：「……訛ってねえ」
(8.4) ユイ：「(アキを見て)」
(8.5) 夏：　「ああ、これ？　オラの孫だ、東京がら遊びに来てんの」
(8.6) ユイ：「高校生？」
(8.7) アキ：「(緊張して) んだ、2年生だ」
(8.8) ユイ：「(笑) 訛ってる」
(8.9) アキ：「じぇじぇ !?」
(8.10) ユイ：「私も高2、よろしくね」

また、アキが東京で種市と再会して付き合うことになるドラマ後半のシーンでは、興味深い標準語と方言のシフトが見られる。(9) ではまず (9.1) に「緊張のせいか標準語で」というトガキがあることに注目したい。そして、(9.2)、(9.4)、(9.6)、(9.10) で、アキは標準語で話し、(9.15) で種市が標準語で話していることに触れると、アキは (9.23) で「早ぐね。オラもうすぐ20歳だ、遅いぐれえだ」と袖が浜方言にシフトする。(9.22) は種市が標準語に、(9.23) ではアキが方言にシフトしているが、ここには方言から標準語にシフトする種市と、標準語から方言にシフトするアキが、相手との心の距離を調節する相互交換的で間主観的なプロセスが観察できる。バリエーションの選択を通して話者の心理状況が明らかになるのだが、この現象を通してアキと種市の、より親しいキャラと距離を置こうとする冷静なキャラという、それぞれの複数のキャラ要素が提示される。

(9)『NHK連続テレビ小説「あまちゃん」完全シナリオ集第2部』(宮藤2013b: 351)

(9.1) 微妙な距離で佇む二人。アキ、緊張のせいか標準語で。
(9.2) アキ：「…こないだ頂いたお話の、お返事ですけど」
(9.3) 種市：「…うん」
(9.4) アキ：「前向きに検討しますという方向で」
(9.5) 種市：「!?」
(9.6) アキ：「おねがいします」
(9.7) 種市：「(理解し)…ほんとが！　ずぶんでいいのが!?」
(9.8) アキ：「(頷く)」
(9.9) 種市：「やったあ！」
(9.10) アキ：「(慌てて)ただ…くれぐれも1年間は、ママには内緒でお願いします」
(9.11) 種市：「!?」
(9.12) アキ　「…大事な時期なの、ごめんね」
(9.13) 種市：「どした天野」
(9.14) アキ：「え？」
(9.15) 種市：「訛ってねえぞ」
(9.16) アキ：「…あ、本当だ、なんでだろ」
(9.17) 種市：「あははは…天野」
(9.18) アキ：「先輩」
(9.19) 種市、キスするかのように顔を近づける。
(9.20) アキ、反射的に逃げて、
(9.21) アキ：「…え？」
(9.22) 種市：「…あ、ごめん(慌てて)まだ早いよな、ごめんごめんごめん」

(9.23) アキ：「早ぐね。オラもうすぐ20歳だ、遅いぐれえだ」

方言が自分の気持ちを隠したり、はっきり表現するのを避けたりするために使われること（三宅2005）がある。(10.5) でアキは相手が選ぶバリエーションと、自分が選ぶバリエーションの差異性をあえて際だたせることで、意思の疎通を妨げる。これは (10.6) で春子が「都合悪くなると訛るよね、あんた」とそれを指摘することでも明らかになるのだが、アキはそれに答えるかのように (10.7) で標準語にシフトする。春子のメタ言語表現は、アキが操作する方言が、コミュニケーションの方法自体を性格付けるリソースでもあることを示している。

(10)『NHK連続テレビ小説「あまちゃん」完全シナリオ集第1部』（宮藤2013a: 354）

(10.1) アキ：「どっちもじゃない？」

(10.2) 春子：「…どっちも？」

(10.3) アキ：「うん、もちろん淋しいっていう気持ちもあっただろうけど、頑張れ！　って気持ちもあったんだよ」

(10.4) 春子：「…どうしてそう思うの？」

(10.5) アキ：「……わがんね」

(10.6) 春子：「都合悪くなると訛るよね、あんた」

(10.7) アキ：「だって…ママが東京に行かなかったら、パパとも知り合ってないし、私も生まれてないし」

以上見てきたように、セリフに使われるメタ言語的コメントは、視聴者にバリエーションの選択自体について意識させる役目を果たす。アキは単なるコスプレとして袖が浜方言を使うのではなく、実際はそのシーンごとにいろいろな思惑や気持ちを伝えるための戦略として、複数のバリエーションを細かく選んでいることが分かる。話者とその相手との複雑で流動的な関係に支えられる方言と、方言に対するメタ言語表現は、複数のキャラ要素を交えた自己を演じていることの証である。

9.4.　主要登場人物のキャラクター・スピーク

9.4.1.　アキ：キャラクター・スピークの冒険

アキは東京では地味な高校生であった。しかし袖が浜では、好奇心旺盛で明るく積極的な女の子というキャラクターとなる。アキのバリエーションの経験は、〈標準語→袖が浜方言〉である。アキの変身希望が最初に明らかになるのは、「じぇじぇじぇ」を真似ることで、海女の仲間入りをしようとする時（宮藤2013a: 24）である。そして（11）では、（11.2）、（11.4）は方言、（11.7）は標準語という混用のプロセスを経て方言を使おうと努力する。アキは「うめえ」や「うめっ！」で方言を真似てパフォーマンスするものの、複雑な説明は標準語になるという経験を経て、次第に袖が浜方言を習得し袖が浜キャラクターに染まっていく。

（11）『NHK連続テレビ小説「あまちゃん」完全シナリオ集第1部』（宮藤2013a: 45）

（11.1）安部：　「まめぶ、うめえが？」

（11.2）アキ：　「（食べて熟考して）……うめえ」

（11.3）美寿々：「ウニは？」

（11.4）アキ：　「（食べてみて）うめっ！」

（11.5）弥生：　「正直だな」

（11.6）一同：　「（笑）」

（11.7）アキ：　「違う違う、まめぶは味に辿り着くまで時間かかるの」

アキは標準語を話す相手に対しても、袖が浜方言を使うようになる。この行為は明らかにアキが意識的に方言を使い、自分を袖が浜キャラクターとして提示する態度を示すものである。（12.3）の発話は、袖が浜での母親の過去に思いを馳せて、方言にシフトするものと思われる。しかし（12.1）と（12.5）は標準語である。袖が浜出身の母親が標準語で話しかけても、アキは習いたての方言を使うことで新しい自分を主張するのである。

（12）『NHK連続テレビ小説「あまちゃん」完全シナリオ集第1部』（宮藤2013a: 66）

（12.1）アキ：「……それから、一回も帰ってこなかったの？」

（12.2）春子：「（頷く）24年間、一度も」

（12.3）アキ：「……そっかあ、知らながった。ママに歴史ありだな」

（12.4）春子：「まあ聞かれても喋んなかったけどね（笑）」

（12.5）アキ：「それで東京で、パパと結婚したんだ」

アキは袖が浜で次第に自分の居場所を見出していき、夏休み以後も東京には帰りたくないと思うようになる。その気持ちを、北三陸が産地とされる琥珀の掘削職人である勉に告白する。勉の作業場を訪れたアキは自分の本音を、そして袖が浜への想いを標準語ではなく、（13.8）と（13.10）で方言で叫ぶのである。そして（13.12）で「ほんとだ、スッキリした」と標準語に戻るのだが、標準語で始め標準語で括るあたりに演出的な要素も見え隠れする。いずれにしても、このバリエーションのシフトを通して、東京をひきずりながら袖が浜に同調するキャラクターとしての複合的な話者を認めることができる。

（13）『NHK連続テレビ小説「あまちゃん」完全シナリオ集第1部』（宮藤2013a: 111-112）

（13.1）勉：　「まあね（嬉しい）やってみっか？」

（13.2）アキ：「うん」

（13.3）アキ、勉さんから工具を借りて堀り始める。

（13.4）勉：　「ここはいいど。夏は涼しくて、冬は暖けえ。何より、誰にも邪魔されねえで、一人になれる、自分と向き合う場所だ」

（13.5）アキ：「誰もこないの？」

（13.6）勉：　「ああ、なんぼ大きな声出しても、外には聞こえねぇすけな」

（13.7）アキ：「……そうなんだ」

（略）

（13.8）アキ：「東京さ帰りだくねええ――――――――！」

（13.9）勉：　「!?」

（13.10）アキ：「ずっとここざいてえ――――――！　ごごで、婆ちゃんやママやみんなど暮らして、毎日、海さ潜りでえ―――！」

（13.11）勉：　「……」

(13.12) アキ：「ほんとだ、スッキリした」

アキの方言使用は次第に地に着いたものとなっていくのだが、常に一貫して方言を使うわけではない。例えば(14)の下線部に見るように標準語も使われる。ユイが東京に行きたがっているのを知って、自分が東京出身であることを標準語使用で強調することが、不利ではないと承知してのことである。方言の使用・非使用の判断は、話者がその選択に戦略的効果を見出すか否かにもよるのである。

(14)『NHK連続テレビ小説「あまちゃん」完全シナリオ集第1部』（宮藤2013a: 107）

(14.1) ユイ：「ねえねえ、アキちゃん家、東京のどこ？」

(14.2) アキ：「ああ、えーと、世田谷」

(14.3) ユイ：「うそ、下北沢？　三軒茶屋？」

(14.4) アキ：「うーん、まあ、だいたいそのへんかな」

アキの方言使用でさらに興味深いのは、東京に戻ってからも東北出身を主張し、袖が浜キャラクターとしてその訛りをキャラクター・スピークの一部として維持し続ける点である。これは、アキが東京で全国各地から集まった地元アイドルのグループGMT 47のメンバーとして活躍しようとしていたため、方言を強調していたことに関係しているが、アイドルグループを辞めたあとも袖が浜方言を放棄しない。その状況を鈴鹿とのインターアクションに追ってみよう。最初はアキは鈴鹿に対して標準語を使い、デス・マス体で話しかける。丁寧表現が自分提示のストラテジーのひとつとして機能する(Cook 2008)ために選ばれるのである。例えば「先日は、連れの分まで、ごちそうさまでした！」（宮藤2013b: 78）がある。アキは鈴鹿の付き人をやめてからも密接な人間関係を結ぶことになるのだが、そんな場面でも方言を選んでいる。(15)は東京のシーンであり、鈴鹿もアキも生育地バリエーションは標準語であり、標準語でも不自然ではない。しかしアキは(15.1)、(15.3)、(15.5)で、あくまで袖が浜方言を使い続ける。

(15)『NHK連続テレビ小説「あまちゃん」完全シナリオ集第2部』（宮藤2013b: 370）

(15.1) アキ：「な～んだあ、鈴鹿さんがよお～」

(15.2) 鈴鹿：「…なんで寿司屋入って、いきなりガッカリされなきゃいけないのよ」
(15.3) アキ：「だって、幸夫が入って来ると思うべ、タイミング的に」
(15.4) 鈴鹿：「ゆきお？」
(15.5) アキ：「この人、オラの婆ちゃん、ビールでいいが？」

こうしてアキのバリエーションは、標準語と袖が浜方言のそれぞれのステレオタイプを利用しつつ、袖が浜方言が中心になる。アキはフィクションとしての方言を自分のものとしてフィクション的に演じ、その様相をキャラクター・スピークとすることでキャラクターを設定し、さらに重複するキャラを必要に応じて提示する。『あまちゃん』はそんなキャラクター・スピークが、結果的には視聴者を楽しませる構造になっているのである。

9.4.2. ユイ：方言回避という選択

ユイのバリエーションの経験は〈方言回避→標準語〉である。ユイが袖が浜脱出を夢見て、標準語(ユイにとってはあくまでフィクションとしての東京言葉)を話す様子は、(15)のアキとの会話例に観察される通りである。一度も住んだことも行ったこともない東京に自分を置き、一貫して標準語を使うユイは、東京の文化にあこがれ共感を抱いている。しかし、その夢かなわず、ユイの標準語はヴァーチャルなものであり続ける。井上(2000)の指摘にある通り、標準語と方言の両者を使う能力を持つ現代人にとって、標準語話者となることは比較的容易である。

標準語を意識して使うユイも、方言を全く使わないわけではなく、演出効果のために使うことがある。それは、北三陸鉄道や袖が浜のプロモーションをする時である。最初は標準語であっても、アキの誘いに同意して(16.3)の「がんばっぺ」のように方言になる。ただ、この会話では(16.5)で標準語で謝るのだが、これには特別の事情がある。実はアキが恋している種市とユイは付き合っているのである。アキの気持ちを知っているユイは罪意識のために謝っているのであり、この部分は標準語にシフトしている。アキの問いかけにも(16.7)で「何でもない、じゃあね」と標準語で答えている。このように方言と標準語は瞬時に移り変わり、ユイは方言を利用するキャラを交えながら、あくまで標準語を話すキャラクターであり続けるのである。

（16）『NHK連続テレビ小説「あまちゃん」完全シナリオ集第1部』（宮藤2013a: 420）

（16.1）ユイ：「…マジで？　踊るの？」

（16.2）アキ：「しょうがねえよ、ここまで来たら思いっきりがんばっぺ」

（16.3）ユイ：「うん、分かった…がんばっぺ」

（16.4）アキ：「（笑）じゃあ、明日学校で」

（16.5）ユイ：「うん…アキちゃん、ごめんね」

（16.6）アキ：「え？」

（16.7）ユイ：「何でもない、じゃあね」

ドラマの後半で、ユイは東京への誘いを断り袖が浜に住むことを決めるが、その後も標準語で話し続ける。しかし、あるシーンではユイが珍しく方言にシフトする。太巻がユイに東京に来るように勧める時で、ユイは（17.2）で「お構いねぐ」を戦略的に使っている。自分にとっては袖が浜の方が東京より大切になっていることを、太巻の標準語との差異性を強調することで伝えるのである。

（17）『NHK連続テレビ小説「あまちゃん」完全シナリオ集第2部』（宮藤2013b: 661）

（17.1）太巻：「でも君…20歳だよね。いつまでもご当地アイドルじゃ先が無いし、田舎出るなら今がラストチャンスじゃないかな」

（17.2）ユイ：「東京も北三陸も私に言わせれば日本なんで…お構いねぐ」

（17.3）太巻：「……」

（17.4）ユイ：「ずっとやります。私達、2人ともお婆ちゃんになっても…潮騒のメモリーズです！（ポーズ）」

ユイが方言を使う数少ない例として、ドラマの最後で海女カフェで開催されるイベントのプロモーションとしてアキと協力する（18）のシーンがある。この時点でユイは、アキや他の関係者と地元を売り出すために協力することを意識して、袖が浜方言を標準語とコントラストしながら（18.3）で注意深く選んでいる。従属節は標準語のままなのだが、主節は「どんどん北三陸さ来てけろ！」と結んでいるのである。一文の中に複数の声が聞こえ、話者の複合性が見てとれる。

(18)『NHK連続テレビ小説「あまちゃん」完全シナリオ集第2部』(宮藤2013b: 644)

(18.1) ユイ：「2009年夏にオープンした海女カフェですが、昨年の津波で被害を受け、未だ再建の目処が立っていません」

(18.2) アキ：「震災前はここさキレイな水槽が並んでいて、珍しい魚や、珍しぐねえ魚が沢山泳いでだんです」

(18.3) ユイ：「7月1日の開業に向けて、私達も頑張りますので、皆さん、どんどん北三陸さ来てけろ！」

(18.4) アキ：「北鉄も畑野まで走るど！」

ユイのキャラクター・スピークで興味深いのは、ユイが一時期使うヤンキー言葉である。それは次のようにアキと言い争いをするシーンに登場する。アキがユイをなじるので、ヤンキー言葉で答えるのが効果的という側面はあるが、(19.2)の「知らねえし」は、それまでの可愛い良家の娘というユイのイメージからはほど遠い。他にも春子との会話で「はい…え？　なんスか、いやいや、友達ッスよ」(宮藤2013b: 185)という発話も見られる。ユイのヤンキー言葉は一種のランゲージ・クロシング(Bucholtz 1999b; Cutler 1999; Rampton 1999)の試みとも考えられるが、このキャラクター・スピークは短期的なもので、結局は標準語が中心となる。ただそこにユイの複雑な内面が浮かび上がり、もうひとつのキャラ要素が認められることは否定できない。

(19)『NHK連続テレビ小説「あまちゃん」完全シナリオ集第2部』(宮藤2013b: 169)

(19.1) アキ：「それなのに何だよ、やめだって？　冷めだって？　そんならオラの4ヶ月間は何だったんだよ、オラぁ何のために東京で、奈落で、風呂もねえ合宿所で…」

(19.2) ユイ：「(吐き捨てる)知らねえし」

9.4.3. 春子：人生とキャラクター・スピークの変化

春子のバリエーションの経験は、〈袖が浜方言→標準語→袖が浜方言〉である。脱袖が浜方言の後、標準語(東京言葉)、そして再度袖が浜方言という歴史は、ドラマの中のフィクションではあるものの、生育地の方言、居を構えた土地のバリエーション、そして再度生育地に戻っての方言と、彼女の人生と共に変化する。

24年前、春子が東京でアイドルになることを夢見て、母親の反対を無視し袖が浜を後にした時、その電車の中で大吉と交わしたのが(20)である。春子は(20.6)で標準語にシフトして、(20.9)でも標準語で大吉を拒否し続ける。標準語でしゃべることが春子の新しい希望のキャラクターであり、脱袖が浜を大吉に宣言する表現手段となっている。

(20)『NHK連続テレビ小説「あまちゃん」完全シナリオ集第1部』(宮藤2013a: 346)

(20.1) 大吉：「天野、おめ、高校卒業したらどうすんだ？」

(20.2) 春子：「東京さ行って芸能人になる」

(20.3) 大吉：「…馬鹿も休み休み言え、いづまでおめ、そんな夢みでえな話」

(20.4) 春子：「夢じゃねえよ」

(20.5) 大吉：「なに？」

(20.6) 春子：「歌番組にデモ送ったもん」

(20.7) 大吉：「で、でも？」

(20.8) カセットテープを自慢げに見せる春子。

(20.9) 春子：「知らないの？　土曜の夕方にやってる素人参加のオーディション番組」

24年後、春子は袖が浜に帰ってくるのだが、昔の知人に会うものの戸惑いを隠せない。ある老人が春子が誰なのか分からないでいることにイラついて、口を突いて出てくるのは「(イラっとしつつ)袖の春子です」(宮藤2013a: 13)という標準語なのである。

しかし春子は標準語で話していても、興奮して我を忘れると方言が口を出ることがある。アキが海に飛び込んだというニュースに驚く時は「(思わず)じぇ！」(宮藤2013a: 49)となったりするのである。脚本家の「思わず」という説明には、話者としての春子の中に潜在的にある袖が浜キャラが想定されている。

ドラマの後半、結局春子は袖が浜に戻って生活することを選ぶ。袖が浜の生活に慣れるにつれて、東京にいるアキとの会話には、春子が袖が浜キャラクターになりつつある様子が見てとれる。(21.16) で、自分では訛っていないと言っているのに訛っているのがエンターテインメントなのだが、それはまぎれもなく方言が話者の複数のキャラクターやキャラと関係していることを示している。(21.4) で「若干訛る」という説明が付け加えられていることに注目したい。(21.6) と (21.12) になると、春子の袖が浜方言はより明らかになる。(21.15) でアキは春子の訛りを「ママ、ちょっと訛ってっぺ」とメタ言語表現を使って指摘する。(21.16) で春子が言う「もう、田舎者の相手してるがら、しょうがないの」には、一文の中に理由は方言で述べるものの、主節は標準語で結ぶという声の多重性が観察できる。これらの発話は方言地域を思い起こさせる機能を果たし、それがキャラクター設定に結び付く。アキと春子はこの会話で、互いの方言キャラクターを交渉し合っているとも言える。アキは東京にいても方言を使い、春子は袖が浜にいることで無意識のうちにも方言が混じる。ふたりとも方言を使うのだが、そこには異なった背景や動機があり、それぞれのキャラクター設定に役立っている。

(21)『NHK連続テレビ小説「あまちゃん」完全シナリオ集第2部』(宮藤2013b: 108)

(21.1) アキ:「じぇ!」

(21.2) 春子:「『じぇ!』って、アキ? アキなの?」

(21.3) アキ:「びっくりしたあ、ママ出るど思わねがった、夏ばっぱは?」

(21.4) 春子:「お店よ、今日はママが遅番なの、なによ、<u>ママど喋りだぐねえの</u>?(<u>若干訛る</u>)」

(21.5) アキ:「いや、そうじゃなくて…声聞ぐど帰りだぐなるがら」

(21.6) 春子:「<u>だめよあんだ、まだ2ヶ月しか経ってねえでしょ</u>」

(21.7) アキ:「あれれ?」

(21.8) 春子:「なによ」

(21.9) アキ:「…なんでもね。あ、社長に会ったよ?」

(21.10) 春子:「太巻さん?」

(21.11)アキ：「うん、何考えでるが分がんねえげど…面白え人だ」
(21.12)春子：「あそう、良かったね、よろしぐ伝えで」
(21.13)アキ：「やっぱり」
(21.14)春子：「なに」
(21.15)アキ：「ママ、ちょっと訛ってっぺ」
(21.16)春子：「え!?　やだ、そんな、そんなことないわよ、やめてよ！
もう、田舎者の相手してるがら、しょうがないの」

袖が浜に落ち着いた春子は大吉と親しく話すようになるのだが、その場面では強度の訛りが観察される。春子の方言はフィクションではあっても、自分の生活する場所や、共に生きていく人々との生育地との関係に基づいたものである。ドラマの中で、春子は結局古くて新しい袖が浜方言を話すキャラクターとなるのである。

9.5.　語りのキャラクター・ゾーン

『あまちゃん』には主要登場人物である夏、春子、アキの三人の語りが入る。シナリオではナレーション部分は「夏N」などとしてあり、会話部分とは別扱いになっている。登場人物と語り手はドラマの中で異なった機能を果たすものの、同一の話者としての存在感は否定し難い。そこにはやはり話者の複合性が確認できる。第1話から第72話は夏の語り、第72話には夏にアキが加わり、第73話から第132話まではアキがひとりで語り手となる。春子が第133話から第154話まで、第155話でアキが加わり最終話では春子、夏、アキの三人が語り手となる。

夏は会話では袖が浜方言が中心だが、語りは原則として標準語になっている。春子は会話部分と語り部分はいずれも標準語、アキは会話では袖が浜方言が多く語り部分では方言と標準語を混合する。語り部分は主にデス・マス体で三人称の視点から描写されることが多いのだが、中には登場人物の心内会話として提示される場合や、語り手が間接話法を用いて他者の発話を想定して引用する場合もある。

ここで第4章で触れたBakhtin (1981) のキャラクター・ゾーンの概念を思い起こそう。Bakhtinはキャラクター・ゾーンを、小説のキャラクターが占領する声の領域として捉えている。そこはキャラクターが発する直接話法によって作られるのだが、その領域は広く、キャラクター・ゾーンには、作者とキャラクターとの会話が生み出すハイブリッドの声も含まれる。Bakhtinがテーマとしていた小説のディスコースをドラマに応用すると、キャラクター・ゾーンには、脚本家の声、語り手の声、登場人物の声が入り乱れると考えることができる。以下、キャラクター・ゾーンに存在する人々の関係性を明らかにすることで、登場人物でありながら語り手として機能する話者の諸相を理解していきたい。

9.5.1. 夏の方言使用・非使用とキャラクター・ゾーン

夏の語りは三人称で標準語の描写が中心である。例えば「1984年、北三陸鉄道が開通したその日、娘は町を出て行きました」（宮藤2012a: 12）という調子である。しかし(22)に見られるような会話調の話し言葉を使って、自分の気持ちを暴露する傾向もある。(22)は、ユイが種市と付き合っていることが明らかになり、そのせいでアキに種市からメールが送られてこないんだとする夏の語りである。登場人物としての夏とは違って標準語(しかも若者っぽい)で語ることは、異なった重層的なキャラクターを浮き彫りにする。

(22)『NHK連続テレビ小説「あまちゃん」完全シナリオ集第1部』（宮藤2013a: 421）

夏N：　「あれ？　あれあれあれ？　これってもしかして…　うわ――、どおりでメール送ってこないわけだぁ」

夏は登場人物になりきって会話調で語ることもある。(23)は、アキがユイの家に遊びに行って、ユイの兄ヒロシが父親に殴られる場面に遭遇するシーンである。それが自分のせいだったのかもと動揺するアキの気持ちを、あたかもアキになったかのように代弁する。こうして夏は他者に乗り移って語ることで、語り手としての自分だけでなく、間接的にではあれアキのキャラクターを演出するのである。

(23)『NHK連続テレビ小説「あまちゃん」完全シナリオ集第1部』（宮藤2013a: 156）

夏N：　「やべ〜〜〜、やっちまった〜〜〜！　これ、もしや、私のせいですかぁ？」

夏がアキの心内会話を引用して語りとする時は、いかにもアキが発話したような袖が浜方言になることがある。これは筆者がMaynard(1995)及び(メイナード1997)で「想定引用」(assumed quotation)として論じたもので、相手が言うであろう言葉を引用する操作である。相手の思考内容や感情を想定して引用表現とすることで、相手があたかも会話の場に存在するように近しく感じられる。(24)ではアキが心に思った感情をアキの言いそうな言葉で、「何すんだ、このババぁ」という言葉で引用しながら、「そう思いました」と括って代弁する。

(24)『NHK連続テレビ小説「あまちゃん」完全シナリオ集第1部』(宮藤2013a: 40)

夏N：　「『何すんだ、このババぁ』アキは空中でそう思いました」

同様の例として「そう毒づきながら」という描写を伴って、「うるせえデブだな」(宮藤2013a: 339)とアキの言葉を想定引用する場合がある。アキが実際言ったわけではないのだが、アキが発話しそうだとされる「うるせえデブだな」という表現を通して、アキのキャラ要素が間接的な方法で伝えられる。夏の語り部分は、このように語り手としてのみならず登場人物の感情を代弁することで、二重のキャラクター設定をするのである。そこに語り手から見た登場人物のキャラクターが間接的にクローズアップされ、視聴者はそのような解釈に導かれる。このキャラクター・ゾーンでは、あたかも会話の場に遭遇したような想定引用を通して、会話性と対話性が強調される。語りと登場人物の声はキャラクター・ゾーンに満ち溢れ、そのハイブリッド構造を通して、重層的な話者と登場人物のキャラクターが具現化するのである。

さらに夏の語りは、登場人物との会話としても機能する。(25.1)は脚本ではNが付いていないのだが、放送されたドラマでは、明らかに夏の語りの声となっている。それはこの部分がデス・マス体であることでも知れる。「ふて腐れるアキなのでした」はアキには聞こえないはずなのだが、アキは(25.2)で「ふて腐れてねえもん」と夏の語りを否定する。シーンの内側と外側が共存・重複していて、そのキャラクター・ゾーンには語りと会話のハイブリッド構造が認められる。伝統的なフィクションでは、会話部分と語り部分とは別々の構造上の領域として理解されてきたが、『あまちゃん』にはそれを脱構築することで、より自由な言語環境が生まれている。

(25)『NHK連続テレビ小説「あまちゃん」完全シナリオ集第1部』(宮藤2013a: 231)

(25.1) 夏：　「潜りたいのに潜れず、ただ暇を持て余し、ふて腐れるアキなのでした」

(25.2) アキ：「ふて腐れてねえもん」

(26.3) 夏：　「だったら手伝え」

以上考察してきたように、夏の語りには声の多重性を認めることができる。そこには語りの声、夏が想定する登場人物の声、間接話法で伝えられる声、そしてドラマの登場人物にも聞こえるような語りの声さえもある。夏の声の中には反響するアキの声が聞こえるのであり、その会話性を残したまま話者の複合的な複数の声が相互活性化される。キャラクター・ゾーンに響き渡る夏の声は、脚本家の意図を表現するものであっても、その表現過程にはそのままではなく、変化し屈折したハイブリッド構造としての重複した声が聞こえるのである。

9.5.2.　春子とアキのキャラクター・ゾーン

春子の語りは多くの場合デス・マス体の標準語で、(26.4)の「嬉しさよりも、重圧感に息が詰まりそうなアキでした」に代表される。しかし特に興味深いのは、春子が語りの中でアキの心内会話を導入する時である。(26.3)で、ユイがアキに仲良くしてねと言い、それに対する反応を春子はあたかもアキが言ったような会話体を使って導入する。(26.4)の「…重っ！　なんか分かんないけど重っ！」によって、標準語で反応したらこんな感じだという様子が提示される。アキの会話を想定すると方言になるはずなのだが、バリエーション的にはむしろ春子の標準語が前景化されていて、ここにも重層する声が確認できる。

(26)『NHK連続テレビ小説「あまちゃん」完全シナリオ集第2部』(宮藤2013b: 610)

(26.1) ユイ：　「私、アキちゃんと友達でよかった」

(26.2) アキ：　「え？」

(26.3) ユイ：　「これからも仲良くしてね」

(26.4) 春子N：「…重っ！　なんか分かんないけど重っ！　嬉しさよりも、重圧感に息が詰まりそうなアキでした」

春子が語りの中で空想の会話を披露することもある。(27) はアキがインタビューを受けるシーンでうまく答えられないことを嘆いているのだが、マネージャーの水口の想定引用を通して表現される。(27.4) では水口になりきって、彼が発話しそうな会話を直接話法で導入するのだが、それによって水口のキャラクターがそれだけ豊かに伝えられる。と同時に語り手としての春子も、演出のために声の多重性を駆使するキャラクターとして捉えられる。

(27)『NHK連続テレビ小説「あまちゃん」完全シナリオ集第2部』（宮藤2013b: 526）

(27.1) アキ：　「今ハマってるものですか？　ハマってるもの…ハマってる」

(27.2) ライター：「マイブームみたいな事なんですけど」

(27.3) 水口：　「……」

(27.4) 春子N：　「『なぜ気づいてあげられなかったんだ…』。水口くんは自分を責めました。『タレントが今、何を考え何を欲しているのか、先回りして考えるのがマネージャーの仕事なのに…何をやってるんだ俺はっ！』」

アキの語りにはスタイルの混合が見られるのだが、そこにはスタイルをキャラクター・スピークとして使い分ける様子がうかがえる。(28.1) では標準語のデス・マス体なのに対し、(28.4) では登場人物としての方言を使った発話がそのまま語りとして使われる。デス・マス体から会話体にシフトすることで、語り手としての素の自分を表現することが可能になる。

(28)『NHK連続テレビ小説「あまちゃん」完全シナリオ集第2部』（宮藤2013b: 344）

(28.1) アキN：「『じぇ』も出ませんでした」

(28.2) 春子：　「いないもんね、彼氏とか（萩尾に）ぜんぜん大丈夫です」

(28.3) 水口：　「じゃあ引き続き恋愛御法度ということで」

（28.4）アキN：「うわあ〜〜、どうすべえ」

アキの語りには、あたかもその場で会話に参加しているような印象を与えるものもある。それは、登場人物と語り手が同時に重複してキャラクター・ゾーンに登場する場合である。(29) はアキが太巻の機嫌を損ねたかもと困っている状況で、そこに登場したライバルのアイドルの可愛さに圧倒されるというシーンである。(29.3) の「じぇじぇ！」は会話部分、(29.4) は語り部分であるが、会話口調になっている。それが袖が浜方言になっていることからも、臨場感のある語りを狙っていることが分かる。

(29)『NHK連続テレビ小説「あまちゃん」完全シナリオ集第2部』（宮藤2013b: 30）

（29.1）アキN：「やべえ、怒ってる」

（29.2）　　　　と、その時「おはようございます！」と言いながら、ひとりの少女、有馬めぐが入って来る。

（29.3）アキ：　「じぇじぇ！」

（29.4）アキN：「め、めんこい！　顔ちっちぇ！　そして足が長え！」

アキの会話と語りの重層性は、次に説明するシーンにも観察できる。鈴鹿のヒットソングを紹介する場面で、アキはまず「鈴鹿ひろ美の『潮騒のメモリー』でがす」と紹介し、すぐに語りとして「本当は天野春子の、だげどな」（宮藤2013b: 224）と付け加える。最初の発話を語りで訂正することで、影武者として歌声を録音したのは母親の春子であることを主張し、視聴者に事実を思い起こさせるのである。アキは登場人物と語り手としての役目を乗り移りながら、複数のキャラクターとして登場するわけで、そのキャラクター・ゾーンには確かに複数の声が響いている。

時にはアキの語りは、そのシーンに登場していない人々に対する問いかけとしても登場する。例えば「ユイちゃん、ママ、夏ばっぱ。オラぁ、なんだかんだ言って、ツイでんじゃねえが？」（宮藤2013b: 64）と、自分が思い起こす相手に語りかける。それは一方通行の心内会話のままであるが、それでも会話性を呼び起こすことは否定できない。

以上の考察をまとめておこう。まず、夏の語りは標準語の語り口調を維持するものの、多くの他者の声を採用し、声の多重性が強く感じられるスタイルとなっている。春子は三人称の視点からの語りが多いものの、他者の声を取り入れることもある。そしてアキは登場人物と語り手の間を流動的に行き来し、心内会話、会話、語りというディスコースの諸相を移り動く。この三人が登場するキャラクター・ゾーンは、複雑で重層的である。そして語り手として設立される語りのキャラクターは、登場人物としてのキャラクターに矛盾せず、むしろその総体として、脚本家はドラマを構築するキャラクターやキャラを紡ぎ出しているのである。

9.5.3.　視聴者への語りかけとキャラクター・ゾーン

語り手のキャラクター・スピークは、ドラマの外側に位置する視聴者との間をとりもつツールとしても使われ、そこに作品の内側と外側を繋ぐ会話性と対話性が確認できる。会話性についてはBakhtin (1981) の概念にあるように、主に小説のディスコースで論じられてきたのだが、それをより広義に解釈することができる。Gil-Salom and Soler-Monreal (2014) は、会話性とは人間同士の会話行為だけでなく言語表現の間にも観察できるとしているが、ドラマのディスコースにおいては、そのキャラクター・ゾーンに語り手と視聴者との会話性が観察できる。[注6]『あまちゃん』の会話性は多面にわたっていて、登場人物の声の中に語りの声が聞こえたり、語りの声の中に登場人物の声が聞こえたり、加えて本項で考察するように、語り手が直接視聴者にアピールする場合もある。脚本家は語り手の声を借りながら、視聴者にどのような形でドラマを届けたいかを伝えるのである。

(30) は夏が語り手としてヒロシと会話する例である。ヒロシが (30.2) で「えっ！　あの!?」という表現を使うのだが、指示詞の「あの」が何を意味するのか視聴者には理解できないのではと考慮していることが分かる。[注7] (30.3) の夏の語りは、現行する会話に説明を加えているのだが、その突然の登場がエンターテインメント的であり、夏の語りのキャラクターが、視聴

注6　原文では “dialogue both as dialogic interaction between human beings and dialogic relations between words and texts” (Gil-Salom and Soler-Monreal 2014: vii) となっている。

注7　ア系の指示詞は、話者と相手との記憶の中に共通知識があると想定される時に選ばれる (メイナード 2005, 2006)。夏は視聴者には「あれ」が何か分からないだろうことを予測して話しかけ、どういう意味で「あの」なのか説明するのだが、ここで「あの」と言いその説明を加えることで、視聴者から親近感や共感を招くことができる。

者に親しみを感じさせる者として設定されていく。

(30)『NHK連続テレビ小説「あまちゃん」完全シナリオ集第1部』(宮藤2013a: 404)

(30.1) 春子：　「鈴鹿ひろ美」

(30.2) ヒロシ：「えっ！　あの!?」

(30.3) 夏N：　「あの!?　って言われても、どの？　って感じでしょうが、この！　ポスターを見れば、ああ、あの！と思うでしょう」

同様に夏が視聴者に話しかける例は、「またか。この娘はよっぽど服着たまんま泳ぐのが好きなんだな〜、と思われるかも知れませんが、好きで飛び込んだわけではないのです」(宮藤2013a: 87)にも観察できる。「またか。この娘はよっぽど服着たまんま泳ぐのが好きなんだな〜」という表現は、視聴者が考えていること、口にしているかもしれないことを想定引用して語ったものである。このような手法を通して語りのディスコースは相互活性化し、生き生きとした語りを生み出していく。

アキの語りの中にも、視聴者を意識して直接話しかけるものがある。(31)ではアキが語り手としての役割を意識しながらも、登場人物としての立場を全く否定するわけではないまま、ドラマの進行役を引き受けている。「ダメだあ、黙ってらんねえ」はアキの心内会話がそのまま表現され、すぐ「というわけで、あまちゃん、スタート」という語り手の声が続く。

(31)『NHK連続テレビ小説「あまちゃん」完全シナリオ集第2部』(宮藤2013b: 436)

アキN：　「ダメだあ、黙ってらんねえ…というわけで、あまちゃん、スタート」

同様の例として「うわあ——」と発話してから視聴者に謝り、「さすがにうるさいでしょうがら、一旦心の声をオフります」(宮藤2013b: 440)と語り手の立場を説明するものさえある。そこには脚本家の視聴者への配慮が感じられるのだが、キャラクター・ゾーンはこうした複数の声で満ちているのである。

(32)も脚本家が視聴者を意識して夏に語らせる手法である。ドラマのこの時点で視聴者は夏の語りの声は聞いているのだが、まだスクリーン上に現れていない。視聴者がそろそろどんな人か興味深く思っているだろうという想定のもと、それに答えるようなかたちで自己紹介する。そして、夏はここで語り手から登場人物へと豹変するのである。

(32)『NHK連続テレビ小説「あまちゃん」完全シナリオ集第1部』(宮藤2013a: 20-21)

夏N：　「はい、やっと出ました！　これが私、天野夏でございます」

同様の語りは春子にも観察できる。(32) で夏が自分を紹介してから、ドラマの後半で再び夏を紹介する。春子は語りで「はーい出ました！　袖が浜海女クラブ会長、天野夏さんは、完全復活して、今年も現役バリバリです」(宮藤2013b: 547) と三人称の視点から発言する。視聴者を意識したものであると同時に、この繰り返しはふたりの語り手を繋ぎ、談話構造上、一貫性をもたらす機能も果たしている。

9.6.　おわりに

本章では、テレビドラマにおけるフィクションとしての方言に焦点を当てた。『花子とアン』と『あまちゃん』の登場人物に見られる方言の使用・非使用という現象を比較し、前者は伝統的な生活に基盤を置いた方言使用であるのに対し、後者は生育地外のフィクションとしての方言を受容することで、キャラクターやキャラが創られる状況を考察した。

『あまちゃん』に使用される標準語や方言は、単なるコスプレでは片付けられない複雑な心理とその変化を動機とし、自分をどう提示したいのかという話者の欲望を基盤として選ばれる。実際のドラマの言語使用を観察すると、登場人物が置かれるコンテクストによって細かくシフトする様相が観察され、方言がより多様に戦略的に使われていることが明らかになる。例えば、アキが東京で方言を使うのは東京と同調しない自分を提示するためであり、春子との会話で方言で逃げるのは、自分を守るためである。それは根源では、言語が戦略として、自己表現のツールやリソースとして使われていることを意味する。このような戦略的な方言使用は、相手との相関関係に動機付けられるものであり、日本語のバリエーションの選択が、和辻（1934, 2000［1934］）や森（1979）が描いていた相手を含む場所に依存したものであることを思い出させる。

『あまちゃん』で特に興味深いのは、アキとユイというふたりの女子高生の登場人物が、フィクションとしての袖が浜方言とフィクションとしての東京言葉を受容し、それがキャラクター設定に利用されている点である。生育地の東京言葉を回避し、袖が浜方言を袖が浜だけでなく、東京で東京出身の相手に対しても使うというキャラクター・スピークは、ドラマのエンターテインメント性を高めるだけでなく、ポストモダン文化の中で方言の占める役割が従来のものから大きく変化していることを示している。一方、ユイは一度も東京に行ったこともなく、結局ドラマの中で上京する機会を何度も逃しているにも関わらず、標準語としてメディアに登場する東京言葉を使い続ける。ある時期ヤンキー言葉を話す女ヤンキーとなることはあっても、結局東京言葉のキャラクターを維持する。この現象にも、言語の選択を通して自分を演出する意図が観察でき、方言が自分提示のツールとして利用されていることが明らかになる。

加えて、夏、春子、アキが語り手として登場する場合には、会話体で不在の相手に語りかけたり、視聴者に語りかけたり、他者を登場させてあたかもその人が発話したかのような声を想定して引用したりする。話者は他者に乗り移りながら、複数の話者として機能している。そして視聴者は、登場人物と語り手が同一人物であることを考慮に入れながら、そのキャラクターやキャラ要素を楽しむようになっているのである。

ドラマのキャラクター・ゾーンに登場する話者は、方言や標準語やヤンキー言葉などのバリエーションを意識的に受容したり確認することで、会話性を相互活性化し、そこに多言語を招き入れることになる。本章で考察した現象は他の分析の章と同様、話者複合性に繋がっていて、筆者がテーマとする話者の言語哲学へのさらなるサポートを提供するものである。

第10章

少女マンガ：
浮遊するモノローグとキャラクター

10.1. はじめに：少女マンガという世界

本章は少女マンガを分析の対象とする。マンガは自然会話ではないが、多様な状況に置かれたコミュニケーションが描かれるのみならず、それぞれの発話の背景となる人間関係が観察しやすいという利点がある。マンガには、通常会話として相手に伝わらない内面が文字化されて表現されることも多く、それらを分析することが可能になる。ただ、表現が大袈裟でマンガ的な色彩が濃いことは確認しておくべきであろう。ポピュラーカルチャーとしてのマンガの言語が、実生活で交わされる日本語とどのような関係にあるかについての詳細は、これからの研究を待たねばならない。

マンガの中で本章で特に注目するのは、少女マンガというジャンルである。少女マンガは、特に1970年代から1980年代にかけて人気があり、1949年頃に生まれた花の24年組と言われるマンガ家達（萩尾望都、大島弓子、竹宮恵子など）が活躍した時代がその全盛期と言われる。1980年代以降、若い女性がファッション誌の読者となっていくにつれて、マンガの愛読者は限定されていったのだが、現在もいわゆる少女マンガやそれに類似するマンガは出版され続けている。

少女マンガの特徴について、大塚（1994）は作品に描かれる内面の発見をあげている。同様に難波（2001）も、少女マンガの特徴は、登場人物の内面を表現するモノローグ形式にあるとしている。このような特徴に支えられた少女マンガというジャンルは、登場人物の豊かな心情にアクセスすることを可能にする。そのプロセスで、本書の話者複合性というテーマに関連したさらなる考察が可能となることが期待される。

マンガの構成について、少女マンガと少年マンガのコマとその時間軸の関係を比較すると、興味深い相違点があることが知られている。少年マンガでは、ひとつのコマから次のコマへの流れは割合スムーズで、物語の初めから終わりへという時間軸に沿って進むのが一般的である。しかし1970年代の少女マンガでは、パネルは時間軸に関係なく自由に配置されている(Takahashi 2008)。例えば、物語が進行しているのと並列的に、ところどころに少女の横顔が挿入されたりするのだが、この手法は読者にそこで立ち止まることを促し、その顔の表情から登場人物の内面を深く読み取ることを可能にする。少女マンガは、語りの構造に大きな変革をもたらしたのである。

少女マンガ人気は、1970年代という時代が契機となっているとする見方がある。藤本(2008)によると、1970年代は、初期の少女マンガのテーマである自分の居場所を見つけたいという心情が、読者の共感を呼んだとのことである。自分の家に居場所のない少女、貧しいまたは不幸な家庭で育った少女にとっては、少女マンガに描かれる恋愛結婚と家庭に自分の居場所を見つけることが、人生のひとつの解決策と感じられた。しかしそのようなテーマも次第に変化し、少女マンガの中には、結婚以外に自分の幸せや生きがいを見つけていくというパターンも見られるようになった。いずれにしても、恋愛は少女マンガの永遠のテーマであり、社会的な背景や状況が変化しても、少女や女性を主人公とし読者とした作品群は、恋愛を抜きにしては語れない。そして恋愛にまつわる内面を表現するという作業の中で、現在も少女マンガの重要性は失われていない。

10.2. マンガの構造とモノローグ

10.2.1. 吹き出しと浮遊するテクスト

マンガの構造の中で重要なのは、コマと吹き出しである。コマ構成はマンガのストーリーを支え、吹き出しはシーンごとの登場人物の言語行為を特徴付ける。本章ではストーリー性よりキャラクター・スピークに焦点を当てるため、コマ構成でなく吹き出しに関連したモノローグに注目したい。

吹き出しは、マンガの中でセリフを取り囲んでいる一連の描線であり、通常、誰の発話であるかを示すしっぽを伴う。吹き出しには多くの型があり、それによってセリフの意味も変わってしまうことが知られている。白籏(1995a, 1995b)は、吹き出しの型によって「語勢」が変わってくるとしているが、より詳しく言えば、吹き出しはその描線によって発話の態度や特徴、さらに感情を表現することができる。白籏(1995b)と石森(2006)をヒントにごく簡単にまとめると、吹き出しには、典型的な風船型、ホンワカした喜びを表す雲型、正式で硬い発話を表す多角型、驚きや不安を伴うギザギザ型・放射線型がある。また、思考内容を示す泡型のしっぽ付きの風船型がある。

従来のマンガでは、会話は吹き出しの中、思考内容は泡型吹き出しの中に提示されるものとされてきた。その異なる表現方法が二種類の声を区別するとされた。つまり、内容が誰にも明らかである会話としての発話と、ただ一人登場人物だけが心中で感じたり理解したりしている個人的な思惟とである。読者はその両方を解釈するのだが、物語の進行という観点から言うと、その情報の分散の仕方は異なったものとなる。しかし、少女マンガにおいては、この会話部分と思考内容との区別に加え、そのどちらにも入らないまま中間に位置するテクストが、より微妙な心理の揺らぎを表現する。本章の分析で焦点を当てるのは、この吹き出しの外に位置するモノローグの言葉である。少女マンガでは、このコマ内部の空間に浮かぶ言葉が、重要な意味を持つからである。1970年代の少女マンガ家達が登場人物の心理の表出に力を入れ、モノローグを多用することで独自の心理的世界を作り上げたことは、先に簡単に触れた通りである。この内面を描写するという作業こそが、少年マンガとの違いを決定的なものとしたのである。

吹き出しとコマ内に提示される言葉(テクスト部分)との関係は、一様ではない。竹内(2005)は、コマにおける絵と言葉の関わりについての歴史を追っていて興味深い。マンガの絵と言葉には有機的な関係があるのだが、明治から大正にかけて欧米の形式が組み込まれたこともあり、次のような変化が見られるとのことである。1920年代のマンガでは、コマの左右に描写説明の言葉が添えられていたのだが、1940年代に吹き出し中心のマンガが流行するにつれ、言葉は吹き出しの中に置かれることが多くなった。やがて語りのテクストが、コマの内側で吹き出しの外に置かれることが多くなり、それが心理表出の機能を担うようになる。さらに、吹き出しの外には語り手のツッコミなどが添えられるようになる。こうして現代、吹き出しの外に置かれたテクストは、登場人物の心理状況を表現したり、語り手のコメントを提示したりするために不可欠の要素になっている、と。

本章で分析する浮遊するモノローグは、マンガ作品の中で特別なスペースを創り出す。空間に浮かんだモノローグは、描線が描く枠組みを免れるため、それだけ自由になる。吹き出しはその囲いとしっぽで誰かの発話と直接繋がるのだが、吹き出しの外に置かれることで、異なった視点からの発話を混交することができるからである。コマ内に規定されていない余白、つまり自由な空白を認めることで、ありとあらゆるタイプの言語表現や、その混合やシフトを導入する白いキャンバスのような場所が提供される。それは、あたかも無の場所における自己(西田 1949a)としての話者が、その白いキャンバスに自由と可能性を見出すかのようである。

吹き出しの外に置かれた浮遊するテクストは、筆者が Maynard (2016) で「浮遊するささやき」(floating whisper)と名付けた現象である。この浮遊するモノローグは、写植のものも手描きのものもあり、その大きさや字体は変化に富む。文として成り立つものから、句や単語のみで構成され、横書き、縦書き、斜め書き、がある。何らかの枠(四角枠や多角枠、放射線枠など)に囲まれたものもあれば、全く枠なしのものもある。枠がある場合は吹き出しに見られるようなシッポを伴わず、誰の発話か思考内容かは直接示されない。テクストは、白黒、灰色、または、抽象的なデザインや具体的な風景を背景にして提示される。なお、本章で分析するモノローグは、コマ内で使われる擬態語、擬音語、叫び声、などを除いた部分に限ることとする。

モノローグとしてのテクストには明確に把握できる思惟だけでなく、過去の出来事やそこで交わされた言葉、いつ発したとも知れない詩的なフレーズや語りなどが折り重ねられる。そこには、登場人物が明確にコントロールできないような感情や思いが表現されることさえある。さらに吹き出しの外に置かれた言葉で、登場人物が自らの発言や振る舞いについてコメントすることがあり、それは再帰的な自分を確認することに繋がる。こうしたキャラクターや話者の複合性を示す重層的な声が聞こえる少女マンガは、何よりも、自分の心を複雑で奥行のあるものとして捉えることに成功したジャンルなのである。

より具体的には、浮遊するテクストには、次のような種類がある（Maynard 2016）。

1. 登場人物のモノローグ
2. 登場人物の発話（多くの場合、進行中の会話に添付・追加するかたちで）
3. 進行中の会話に付随する登場人物の告白
4. 語り手のコメント
5. マンガ家（作者）が読者に向けるコメント
6. 過去の会話の引用
7. 他のジャンルからの引用（歌、詩など）

少女マンガのモノローグは無形型の吹き出しとも呼ばれるが、その表現性と自己の内部との関係について、杉本（2007）はBakhtin（1981）を思い起こさせる立場をとっている。以下杉本より引用しておくが、その言葉は筆者の立場と矛盾しない。

> フキダシ内と外の言葉はその位相がずれているだけではなく、ズレを含みながらも前の言葉を引き継いで新しい感情や情報を付け加えるという、対話的関係が成立していることがわかる。いわば、自己の内部において複数の声がズレを含みながら響きあうポリフォニックな状況がフキダシという形式の内部と外部に置かれた言葉の相互干渉によって成立しているのである。そして、その左と右とに振り分けられた言葉の位相のズレが、内面に立体的な奥行きを与えているのである。（杉本 2007: 33-34）

浮遊するモノローグが具現化するスペースは、キャラクター・ゾーン（Bakhtin 1981）として捉えることができる。ここには、作者、語り手、登場人物が住み、それぞれがキャラクター・スピークを話すことでキャラクターやキャラを実現する。そしてそれは会話性に支えられた多言語性に満ち、声の多重性を実現し、それぞれの声の微妙な差異性でディスコースを相互活性化させるスペースである。このようなキャラクター・ゾーンは、少女マンガが求める表現の自由を可能にするスペースなのである。

10.2.2. 少女マンガのモノローグとポストモダン

少女マンガにおけるモノローグの重要性は、既に紹介した大塚（1994, 2001）や難波（2001）以外にも、多くの研究者によって指摘されている。例えばTakahashi（2008）は、初期の少女マンガを代表する大島弓子の作品について、それがページに散りばめた花びらのようであり、そのテクストは小説の一人称の語り手の声のようであるとしている。同様にShamoon（2008）も主人公のモノローグとしての語りは、深くその内面に届くものであり「吹き出しの外に現れる主人公の内面のモノローグは、映画の語りや小説の一人称の語り手の声に似ている」（Shamoon 2008: 145）と述べている。[注1]

もっとも、少女マンガがそのビジュアルに支えられながら、複雑に重層する内面を言葉で表現するという現象の重要性を早期に指摘したのは、吉本（2013［1984］）である。吉本は、テクストが登場人物の発話でもなく内面でもない何かを表現している場合について、すでに1980年代に次のような考察をしている。少女マンガのテクストは複数の層として現れ、しかもそれは直接話法と間接話法の中間の幾つかの層に現れる。例えば、主人公が疑問に思っていると解釈できるような疑問文が、吹き出しの中ではなく四角型の枠に囲まれたモノローグとして空白に置かれる。この場合、その問いかけは主人公によって発話されたものとも、思考内容とも、他の誰かが発したものとも解釈できる。しかも、モノローグの提示方法によってさらに多くの層の声として聞くことができる。吉本は、少女まんがの典型として萩尾望都の作品について論じているが、その言語はもっとも見事に微分化されていると指摘し、「画像にたいして半音階ともいうべき語相を、はっきりと定着させ」、「そういう語相がありうることを割り出してみせた」（吉本2013［1984］: 303）と記している。

少女マンガが成し遂げたこのような変化を、大きな文化の流れの中に捉え

注1　原文では（T）he interior monologue of the main character appears outside word or thought balloons; this approximates voice-over in film or first-person narration in the novel.（Shamoon 2008: 145）となっている。

る見方もある。少女マンガは、文学の再構築を可能にすると指摘するヨコタ村上（2006）の立場である。現代のマンガは、戦後アメリカから日本に導入された自分の思想と他者の意識という区別をあいまいなものにした。手塚治以来使われていた吹き出しの中と外という別々の世界が、少女マンガを初めとする現代マンガの手法によって、あいまいなものとなったのである。実際、登場人物が考えていることが他の登場人物に分かるというような、従来は不可能だった複数の意識の交錯が、自由に表現されるようになった。

ヨコタ村上は、少女マンガの現象を自分と他者というデカルト的な分離を超えて、Bakhtin（1981）の言う声の多重性が個人の内面に響いているという視点で捉え、次のようにまとめている。

> 明治日本文学は西洋文学をモデルにしながら内面と外面の区別を制度化し、それが意味を持つような世界観、そして世界を構築した。戦後日本マンガは、それに約半世紀遅れて、二種類の吹き出しをアメリカン・コミックスから移入することによって、その軌跡をなぞった。それから三十年足らずで、マンガは今度は内面と外面の合一を制度化し、その対立を無化し、再構築しようとしているかに見える。「近代」を非常な速度で賭けぬけたコミックスは、いま、「文学」を抜き去ろうとしているのかもしれない。（ヨコタ村上 2006: 47）

少女マンガは、一方で登場人物間の個別性を打ち破り、また一方で、ナレーションと会話という位相の間を移行することで、言語表現を未分離のままの現象とすることに成功した。独白のセリフと、会話のセリフの中間にあって、主人公の独り言あるいは語り手の言葉として表出されるもの、つまり吉本（2013［1984］）の言う半音階的な言語の位相を、何重にも繰り返しながら登場させることを可能にしたのである。

この観察は、第2章で論じたポストモダンにおける脱デカルト的自己の認識と、その複数性・複合性に結び付く。さらに第3章で触れた日本の哲学や文化・文芸に見られる複数の自己と矛盾しない。そして少女マンガというジャンルは、確かにポストモダンの自己イメージを、しごく自由に表現することに成功した作品群で形成されているのである。本章では、少女マンガの古典とも言うべき『ホットロード』と、最近の少女マンガである『僕等がいた』と『君に届け』の三作品に焦点を当てる。少女マンガは、本研究のテーマを追うために避けては通れないジャンルなのである。[注2]

10.3. マンガにおける話者の諸相と複合性

10.3.1.『ホットロード』のモノローグ

『ホットロード』は紡木たくによる少女マンガで、1985年から1987年にかけて『別冊マーガレット』に連載され、単行本としては4巻が発刊されている。主人公の女子中学生、宮市和希（14歳）は親の愛に恵まれず、その反動から不良になり、友達に誘われて暴走族の集会に連れて行かれる。そこで暴走族NIGHTSの春山洋志という16歳の少年に会う。初めは口ゲンカをするふたりだったが、家出した和希は春山と一緒に住み、次第に惹かれ合うようになる。春山はNIGHTSの総頭となり、暴走族同士の抗争中、体に麻痺が残る大怪我をする。これを契機に和希は族から離れ、春山を支えながら生きていく決意をするというヤンキー系青春恋物語である。[注3]

『ホットロード』は、少女マンガにおけるモノローグ使用の可能性と可変性を示す作品として重要である。マンガ全体に多くの省略が使われ（竹宮2001）、モノローグは縦書きと横書きで、そのまま黒やグレーのスペースや景色などを背景にして自由に現れる。特に『ホットロード』における横書きモノローグについて、竹宮（2001）は、縦書きモノローグが絵やセリフの補足として使われているのと対照的に、主人公が置かれた状況と同時進行している心情・気分そのものを表現するために使われる、と説明する。横書きモノローグは、同時進行している会話に付随しているため臨場感があり、後続する例に見られるように、その同時性ゆえに話者の複合性を強く感じさせる表現ツールとなっている。

『ホットロード』では、ひとつのコマの中でさえ複数の物語が同時に進行することがあり、登場人物の語り部分、会話部分、モノローグが重層化して

注2　少女マンガの分析に関連して筆者はMaynard（2016）で矢沢あいによる『NANA』シリーズと、はやかわともこによる『ヤマトナデシコ七変化♡』シリーズを分析したので、興味のある方は参照されたい。

注3　ヤンキーについては第7章を参照されたい。

現れる。紡木たくの作品に関連して、この重層的な物語構成を指摘する笹本(2002)は、それを「一本の鎖をたどるようにして出来事の連載を順々に示していく単線的なリニアな語りに対し、出来事の流れを複数のラインとして多面的に捉え、これを複線的、重層的に同時に提示しつつ進行するという方式の語り」(2002: 121)であると性格付けている。『ホットロード』は、複雑な語りの構成とモノローグを最大限に利用した作品なのである。

ここで、幾つか例を観察しよう。特にモノローグが語り手と登場人物の声として機能すること、モノローグと会話におけるスタイルの差、そして縦書きと横書きモノローグの機能に注目したい。

『ホットロード』は、湘南の国道をバイクに乗って去っていく少年の後ろ姿を描いたページから始まる。ページの右下には、春山の左向きの横顔が描かれている。そしてページの上方に三行、下方に二行に分かれて(1)が横書きで浮遊したテクストとして提示される。春山が左を向いていることは、正面と違って読者との距離感が感じられるものの、顔の向きが進行方向であり、これから物語が始まることを予感させる(Jewitt and Oyama 2001; メイナード 2008；Maynard 2007, 2016)。[注4] (1)は詩的な表現であり、その予告的な内容から、この作品全体が誰かの思い出に基づいていることが分かる。この部分は、登場人物が紹介される前であり語り手の声と解釈できるのだが、「逢いたい」という一人称を想定した表現を考慮に入れると、登場人物のモノローグともとれる。語り手と登場人物の区別があいまいにされることで、物語全体の雰囲気と重層的な声を感じ取ることができるようになっている。

(1)『ホットロード』第1巻(紡木 1986: 3)

(1.1)　語り/和希：＝＝H夜明けの
(1.2)　　　　　　　H蒼い道
(1.3)　　　　　　　H赤い　テイル　ランプ
(1.4)　　　　　　　Hもう1度

注4　マンガのビジュアル記号は、その解釈に重要な意味を持つ。ただし本章は会話部分や浮遊するテクスト自体を分析するもので、ビジュアル情報はあくまで付随的な分析にとどめることを断っておきたい。詳細はビジュアル記号をマルチモダリティ分析の手法(Kress and van Leeuwen 1996, 2001; van Leeuwen 2003, 2004)に基づいて考察したメイナード(2008)及びMaynard(2007, 2016)を参照されたい。

(1.5)　　　　　　　　Hあの頃の　あの子たちに　逢いたい＝＝

次に縦書きと横書きのモノローグがミックスされる例を見よう。(2)は、和希が母親が恋人と会っていて、自分のことを愛してくれないと不平を言うシーンである。ここでは、浮遊するテクストは和希と母親の発話と平行して、枠なし縦型、枠なし横型、そして風船型で提示される。縦書きのモノローグは、(2.12)の「モォこんなことはいいたくないのに」と(2.14)の「もォなにもいいたくないのに」という繰り返しである。これは、和希がその会話の場で発話について感じている気持ちを表現したものである。全体的に縦書きとなっているマンガの方向性から逸脱している横書きのモノローグは、(2.2)の「きたない」、(2.8)の「うちはきたない」、(2.10)の「ハルヤマの家よりうちは」、(2.15)の「すごくきたない」という部分であり、これは進行中の会話とは一歩離れて、より深いところで感じている和希の心の叫びである。そして風船型の枠内にモノローグとして提示されている(2.3)の「……いらない子だったら産まなきゃよかったじゃないか」は、(2.4)でこれから発話しようとする内容の前触れとして提示される。短い会話の中に和希の重層的な思いが、そのモノローグの形を通して何層にも表現されるのであるが、それは話者の複合性に繋がっている。

(2)『ホットロード』第2巻(紡木1987: 92-93)

(2.1)　母親：＝＝「なぜみんなして　妨害すんのよ？」＝＝

(2.2)　和希：＝＝Hきたない

(2.3)　　　　[……いらない子　だったら　産まなきゃ　よかった
　　　　　　じゃ　ないか]＝＝

(2.4)　　　　＝＝「産まなきゃ　よかったじゃ　ねーかよっ」

(2.5)　母親：「あ…　まっまって　ごめんなさい」＝＝

(2.6)　　　　＝＝「ちょっと　うまくいかない　ことがあって　……」

(2.7)　和希：「あたしはあんたの　おもちゃじゃないっ」＝＝

(2.8)　　　　＝＝Hうちは　きたない

(2.9)　母親：「よ　よくわから　ないわ」＝＝

(2.10)　和希：＝＝Hハルヤマの家より　うちは

(2.11)　母親：「なぜ　そんなふーに」

(2.12) 和希：モォこんなことは　いいたくないのに＝＝
(2.13)　　　　＝＝「ママなんか」
(2.14)　　　　もォなにも　いいたくないのに＝＝
(2.15)　　　　＝＝Hすごく　きたない
(2.16)　　　　「おまえの顔　なんか　もォ　見たくねぇよ」＝＝
(2.17) 母親：＝＝「な…ぜ…？」
(2.18)　　　　「そんなふうに…　なっちゃったの…？」＝＝
(2.19) 和希：＝＝「てめぇがっ…」＝＝
(2.20)　　　　＝＝「こおゆー子に　したんだろーがっ……」＝＝

なお、このシーンのビジュアル記号について、簡単に説明しておこう。母親の困惑した悲しそうな表情と和希の怒りの表情が、部分的にクローズアップされて何コマにも分かれて描かれている。最後の(2.18)と(2.19)の背景は、夜の湘南海岸の景色と、ドアノブを握ろうとする和希の手のクローズアップで、口ゲンカの後、家を出て行くことが暗示される。また、(2.16)と(2.20)は、より大きな文字で提示されていて、強調されていることが分かる。いずれにしても、縦書きと横書きのモノローグは、コマのビジュアルと会話の間に配置されていて、何層にも重なる和希の心の葛藤を表現するスペースとなることで、複合的な話者の姿を描いているのである。

10.3.2.　和希のキャラクター・スピーク

和希のキャラクター・スピークで目立つのは、モノローグ内の心内会話として使われるヤンキー言葉である。和希は次第に暴走族と深い関係を持つようになっていくキャラクターであり、そのスタイルはヤンキーキャラクターと矛盾しない。しかし、会話の相手やコンテクストによってはヤンキー言葉を避けることもあり、また語り手としてはごく普通の語り口調になることが多く、そのスタイルには変動がある。

(3)はそのような例である。和希の(3.1)、(3.2)、(3.6)、(3.7)、(3.10)のモノローグは、春山の会話部分に平行して提示される。和希は発話してはいないのだが、その気持ちは(3.7)の「やさしくすんじゃねーよ」という乱暴な言葉で表現される。この表現と(3.10)の「したりしそーになんじゃないかよー」という表現は、和希のヤンキー系キャラクターの設定を可能にし、

(3.12) の非ヤンキー言葉へのシフトは真剣な、ある意味正統的な語り手キャラクターとしての和希を印象付け、ここにも和希の話者複合性が観察できる。

ビジュアル記号のコンテクストによっても、異なった感情が強調される。(3.1) と (3.2) は横書きのモノローグであり、内容的には和希の本音であることが、他の部分とコントラストすることで明示される。(3.6) と (3.7) は灰色のスペースを背景としているが、疑いや困惑の表現をそれと矛盾しないビジュアル記号が支えている。(3) はごく短い例だが、モノローグが幾つか異なった層によって構成されていることが分かる。異なったバリエーションが混用されるキャラクター・スピークを異なった背景に置くことで、話者の複合化されたイメージが提示される。

(3) 『ホットロード』第2巻 (紡木1987: 164)

(3.1) 和希：　＝＝Hほんとは
(3.2) 　Hこわくてたまらない
(3.3) 友人：　「遊びに　いこーぜ」＝＝
(3.4) 春山：　＝＝「ああ」
(3.5) 　「学校…行っとけよ」＝＝
(3.6) 和希：　＝＝なん…だよ
(3.7) 　そんな急に　やさしくすんじゃ　ねーよ＝＝
(3.8) 春山：　＝＝「それに」
(3.9) 　「親にも　電話ぐらい　しときなぁ」＝＝
(3.10) 和希：　＝＝ホントに　がっこいったり　ママに電話　したりしそーに　なんじゃないかよー＝＝　(略)
(3.11) 春山のメモ：＝＝ H宏子へ　和希はあずかった　かえしてほしければ　メシをつくって待ってろ　春山＝＝
(3.12) 和希：　＝＝Hゴールデンウィークの湘南海岸線は　人がすごくて　おまつりみたいだった＝＝

『ホットロード』のモノローグは、会話と交錯しながら提示されることが多いのだが、そこには、登場人物のキャラクターが鮮明に浮かびあがる。例えば、春山が和希に何歳かと聞くシーン (紡木1986: 44-46) では、会話する和希とモノローグでつぶやく和希が同時に提示される。まず、何歳か答えない和希に春山が「おまえくちきけねーのかよ」と言う。それに対する和希の反応は、横書きモノローグで「ベーつにてめーに名まえなんかいったってしょーがねーだろーっ」「はやく　あっちいけよ」というヤンキー言葉になっている。次に春山が「おまえんち」「家テー環境わりいだろ？」と言うと、和希は会話に参加して「うるせえな～　でめーには関係ねーだろォ？」と答える。春山の発話と平行した和希の心の動きは、まずモノローグで表現され、それが会話の沈黙の時間を埋める。ここでは春山には聞こえない心の中の声が、読者には理解できるような仕組みになっている。読者はそのモノローグにアクセスすることで和希の複雑な思いを理解し、後続する会話部分で表現される和希の気持ちを統合しながら、彼女に同調するように仕向けられるのである。

『ホットロード』からもう一例あげておこう。(4) は和希が母親と朝食をとっているシーンで、同時に朝のニュース番組がテレビから流れてくる。そこには、横書きモノローグのみならず、イメージの中の和希や、進行中の母親との会話に関する発話などが混在している。(4) の横書きモノローグを追っていくと、(4.4) の「ママは朝はキゲンがわるい」、(4.12) の「あたしはこの女に」、(4.13) の「たったひとつだけ聞きたいことがある」、(4.14) の「でもそれは」、(4.17) の「聞かない」となる。この声は、母親との関係を大人びて理解し、自分の立場を主張しているような印象がある。一方、(4.10) の「うるせえな　こたつがほしーんだよ」は、ヤンキーキャラクターとしての和希の会話表現である。

加えてこのシーンには (4.7) と (4.8) に見られるように、手描きのローマ字表記の言葉が登場する。これはコマの外に描かれた簡単なビジュアルを伴っていて、そこにはこたつに入った和希の「I-janyo」というつぶやきと、こたつ布団に「TEGAMI ARIGATO」のローマ字表記が現れる。これは母親との朝食シーンとは別の世界であり、和希のイメージしている自分の姿とも、また作者がイメージしている姿を追加したものとも思われる。いずれにしても「いーじゃんよ」をローマ字で綴ることで、もうひとつの和希のキャラ要素が提示される。さらに、コーヒーを飲む和希は、(4.16) で「あちっ」という手描き文字の反応で示されるように、普通の女の子のキャラ要素も持っている。和希の複雑なキャラクターは、これらの層に同時に表現されるキャラ要素を統合することで設定される。

(4)『ホットロード』第1巻(紡木1986: 104-106)

(4.1) 和希：　＝＝「こたつが　ほしい」＝＝
(4.2) ニュース：＝＝Mおはよー　ございます
(4.3) 母親：　「どして？」＝＝
(4.4) 和希：　＝＝Hママは　朝はキゲンが　わるい
(4.5) 　「こたつ入って　……みかん　たべたい」＝＝
(4.6) 母親：　＝＝「ふっ　テレビドラマ　ばっかり　見てるから」
(4.7) 和希：　HM I-janyo
(4.8) 　HM TEGAMI ARIGATO＝＝
(4.9) 　＝＝Mごくん＝＝
(4.10) 　＝＝「うるせえな　こたつが　ほしーんだよ」
(4.11) ニュース：おはよー　ございます　こちら静岡です＝＝
(4.12) 和希：　＝＝Hあたしは　この女に＝＝
(4.13) 　＝＝Hたったひとつだけ　聞きたいことがある…＝＝
(4.14) 　＝＝Hでも　それは
(4.15) ニュース：Mほぼ中旬か…　下旬なみの＝＝
(4.16) 和希：　＝＝「Mあちっ」
(4.17) 　H聞かない＝＝

以上考察したように和希のキャラクター・スピークは、その会話と多様なモノローグを通して、キャラクターやキャラを創っていく。分裂し重層化する自己が鮮明に提示されるのだが、そこに描かれる複合的な話者は、少女マンガの世界が、ポストモダンの文化的背景を背負ったジャンルであることの反映でもある。

10.4.『僕等がいた』における七美のキャラクター・スピーク

『僕等がいた』は、小畑友紀による少女マンガで、2002年から2010年にかけて『ベツコミ』に連載された。全16巻の単行本として出版されているが、本章でデータとするのは第1巻と第16巻である。主人公は釧路の高校に入学した高橋七美（ナナ）で、物語は同じクラスで誰からも好かれる男子、矢野元晴と出会うところから始まる。最初は余りいい印象ではなかったものの、七美はしだいに矢野に惹かれていく。ふたりは付き合い始めるのだが、矢野はひとつ年上の恋人が交通事故で死ぬという過去を引きずっていることが分かる。家庭の事情で矢野は東京へ、その後七美が上京するものの、矢野は消息不明となる。結局は最終話でふたりは再度巡り合うという恋物語である。

10.4.1.　ジェンダーバリエーションの操作

七美のキャラクター・スピークは幾つかのバリエーションに支えられていて、それが読者を楽しませてくれる。使われるバリエーションは、基本的には、会話ではダ体の会話体、モノローグ部分ではダ体の描写的な文表現となっている。例えば、ダ体のモノローグが七美と矢野の会話の間に挿入されるシーンでは、モノローグは「矢野はどういう女の子を好きになるんだろう」「どういう女の子を好きになったんだろう」「なんで」「あたしはこんなこと知りたいのかな」となっていて、会話部分では「あ　あのさ」「もしつきあった子がさ」「気の多いコだったらどうすんの？」（小畑2002: 44-45）という会話体となっている。

しかし、七美のキャラクター・スピークで目を引くのは、そのモノローグに登場するジェンダーを意識させられるバリエーションである。特に興味深いのは、七美が一般的に男性語とされているバリエーションを使う時である。そこで次に、女性が男性語を使う現象に関する先行研究に触れておきたい。

マンガに観察されるジェンダー表現の種類について因（2003）は、女性語（男性が用いると強い違和感がある）、女性的中立語（女性的だが男性も使う）、中立語（性別的でなく回避的な表現）、男性的中立語（男性的だが女性も使う）、男性語（女性が使うと強い違和感がある）の五種類をあげている。もっとも、因も述べているようにジェンダー表現の範囲や種類を決めるのは簡単ではなく、同じ表現でも文脈によって属する範疇が異なってくる場合があることに留意しておく必要がある。因は、男性語を女性が使う場合を、他人格モードを創出する手段として捉える。具体的には深刻さの緩和や照れ隠しのため、また本音トークを誘発する契機となり、さらに感情の爆発を可能にする機能があるとしている。そして女性が男性語を使うことで、素の自己のままでは使い難い表現を、容易に使用することができるとしている。このような理解の仕方は、本章で分析する登場人物のキャラクター・スピークにヒントを与えてくれる。ただ、筆者は男性語、女性語、という呼び方自体が誤解を招く可能性があるように思うため、例えば男性語は男性というジェンダーを思い起こさせるバリエーション(gender-evoking variation)という捉え方(Maynard 2016)をする。これは筆者が第8章で、おネエ言葉を性差を想起させるバリエーションとして捉えたのと同様である。

なお、李(2011)は、因(2003)が報告している女性の男性語・異性語の使用が日常会話においても観察され、行儀が悪い、俗っぽいなどのニュアンスを利用して、笑いを誘ったり場のバランスを保ったり微妙なニュアンスを伝える機能を果たしている、と指摘している。そして、男性語と女性語間のスタイルシフトが主に女性の発話に観察されるものであることから、女性は男性と比べてよりポジティブで調和的である、と結論付けている。この研究でも、男性語、女性語、異性語、という概念が使われ、ともすると、男性はこうだが、女性はこうだ、という把握の仕方がやや早急に成されている。筆者は、このような分類の仕方自体が偏見や誤解に至るのでは、と危惧する。従って性と言語を直接結び付けることを避け、男性語・女性語としてではなく、話者の表現のためのツールやリソースを提供し、性差を想起させるバリエーションという意味で、すべてを次に示すようなジェンダーバリエーション現象として捉えることにする。[注5]

ジェンダーバリエーションには、次の四種類をあげたい。下記の「女性的キャラクター」「女性的キャラ」「男性的キャラクター」「男性的キャラ」という用語の「女性的」と「男性的」という表現はfeminineとmasculineという表現に近い(Maynard 2016)。ジェンダーバリエーションは、伝統的な性

注5 ここで論じている男性的キャラクター・キャラバリエーションと女性的キャラクター・キャラバリエーションというジェンダーバリエーションは、おネエ言葉やヤンキー言葉より広義に使っている。おネエ言葉には女性的な表現が使われるが、おネエ言葉はそれを応用した女性的キャラクター・キャラバリエーションのひとつであり、同様にヤンキー言葉はヤンキーによって使われる独特の男性的キャラクター・キャラバリエーションの一種である。

のイメージを想起させるという意味において女性的・男性的なバリエーションなのであり、話者の性別とは直結しない。なお、ひとつの発話や文に複数のバリエーションが使われること（例えば「わたしにゃ我慢ならねー」）もあることにも留意しておきたい。

1. 女性的キャラクター・キャラバリエーション（fv=feminine variation）：
   話し手・使い手が女性であることを強く感じさせるバリエーションで、いわゆる女性言葉、お嬢様言葉を含む。（かしら、だわ、など）
2. 女性系中立バリエーション（fnv=feminine neutral variation）：
   聞き手に、時には弱いものの、女性のイメージを抱かせる、またはやさしい、控え目などの女性のステレオタイプ的要素を思い起こさせるバリエーション。（わたし、の、のよ、など）
3. 中立バリエーション（nv=neutral variation）：
   性のイメージを呼び起こさせないバリエーション（食べる、行かない、など）
4. 男性的キャラクター・キャラバリエーション（mv=masculine variation）：
   話し手・使い手が男性であることを感じさせる、または乱暴、飾らないなどの男性のステレオタイプ的要素を思い起こさせるバリエーション（食う、行かねえ、ぜ、行け、おれ、など）

『僕等がいた』の七美のキャラクター・スピークには、上記のすべてのバリエーションが観察できる。七美は乱暴言葉を使うことがあるのだが、主にヤンキー言葉を使うヤンキーキャラクターではなく、あくまで男性的キャラクター・キャラにとどまっている。次に具体的に七美のモノローグがどのバリエーションに当たるか、テクスト部分だけ抜き出して例示しておこう。

『僕等がいた』第 1 巻（小畑 2002: 24）

ああどうしよう（nv）
もうすぐテストがある（nv）
どうして高校に入ったとたん数学ってこんな難しくなってんの！（fnv）

はあ　なんかイラつくぜ(mv)

『僕等がいた』第1巻(小畑 2002: 36)

……だ　だまされるな(nv)

だまされるな(nv)

あたしはあんな笑顔したって(fnv)

くらっとなんかするもんか(nv)

……なんかこう何もかもが嫌になる時ってあるのよネ(fv)

作品全体を通して七美のモノローグには、ざっくばらんでやや乱暴な男性的キャラクター・キャラバリエーションがしばしば使われる。興奮すると会話でも乱暴言葉を使うことはあるが、モノローグの方がよりストレートなスタイルになっている。このざっくばらんなモノローグ内の口調が七美のキャラクターを特徴付け、そこに感情丸出しのキャラクターが創られる。男性的キャラクター・キャラバリエーションを使って感情を表現する例を幾つか観察しよう。[注6]

(5)では(5.3)の「鼻の下のばしてんじゃねー」、(5.4)の「ばーか　誰が行くか」という男性的キャラクター・キャラバリエーションで自分の内面を表現する。モノローグの後、矢野が話しかけてくると、(5.9)で「ど　どうしたの？」と男性的キャラクター・キャラバリエーションではなく、女性系中立バリエーションの会話体になる。

(5)『僕等がいた』第1巻(小畑2002: 62)

(5.1)　七美：＝＝あー　あほくさ＝＝

(5.2)　　　　＝＝てゆーか　あいつ　絶対調子に乗る

(5.3)　　　　<u>てゆーか</u>　<u>鼻の下のばしてん</u>　<u>じゃね</u>ー

(5.4)　　　　<u>ばーか</u>　<u>誰が行くか</u>…＝＝

(5.5)　矢野：＝＝「ねえ」＝＝

(5.6)　　　　＝＝「ここ　空いてる？」＝＝

(5.7)　七美：＝＝「…え」

注6　『僕等がいた』の七美は男性的キャラクター・キャラ表現を使用するのだが、その頻度は、第1巻の第1話では9例認められた。『君に届け』の爽子の場合は、そのような使用例は一度も認められなかった。

(5.8)　　　　え？

(5.9)　　　　「ど　どうし　たの？」

他にも、矢野が七美の話を聞いておらず、勝手な注文をしてくるのに対してモノローグ内で「人の話聞けコラ」(小畑2002: 34)が使われたり、「聞き逃さなかったぜ　ちくしょう」(小畑2002: 18)や「イラつくぜ　ちくしょう」(小畑2002: 25)のような男性的キャラクター・キャラバリエーションが使われている。このようなざっくばらんで飾らない口調は、伝統的には男性言葉と捉えられてきたが、七美のバリエーションについては男性を想起させることは否めないものの、それより率直さを表現するために使っている印象が強い。

次に七美のモノローグ、会話、思考内容、そしてモノローグへの追加コメントなどが複合的に使われる例を見よう。(6)は、屋上でひとり物思いにふけっている矢野を見つけた七美が、心の中でいろいろな思いに襲われる場面である。結局、矢野が七美に気付いてふたりは言葉を交わすのだが、そのプロセスが浮遊するテクストとして示される。

七美のモノローグの内容は、(6.7)の「…矢野も」、(6.8)の「空を見たくなることが」、(6.9)の「あるのかな」、(6.10)の「なんか」、(6.11)の「変…？」に観察できるように、中立バリエーションを採用した心内会話である。思考内容を心内会話として表現している部分では、(6.3)の「ドキってなんだ!?　ドキって!?」、(6.4)の「アホか！」、(6.6)の「はあ　行こ行こ」であり、ここでは会話の場に直接関係ある自分の反応を、やはり中立バリエーションの会話体で表現している。同様に(6.13)の「気づかれてしまった」も会話の場に直結した反応を描写したものである。(6.17)の「ぐはっ　バレバレ」は、会話的な相手への反応であり、手描きの(6.19)の「いつも居眠りしてるし」は(6.18)の自分の発話に補足したコメントであり、いずれも中立バリエーションを使っている。

なお、(6.4)の「アホか」というバリエーションは、若者に人気のある関西方言を借りてきたもの(井上・荻野・秋月2007)で、関西弁話者の典型的なキャラクターとされるざっくばらんな態度を表現する。この関西方言は、その逸脱性ゆえに読者の興味を誘い、さらにレトリック的使用(三宅2005)

として「おもしろい」「かっこいい」といった意味を添える。いずれにしても「アホか」という表現は、それだけ七美のキャラ要素を豊かなものにする。

(6.5) の「なんであんなやつに」と (6.22) の「なんだよそれ」という胸中を吐露する表現は、男性的キャラ要素を含んでいる。七美の飾らず告白するざっくばらんなキャラ要素は、彼女のキャラクターに付け加えられ、次第にその全体像を鮮明なものにしていく。そして七美は矢野との会話で、(6.18) の「も　もしや矢野も…？」という中立バリエーションを使い普通の女の子を演じる。なお、(6.2) から (6.3) にかけては、つっかえを伴ってモノローグから思考内容に移るのだが、そこに七美の内面が重層的に表現されていることが分かる。[注7]

(6)『僕等がいた』第1巻（小畑2002: 38-39）

(6.1)　七美：　＝＝矢野だ＝＝
(6.2)　＝＝……ド
(6.3)　『ドキって　なんだ!?　ドキって!?』＝＝
(6.4)　＝＝『アホか！』
(6.5)　なんで　あんなやつに＝＝
(6.6)　＝＝『はあ　行こ　行こ』＝＝
(6.7)　＝＝…矢野も＝＝
(6.8)　＝＝空を見たく　なることが
(6.9)　あるのかな＝＝
(6.10)　＝＝…なんか＝＝
(6.11)　＝＝変…？　＝＝
(6.12)　矢野：＝＝「何　やってんの？」
(6.13)　七美：『気づかれて　しまった』＝＝
(6.14)　＝＝「そっちこそ　てゆーか　あたしは　空が見たくなって」
(6.15)　矢野：「はは　何か　悩みでも　あるの　かい？」＝＝

注7　会話におけるつっかえ現象については第6章を参照されたい。

（6.16）　　　　＝＝「つーか　アレだろ　テスト」
（6.17）七美：ぐはっ　バレバレ
（6.18）　　　　「も　もしや　矢野も…？」
（6.19）　　　　Mいつも居眠り　してるし
（6.20）矢野：「オレ？ 87点」
（6.21）七美：「……」
（6.22）　　　　なんだよ　それ＝＝

ちなみに、因（2003）は女性が男性語を使うと他人格モードを作り出すとしているが、七美の発話は他人格を想起させるわけではない。自己の人格が既にあって、それに他人格モードを付け加えるというわけではないからである。因が指摘するように、素の自己のままでは使い難い表現を容易にするという側面は確かにあるのだが、七美にとっての男性的キャラバリエーションは男性を想起させるものの、あくまでそれを積極的に利用しながら自分を演じるために使うツールである。男性的キャラクター・キャラバリエーションの使用を、他人格という概念で自己と対峙的に捉える必要はないように思う。七美のざっくばらんな飾らない発話は、男性語に直接繋がっているわけではなく、あくまで数多くあるなかのひとつのモードとして受容されているのである。

なお、ビジュアル的には、七美の左向きと矢野の右向きの顔のアップが、小さく区分けされたコマに登場する。モノローグに伴う互いの視線を感じるそのビジュアルは、（6.14）と（6.15）の会話部分では体全体を描いた中距離から遠距離に変化し、（6.16）から（6.22）を含む最後のコマでは、会話とモノローグだけが空間に浮いているように提示される。モノローグと会話は最初別々に提示されるものの、最後は両者が重なり合うように配置されていて密接な関係にあることが示される。七美は会話とモノローグで複数のキャラ要素を含むバリエーションを使うことで、ストレートでざっくばらんなキャラクターとして設定される。（6）は短い部分に過ぎないが、中立バリエーションによる内面の思考、男性的キャラクター・キャラバリエーションを取り入れたストレートな感情、中立バリエーションによる外に向けた自己提示、などを表現する話者イメージが豊かに創造される状況が観察できる。

『僕等がいた』では(6)に見たように、進行中の会話と同時に、登場人物の心の動きが浮遊するテクストとして提示される。会話に添付された追加コメントにも助けられながら、会話する話者と心の中でいろいろな感情を経験している話者が同時に登場する。重層的な表現を通して、七美の迷いやすい、しかしストレートで飾らないキャラクターとキャラが強調される。

同様の例は、七美が矢野の死んでしまった恋人の写真を見るシーン(小畑2002: 118-119)にも観察できる。七美は矢野に向けて、中立バリエーションを維持し「これ？」「右から2人目？」「…す　すごいキレーな人だね」と発話する。矢野が「うん　でも実物のがもっとキレイ」と答えると、七美は「へ　へえ…」と反応する。この会話に挟まれて七美のモノローグが提示されるのだが、それは、中立バリエーションの描写で「こんなタイミングで見たくなかった」、「だって」、「どういう顔していいのかわから……」となっていて、その直後、七美のモノローグとして「……め　面食いだ～　こいつ!!」、「…だ　だめじゃん　完全負けじゃん」という心内会話になっている。「こいつ」という表現は男性的キャラバリエーションであり、直接ざっくばらんに感情を吐露したり、自分の意見を固執するキャラ提示を可能にする。ここでも男性を想起させるバリエーションは、男性(語)に直結する人格を指標するというより、あくまである態度を強調しながら、キャラクターやキャラを創るためのツールとして機能している。

なお、七美のキャラクター・ゾーンで話者複合性を示す現象として、再帰的自己を想定した表現も観察されることを付け加えておきたい。[注8] 自分に言い聞かせる行為は、言い聞かせる者と聞かされる者のふたりの話者の対話性を必要とするのだが、その例としては、自分に「だまされるな　だまされるな」(小畑2002: 36-37)と繰り返す場面がある。また先に見た(6.4)の「アホか！」という表現も、自分で自分に呼びかける再帰的表現である。

以上観察してきたように、七美のキャラクター・スピークの特徴のひとつは、ジェンダーバリエーションを利用して異なったキャラ要素を提示することである。ジェンダーバリエーションの操作は、マンガの登場人物のキャラ

注8　再帰的自己を想定した表現については、第7章で分析したケータイ小説にも顕著に見られる現象であり、すでに言及済みなのでそちらを参照されたい。

クターやキャラを創るためのリソースとして、大切な機能を果たしているのである。

10.4.2. スタイルシフトとアイロニー

七美のキャラクター・スピークの中には、スタイルシフトが観察される。日常会話ではダ体が中心なのだが、丁寧表現で距離感の調整をすることがあり、そこにはそのような自己を演じる者としての七美が登場する。また、キャラクターを立てるために、ステレオタイプとして使われる表現を借りてきてそれをキャラ要素として使う場合や、アイロニーのような表現で皮肉を言うキャラを演じる場合もある。これらのスタイルシフトやレトリックの綾は、登場人物としての七美のキャラを、それだけ複雑で興味深いものとする。登場人物のキャラクター・スピークを細かく観察することで、単なる役割語研究で認められるステレオタイプ的キャラクターとして捉えるのでなく、その場のコンテクストや個人的な感情、物語上の役割、また演出する意図などによって、瞬時にいろいろとシフトするキャラ要素やキャラクターを発見することができる。そして、言うまでもないことだが、登場人物としての話者はそれに伴う幾つかの場を同時にディスコースに導入するわけで、そのキャラクター・ゾーンには話者複合性が観察できる。

次にスタイルとそのシフトが七美のモノローグ、思考内容、会話でどのように使われているかを観察しよう。七美は矢野に告白するのだが、ふたりは相変わらずふざけたり口ゲンカをしたりする。(7) はそんなシーンで、思考内容を示す (7.2) の手描きの「このやろー」と (7.1)、(7.3)、(7.6) の「なんでこいつって」「こんな」「いじわるなの」というモノローグは、七美の内面を重層的に表現している。「こいつ」「このやろー」という男性的キャラバリエーションを通して、ざっくばらんなキャラを導入し、「こんないじわるなの」という女性系中立バリエーションは女性的なイメージを呼び起こす。そして (7.7) と (7.8) の「あたしのカン違いでした」は「あたし」が女性系中立バリエーションとして女性的な印象を与えながら、デス・マス体に変化している。この会話は通常のダ体の会話体と対照的に距離感を表現するため、七美の語り手としてのキャラ要素が前景化される。

デス・マス体には、(Cook 2008) が指摘するように、基本的には人前での自分の提示を指標する機能がある。より具体的には、有識者側に立った者が意見を発表する時や、人前である役目を演じる時に使われるとしている。加えてCookは、デス・マス体が社会的に地位の低い人によって使われることを指摘しているが、七美のデス・マス体には相手に対する丁寧さと相手を意識して演じる意図が感じられ、そのような立場に自分を置くキャラを提示する。なお、(7.4)の「超小声」は、作者のコメントとして手描きで追加されていることを付け加えておきたい。

(7)『僕等がいた』第1巻(小畑2002: 160)

(7.1) 七美：＝＝なんでこいつって

(7.2) 『Mこのやろー』

(7.3) こんな

(7.4) M超小声

(7.5) 「"好き"って　言ったこと　は」＝＝

(7.6) ＝＝いじわるなの

(7.7) 「あたしの」

(7.8) 「カン違いでした!!」＝＝

七美のスタイルシフトには中年男性をイメージさせるものもある。モノローグの(8.1)は「ヤツ」、思考内容の(8.2)には「あいつ」が使われていて男性的キャラクター・キャラバリエーションとなっているが、(8.2)には「イカンのだ」が使われている。この逸脱したバリエーションにシフトすることで、中年男性の声を借りて戒める七美のキャラ要素が付加される。

(8)『僕等がいた』第1巻(小畑2002: 32)

(8.1) 七美：＝＝思ったほど　イヤなヤツ　じゃない　のかも…＝＝

(8.2) ＝＝『…なんて　甘い!!　あいつは　クセ者　気を許しちゃあ　イカンのだ』＝＝

七美の表現の中には、アイロニー効果を狙ったものもある。それは次のようなシーンで使われる。七美が友達の名前を忘れてしまい矢野に聞くと、矢野はわざと間違った名前を教える。そのことで七美は恥をかくことになるのだが、その時矢野に名前を忘れる方が悪いんだと言われる。それに対する七美の反応は、「そ…　そうですネ……」「おっしゃるとおりで」(小畑2002:

20）となっている。このような極度の敬語を交えた丁寧表現にシフトすると、それはアイロニーとして理解されることが多い（尼ヶ崎1988）。矢野も「いえいえ」と答えていて距離感が保たれ、むしろふざけた雰囲気が漂う。この会話は、まだふたりが親しくなる前の会話であることは確かであり、丁寧表現が社会的な距離感に基づいていると考えることも不可能ではないのだが、この作品の他のダ体の中立バリエーションの発話例から逸脱しているため、アイロニーと解釈するのが妥当である。

より明らかにアイロニー的表現と解釈される例は、七美が入院したというニュースに矢野が心配して見舞いに来るシーンに観察できる。七美が倒れたのは単なる疲れと睡眠不足だったことが分かり、矢野が安堵し大声で笑うと、七美は手描きモノローグとして「そ　そんな」「笑っていただけて何よりで…」（小畑2012: 133-134）と反応するのである。半分嫌味ではあっても、このようなアイロニーを含んだ丁寧なスタイルを使うキャラが、七美のキャラクターに加えられることは確かである。

七美のキャラクター・スピークは一定したものではなく、ジェンダーバリエーションやスタイルシフトを混合することで、異なったキャラを加えながら変動するものとしてある。『僕等がいた』の作者は、このような手法で七美の複雑な重層的なキャラクターを立て、読者を楽しませるのである。

10.5.『君に届け』における爽子のキャラクター・スピーク

『君に届け』は椎名軽穂による少女マンガで、2005年より『別冊マーガレット』に連載中で、単行本としては2015年末で25巻発行されている。本章でデータとするのは第1巻、第14巻、第15巻である。北海道にある北幌高校に入学した黒沼爽子は、「貞子」というあだ名が定着するほど、白い顔に長い黒髪をたらした陰気な少女である。内面は純粋でクラスの誰に対しても親切で、しかも成績は優秀なのだが、努力して笑うとその不自然な表情のため皆に怖がられる始末で、浮いた存在になっていた。そこに人気者の風早翔太が登場する。両思いなのだが、爽子は風早の気持ちを友情として理解していて気付かない。しかし、結局付き合うこととなり、三年生となった現在進路に悩んでいるという進行中の恋愛物語である。

10.5.1.　内面告白と純情キャラクター

爽子のキャラクターは、会話よりむしろ心の動揺を内面告白として複数のレベルで表現することで設立される。それは浮遊するモノローグや吹き出しの中の思考内容として写植や手描きといった表記で引用される。異なった提示方法によって微妙に変動する心の動きが伝えられるのだが、そこで明らかにされる感情や思考内容が、話者の複合性をより鮮明なものにする。[注9]

(9) は風早に親切にしてもらった爽子が、お礼にと自分で焼いたクッキーを学校に持ってきて、それをどう渡そうかと思い迷うシーンである。その気持ちはすべて縦書きで提示されていて、まず写植のモノローグとして (9.1) と (9.5) がある。ここでは状況説明も果たしながら、爽子の思いがむしろ描写的に語られる。(9.4)、(9.9)、(9.10)、(9.14) は手描きのモノローグで、中心となる思考に補充するようなかたちで、会話体で表現される。(9.4) の「はずかしいもん」、(9.9) の「や……やっぱり……手作りは」、(9.10) の「やめとけば……よかった……かも」、(9.14) の「えーと　一時間めは数Ⅰ」は、感情に支配され困惑する内面が、会話体であることでより具体的に印象付けられる。

マンガには会話部分は勿論のこと、いわゆる日常会話に使われる会話のストラテジーが頻出する。第6章で指摘済みだが、会話の言葉には言いよどみ、言い直し、フィラー、言いさし、おもに最初のシラブルを繰り返すつっかえ、聞き取れない会話に伴う問い返し疑問、聞き違い、などのストラテジーが使われる。少女マンガのモノローグは会話体のものが多く、そうであればこそ、会話のストラテジーを通してそこに話者のキャラ要素が加えられる。

(9) に頻繁に使われる三点リーダーの言いよどみと、(9.14) の「えーと」というフィラーは、なかなか言葉にならない状況を伝える。(9.9) の「や……やっぱり」はとぎれ型、語順戻り方式のつっかえ (定延 2005) で、躊躇感や心の動揺を表す。(9) に見られる言いよどみ、フィラー、つっかえなどは、ポピュラーカルチャーのディスコースに観察される会話らしい会話 (メ

注9　縦書きと横書きのモノローグの使用に関して、『君に届け』では『ホットロード』に見たような使用方法は観察できず、その感情の深さなどには余り関係なく使われている。むしろマンガの構成上の必要性によって選択されているようであり、また全体的に横書きのモノローグの頻度は低い。

イナード2012, 2014; Maynard 2016）を作り出し、会話の場をイメージさせることで、爽子の困惑の度合いがより鮮明に伝えられるのである。

(9)の思考内容として吹き出しの中に引用される一連の表現は、クッキーを渡すのをどこにするか、矢野の反応はどうかと心配し、汗が出てきた自分に再帰的に落ち着けと命令する。そして、こういう状況には免疫があったはず、と自分を客観的に眺める。このような心の動揺を、吹き出しの中の思考内容とモノローグで詳しく提示することで、読者に内省的な爽子のキャラクターが伝えられるのである。実際、(9.16)で風早が「おはよー」と挨拶するまで、爽子は内面の葛藤（妄想？）に翻弄されている。そこで初めて我に返るのである。このように内面で悩む爽子は、純情無垢な少女として（その外見のためにさらに恥ずかしがりやで、自信の無い）純情キャラクターとして具現化する。

(9)『君に届け』第1巻（椎名2006: 93）

(9.1)	爽子：	＝＝ジャージとタオルの　お礼に　クッキー　焼いてきちゃった…
(9.2)		『渡すの　放課後に　しようかなぁ』
(9.3)		『ちょっと人気の　ないところで』
(9.4)		Mはずかしいもん…＝＝
(9.5)		＝＝ドキドキするなあ……
(9.6)		『あー　でも　食べて　くれるか　なぁ』
(9.7)		『手作り　だしなぁ　はりきり　すぎたか　なぁ……』＝＝
(9.8)		＝＝Mドキドキ　ドキドキ　ドキドキ　ドキ
(9.9)		Mや……やっぱり……手作りは
(9.10)		Mやめとけば……　よかった……　かも
(9.11)		Mドキドキ　ドキドキ　ドキドキ＝＝
(9.12)		＝＝『なんか　へんな汗　でてきた…
(9.13)		Mおちついて!!』
(9.14)		Mえーと　一時間めは　数Ⅰ
(9.15)		『こ……　こういうの　断られるのも　結構　免疫が

あったはず…』＝＝

(9.16) 風早：＝＝「おはよー」＝＝

(9.17) 爽子：＝＝「おはよー　風早！」＝＝

(9) の考察は私達に、語彙や文表現だけでなく、マンガに使われる内面表示の方法自体が、キャラクター・スピークとして機能していることを教えてくれる。『君に届け』の爽子は、行動に出るより内面で悩むタイプのキャラクターとして理解されるのだが、それは発話される言語のみでなく、全体的に工夫を凝らした多様な内面表示によって具体化する。加えて『君に届け』の第1巻で使われるバリエーションは中立のものが多く、男性的キャラクター・キャラバリエーションは使用されないことに注目したい。直接ざっくばらんに感情を暴露したり、強い意見を言ったりすることは避けられていて、それも爽子の内気なキャラクターを支えている。

なお、(9) に関してビジュアル的に注目に値するのは、(9.8) から (9.11) にわたるコマで、このコマには手描きの「ドキドキ」という表現が大きな文字で何度も使われ、その興奮状態が伝わってくる。また、(9) に出てくる爽子は、すべて右向きとなっていて、それがマンガの物語の進行方向と逆になっていることから、ここで読者に立ち止まって爽子の内面の迷いに注目するように促す。

『君に届け』では、モノローグや吹き出し内の思考内容の内面告白が、会話部分より重要な役目を果たすことは先に触れたが、他にも内面が会話より重点的に表現され、爽子の純情さが重層的な描写で強調される場合がある。例えば、クラス全員のノートを集めるシーンで、委員をしている矢野がてきぱき集めてくれるのを見て感動する、という爽子の純朴な気持ちが表現される場合である。実際の会話部分は「……」となっていて沈黙を守っているのだが、心の中ではモノローグと思考内容を示す吹き出しで「ちょっとさみしい」「この風早くんとの人望の違いといったら…」「あたり前だけど」「本当に霊感のひとつでもあれば怪談が出来て喜ばれるのに………………」「でもどうやって身につけるんだろう？」「…やっぱり憧れちゃうなあ」（椎名 2006: 12）と続くのである。

内面告白の重要性は、浮遊するテクストとして提示されるモノローグと会話が共存していることでも分かる。(10)は矢野が河原で捨て犬を見つけたと爽子に報告する場面で、実は爽子も登校途中同じ捨て犬を見つけていたため、そのことを言い出そうとする部分である。(10.4)で「…捨て犬？」そして(10.7)で「河原の？」と発話する間に、(10.5)の「子犬？」と(10.6)のつっかえの「か」がモノローグとして挿入されている。そして爽子の思いは「河原の？」という会話となって続くのだが、このように「か」と心の中で発話を試み、それが実際の発話に繋がるプロセスが描かれることで、爽子の引っ込み思案の性格がさらに強調される。

(10)『君に届け』第1巻(椎名2006: 84)

(10.1) 風早：＝＝「犬？　すき　なの？　おれ　え、今日　みたよ
捨て犬だけど
(10.2) M子犬でさ」＝＝
(10.3) ＝＝M遊んでたら　制服がぬれちゃってさ
(10.4) 爽子：「…捨て犬？」
(10.5) M子犬？　＝＝
(10.6) ＝＝か
(10.7) 「河原の？」＝＝

爽子は自分の行動に対して注意を促し、再帰的な自分を認識することがある。この傾向は爽子の内省的なキャラクターと矛盾しない。例えば「わー！」「私なんだか幸せ続きで」「うかれすぎ!!」「気……気をひきしめなくては……」(椎名2006: 181)がある。なお、(9.13)の「おちついて!!」も再帰的な表現である。

爽子の内省的な引っ込み思案なキャラクターは、(11)の爽子を紹介するシーンでも伝えられる。自己紹介という重要な場面でも、恐る恐る登場する恥ずかしがりやのキャラクターが創られる。この部分はビジュアル的に不穏な背景で、いかにも不気味な女の子というイメージが強調される。そして本来は発話するべき自己紹介なるものが、(11.5)と(11.6)の語り部分で説明され、本人は思考内容とモノローグのみで登場するという奇妙な状況になっているのである。作者は爽子が直接発話することを避け、間接的に紹介することで引っ込み思案のキャラクターを効果的に作り上げる。(11.1)の「……霊とか……みえないんですぅ……」と (11.3) の「あと親がつけた名前はさわこですぅ……」という言い訳のような発話 (をイメージした思考内容) と、(11.2) と (11.4) に続くモノローグの謝罪表現は、爽子のキャラクターを決定的なものにしている。

(11)『君に届け』第1巻 (椎名2006: 7)

(11.1) 爽子：＝＝『……霊とか……　みえないんですぅ……』

(11.2) 芸がなくて　ごめんなさいー…

(11.3) 『Mあと親がつけた名前は　さわこですぅ……』

(11.4) M名を…体で　あらわせない…

(11.5) [小学生以来の　あだ名は貞子]

(11.6) [最近では　本名を知る者は　ほぼいなく　怖れられる毎日]

なお、爽子のスタイルとして「お見苦しいところを」(椎名2006: 7) や「お恥ずかしい」(椎名2006: 85) などの丁寧表現が出てくることがある。『僕等がいた』では丁寧表現がアイロニーと解釈されるが、同じ丁寧表現ではあっても、爽子のキャラクターでは心から丁寧に恐れ入っていることが感じられる。発話のコンテクストとともに話者のキャラクターも、意味解釈に少なからぬ影響を与えるのである。

10.5.2. 言いよどみと語りのキャラクター

『君に届け』の爽子のキャラクター設定で興味深いのは、引っ込み思案の性格を伝える会話のストラテジーである。特に注意を引くのは言いよどみで、それは発話や文の最初と最後に使われる三点リーダーと実線で示される。ポピュラーカルチャーの書き言葉のリーダーとダッシュの使用について、榎本 (2008) は三点リーダーやダッシュはそれぞれ偶数単位で使われ「主に会話文の前後につけて『絶句』『言いよどみ』『余韻』『ためらい』などの言葉の『間』を表現する」(2008: 61) と説明している。

リーダーとダッシュは確かに話者の言いよどみを表現しているのだが、頻出する部分を抜き出して例示しておこう。(ここではリーダーとダッシュの長さはなるべく原作に沿うようにした。)

『君に届け』第1巻 (椎名2006: 24-27)

…………初めてだよ

名前を呼ばれるのも――――――――――――――

…こんな気持ちも

生まれて初めてだよ――――――――――――――

……うれしいな―――――――…………

『君に届け』第1巻（椎名2006: 43-45）

………風早くんは私に

はじめてをたくさんくれるみたい…………

…わたし

風早くんに会えてよかったな―――――――――

上の例はいずれも、爽子が風早に対する思いをモノローグで表現したものである。横書きと縦書きのモノローグには、爽子の気持ちが多くの言いよどみのマーカーとともに提示されている。その位置は発話の前後で、リーダーとダッシュの違いはあるものの、すべて爽子の躊躇する様子を表現したものであり、感慨深く感じ入っていることが伝わる。そんな遠慮がちな純情な女の子として、爽子のキャラクターは形成される。

『君に届け』における爽子の言いよどみは、異常に頻度が高いように思えるのだが、確かにその頻度に有意義性があるかという疑問が浮かぶ。そこで『僕等がいた』と比較しながら、リーダーとダッシュの使用状況を調べてみた。具体的には、両作品とも第1巻の最初の1話で、吹き出しの外に置かれた七美と爽子の浮遊するテクストに限り、そこに使用されるリーダーとダッシュの頻度を調べた。その結果、『君に届け』では、総行数204のうち、言いよどみのマーカー付きが99箇所、マーカーなしが105箇所であり、『僕等がいた』では総行数202のうち、マーカー付きが24箇所、マーカーなしが178箇所であり、有意性が認められた（$\chi^2 = 64.55$, $p <.001$ with 1df）。なお行数とは、それぞれのモノローグの行換えに基づいた数字であり、分析対象となったテクスト量は一定している。言いよどみは『君に届け』の爽子のモノローグには、少なくとも3行に1回の割合で使われているのである。『僕等がいた』の七美のモノローグでは、言いよどみを伴う行が約12％にとどまっていることと比較すると、爽子にとって言いよどみが重要な会話のスト

ラテジーとなっていることが分かる。言いよどみという会話参加の方法自体がキャラクター・スピークの一部として、爽子のキャラクター設定に大きな役目を果たしているのである。

爽子のキャラクターは、そのモノローグの語り口調によっても明らかになる。全体的な印象としては、内面を距離を保って語るため、内省的でむしろ落ち着いた語りのキャラクターが作られる。例えば(12)では、その文末が「噂になっていました」というデス・マス体になっていることからも、登場人物としての爽子ではなく、爽子の語り手キャラクターを表現するものであることが分かる。

(12)『君に届け』第1巻(椎名2006: 69)

(12.1) 爽子：＝＝［夏休みを直前に　クラスで　起こった　出来事は］＝＝

(12.2) ＝＝［二学期が　始まった頃には　学年中の　<u>噂になっていました</u>］＝＝

同様の語り口調には、「人と接するのは難しいけれど」「やさしいいい人はいっぱいいるなと実感する今日この頃ですー」(椎名2006: 76)や「席替え以来私の周りはなんだかほんとに夢のようです」(椎名2006: 166)がある。

『僕等がいた』と比較しても語り手としての距離感は維持されていて、その内省的な印象は登場人物としての爽子と矛盾しない。読者は話者を、作品の中の登場人物と語り手としてのキャラクターの特徴を統合したかたちで解釈することになるのであり、爽子の場合は両者が相乗効果をもたらす。言い換えれば、作者は語り手と登場人物のキャラクター・スピークをその創造活動の一部として操作し、キャラクターの全体像を創り上げているのである。

10.6. マンガ家とキャラクター

10.6.1. 作者のキャラクター：マンガ系と語り系

マンガ作品に認められるキャラクター・ゾーンは、登場人物と語り手だけに占領されているわけではない。マンガ家も作者としていろいろな形で登場し、作品の内外でその存在感を印象付ける。そこで『君に届け』を中心に、『僕等がいた』の場合と比較しながら、作者がどのように作品に投影されているかを観察してみたい。この二作品の作者のキャラクターは異なっていて、前者はマンガの世界をそのまま受け継いだようなマンガ系と言えるものであり、後者は三人称の視点から話を進める語り系と言うことができる。

まず、『君に届け』であるが、作品には読者に直接アピールするような工夫が凝らされている。それはマンガ家がメーキングの状況を説明したり、コマ内部に侵入して説明を加えたり、作者としてのコメントを挿入したりする場合である。読者はこれらの行為を通して、マンガ作品全体の雰囲気や作者のキャラクターを理解する。『君に届け』の作者のマンガ作品への関わり方は、マンガ家が読者と同じ視点から作品に接しているような印象を与えるほど、カジュアルで親しげである。そしてそれが作品のマンガ的雰囲気をサポートするような効果を生む。『君に届け』の作者は、いかにもマンガ的なキャラクターとして自分提示をしているのである。

作者の自分提示は、特徴あるキャラクター・スピークを通して実現する。例えばメーキングに関連して、本のカバーに掲載された作者のコメントに(13)がある。特に(13.2)の「ふふ」という笑いや、(13.3)の「鏡みるたび年とったなって思うけどね!!」という表現は、あくまで作者の個人的な情報であり、そのような情報を入れることで、読者に親しみを感じてもらいたいという意図が感じられる。

(13)『君に届け』第1巻(椎名2006: カバー)

(13.1) とりあえず1巻ということで、心機一転がんばります

(13.2) 本人全然フレッシュじゃないけど気持ちはいつまでも新人です。ふふ。

(13.3) 鏡みるたび年とったなって思うけどね!!

さらに『君に届け』の第1巻には、1ページに及ぶ作者のコラムがあり、マンガ作成についての説明がマンガ入りで紹介されている。そこには、友達に話しかけるような口調で、手描きのメッセージが掲載されている。例えば「前に『キャラクターはなんとなく自分の子供のような目線で見ている』というような事を書いたことがあるのですが、爽子に関しては孫!!　孫なかんじです。こんな子いたら可愛ーなーと思いながら描いています」(椎名2006: 162)がある。このマンガのメーキングに関する内容と口調は、作者が読者に

直接アピールするために選んだものであり、親しみのあるマンガ系作者キャラクター（作者自身がマンガに登場するような人物）の印象を濃くする。

一方『僕等がいた』の作者は、『君に届け』のマンガ系の作者とは対照的に、メーキングについてのコラムやコメントはなく、マンガの中に登場することも余りない。語り方は全体的にまじめでマンガ的ではなく、作品を通して距離感のあるエッセー風の語りが目立つ。『僕等がいた』の作者は、あくまで語り手としての役割をこなす語り系を維持しているのである。

『僕等がいた』の第1巻は（14）の語りのモノローグで始まる。この部分は（16.4）の「彼」という指標にあるように、三人称視点から語られている。

（14）『僕等がいた』第1巻（小畑 2002: 3）

（14.1）＝＝H彼はその時　まだたったの15歳で＝＝

（14.2）＝＝Hそして今　まだほんの16歳で

（14.3）H支えなければならない現実は

（14.4）Hいつも彼の体より　大きい＝＝

同様にシリーズの最後に綴られる作者の言葉には、そのメッセージを伝える三人称の語り手の存在が感じられる。それはモノローグとして「そして今日も祈りたい」「どうかあなたにとっても」「思い出はいつも」「やさしくありますように」（小畑2012: 232）となっているのである。あくまで、語り手としての立場を維持している。

作者と作品との関係は、作品全体の雰囲気作りに矛盾しない形で進められていて興味深い。『僕等がいた』の少女マンガに期待されるロマンチックな雰囲気は、むしろ伝統的な作者の語り系キャラクターと呼応し、『君に届け』のホラー系でコミカルな恋物語は、作者のマンガ系キャラクターと呼応する。マンガ家の声はそのキャラクター・ゾーンに響き、それはそのままではなく、常に他の声と相互活性化することでハイブリッド構造を形成しつつ、複数の言語が混在するディスコースを実現する。マンガ家は、作品全体というディスコースのレベルでも大いに創造性を発揮し、作品によってその複雑に重層する構造と声を調整しているのである。

10.6.2.『君に届け』に侵入する作者のキャラ要素

『君に届け』の作者がマンガ系であることがより決定的なものとなるのは、

作者が作品に侵入してくる時である。作者はもともとマンガ世界の外に位置するのだが、時々、コマの内部に侵入することがある。読者の内容理解のための手助けとなる情報を捕捉したり、コマ全体の雰囲気作りのためだったりする。(15) は、沖縄に修学旅行に来た爽子が、友達とどんなことをして過ごしたいかについて相談しているシーンである。友人の吉田は、爽子は矢野と時間を過ごすように勧め、(15.2) で「爽子はアレとキャッキャッしなよ」と言う。しかしそう言われても、爽子には「アレ」が何を指すのかはっきり分からない。そこで、(15.3) のコマには矢野の顔のクロースアップと、その近くに手描きのモノローグとして「あれ」という矢印が着いた説明が加えられている。これは誰の発話でもなく、作者が侵入して「アレ」とは矢野のことだ、というメッセージを加えているのである。読者は作者がわざわざ説明を加えていることを意識させられるのだが、なにか友達が割り込んできたような印象を受ける。[注10] 読者はそのような作者に触れることで、作者に対して親近感を感じるようになることは充分考えられる。[注11]

(15)『君に届け』第14巻 (椎名2011: 55)

(15.1) 爽子：＝＝「でも　私も　みんなと　キャッキャッしたい!!」
(15.2) 吉田：「爽子はアレと　キャッキャッしなよ」＝＝
(15.3) 　　　＝＝Mあれ＝＝
(15.4) 爽子：＝＝Mだ＝＝
(15.5) 　　　＝＝だめだよ！！
(15.6) 風早：「えっ」＝＝
(15.7) 吉田：＝＝「だめだってよ」

注10 指示代名詞が「アレ」と「あれ」という異なった表記となっているのも興味深い。吉田の発話では「アレ」というカタカナ表記で、その逸脱性を利用して注意を引きながら、具体的な名前使用を避けるというソトの感覚が呼び起こされる。それに対し、作者が使うひらがな表記の「あれ」は、読者にアピールするためのものであり、ウチの印象を与える。日本語表記と意味の関係についての詳細は、メイナード (2012, 2014, 近刊) を参照されたい。

注11 (15) について、その表現につっかえと言い直しが使われていることに注意したい。爽子はモノローグの中で「だ」「だめだよ」という表現を使い、(17.9) で「いやっだめじゃなくてっ　ひょ～!!!」と訂正している。そこには爽子の困惑が見てとれる。このような会話のストラテジーも、爽子の引っ込み思案で慎重なキャラクター設定に役立っている。

(15.8)　　　　Mはは　かわいそ

(15.9) 爽子：「いやっ　だめじゃ　なくてっ　Mひょ〜!!!」==

作者がコマ全体や物語の進行具合に関して、情報を追加する場合もある。(16) は矢野が友達のケントに関して、あやねの気持ちを確認する場面である。(16.2) と (16.3) のモノローグは、作者がその何かやっかいなことになりそうな雰囲気を、読者に直接知らせるために加えた説明である。「ホレきた」という口調や、手描きで提示されている「なんとなく闘」という表現はしごくマンガ的であり、作品をノリの良いものにしている。マンガ家がマンガ的なキャラクターでなければならない理由はないのだが、作者の存在も娯楽の一種となる現象もあるのである。

(16)『君に届け』第15巻 (椎名2012: 29)

(16.1) 矢野：　「ね　あやねちゃんて　ケントの事　すきなの〜？」

(16.2)　　　　Mホレ　きた==

(16.3)　　　　==Mなんとなく闘

(16.4) あかね：「別に　嫌いじゃ　ないけど」==

本項で観察したように、マンガにおけるキャラクター・ゾーンでは、作者がモノローグという手法でメーキングに関するコメントをしたり、マンガのコマ内に登場したりして、読者との会話性と対話性を促進する。そして、このような作者の姿は、そこに積極的に現れない場合も含めて、作品全体を流れる雰囲気と矛盾しない形で導入されているのである。

10.7. おわりに

本章では少女マンガをデータとして、特にモノローグとして浮遊するテクストに焦点を当てた。モノローグは自由に内面を暴露する場を提供し、そこには豊かなキャラクター・ゾーンが認められる。作者、語り手、登場人物、それぞれが各種のキャラクターやキャラとして創られ、その人々の複合した声が、多言語性と対話性が認められるスペースに響き渡る。話者はキャラクター設定されるだけでなく、思考内容、モノローグ、追加モノローグ、などを通していろいろなキャラ要素の複合として生かされる。モノローグの中のキャラクター・スピークは会話として相手には聞こえないが、読者には聞こえる声を提供する。そこにマンガのモノローグという特殊なスペースの意義がある。少女マンガは読者に内面の声を伝え、その重層的なメッセージから話者複合性を感じとるような表現のスペースを提供する。そのスペースは西田の無の場所を思い起こさせ、経験を通して自己が意識されるように、会話性と対話性を通して話者が具現化する場所になっているのである。

具体的には『ホットロード』『僕等がいた』『君に届け』のモノローグ内のキャラクター・スピークを観察した。『ホットロード』におけるヤンキーキャラクターの和希は、ヤンキー言葉のみならず、異なったスタイルを使ってその重層的で複雑な態度を表現する。『僕等がいた』の七美は、内面を直接告白する男性的キャラクター・キャラバリエーションを、他のバリエーションやアイロニーなどのレトリックの綾と混合して使い、率直でざっくばらんなキャラクターとして登場する。『君に届け』の爽子は七美と対照的に、内気で引っ込み思案のキャラクターとして設定される。爽子はモノローグ内の言いよどみの頻度が極めて高く、その会話のストラテジーがキャラクター設定に繋がっている。

ところで、本章で触れたジェンダーバリエーションに関して、その変化について言及しておきたい。筆者は先に伝統的には男性話者の指標とされてきたバリエーションは、男性的キャラクターやキャラを想起させるバリエーションとして理解するべきという点を強調した。確かにそうなのだが、性差を想起させる表現であっても、それが次第に中立バリエーションになりつつあることも認めなくてはならない。例えば「ぜ」は1996年のテレビドラマ『ロングバケーション』（フジテレビ1996）でも女性の登場人物によって使われている。この「ぜ」は、女性らしさを否定して男性との友情を強調するために選ぶ「男性的言葉」（メイナード2001）である。現在「ぜ」はむしろ中立的で語勢を強めるために、また、少々ふざけ気味に使われる場合が増えているようである。要するに「ぜ」の使用は、性別を問わず親しさを助長したり、自分の意見を強く押し出したりしたいという願望の表出と理解することができる。筆者が使う女性的・男性的という言語の性格付けも、その特徴を捉えるためには便利であっても、不要なものなのかもしれない。女性の話者は、自分の気持ちを率直に強く表現するために、利用しやすいバリエーションを選んでいるだけのようにも思える。

マンガは、他のポピュラーカルチャー、特にライトノベルに似た世界を提供している。本研究は、このような作品の世界と現実の世界との関係がどういうものであるか、という疑問には答えていない。作品の中の日本語表現が実生活でも使われ相互作用をしていることは充分想像できることであるが、その具体的な関係、特に両者の相違点に関する詳細な研究は、今後に残された課題である。

いずれにしても、本章でマンガの登場人物が、ジェンダーバリエーションや言いよどみを、自己提示や演出のツールやリソースとすることで、豊かに描かれていることが明らかになった。個人に与えられた表現上の自由を生かした少女マンガのモノローグに観察される複合的な話者の姿は、本書がテーマとする言語哲学をサポートする現象なのである。

第11章
話者複合論と日本語発の言語哲学

11.1.　まとめ：キャラクター・スピークと複合的な話者

本研究では、言語における話者という概念について、その姿を幾つかの分野の先行研究に探ることから始めた。そして、筆者が行った具体的な作業は、ポピュラーカルチャーの五つのジャンルのディスコースの中から、話者を洗い出すことであった。これらのジャンルは豊かな言語のバリエーションやスタイルに彩られていて、そこには幾多のキャラクターやキャラの存在が認められる。そして結論を言えば、従来の話者の概念を覆し、思惟に基づく我から言語行為をする話者へ、基軸として存在する我から場における経験によって初めて感じられる話者へ、孤立した我から間主観的な場所的な話者へ、単一的な我から複数のキャラクターやキャラを内包した複合的な話者へ、という論理を提唱する。この立場は確かに言語学への根本的な挑戦である。多くの言語理論が想定してやまない前提としての話者を否定するのであるから、言語理論の根本を覆すことになり、確かにそのような行為は穏当ではないとの判断がなされるのも当然であろう。しかし、筆者は本書で、具体的に観察・分析・考察した日本語の姿に基づいて話者複合論を提唱する。日本文学や文化に関する評論や哲学を含む言説が、多くの場合思索のみに基づき具体的な分析に欠けるのと対照的に、本研究では多くの実例を考証したのであって、言語哲学として説得力のあるアプローチとなっているものと思う。

そこで、最終章である本章では、まず、本研究のまとめから始めたい。第6章では、ライトノベルの会話部分に創造的に使われるバリエーション(若者言葉、廓言葉、戦国時代の侍のような言葉、能天気な口調など)を観察し、そこにそれぞれのキャラクターを発見した。『キノの旅』シリーズ（時雨沢2000a, 2000b）と『おまもりひまり』（みかづき2008）では、バリエーションとスタイルの特徴がそれぞれのキャラクターを浮き彫りにする例を観察し、『涼宮ハルヒ』シリーズ（谷川2003a, 2003b）の分析では、ツン状態とデレ状態の混合によって複合的なツンデレキャラクターを立てる状況を考察した。加えて何か達観した老人のようなキャラ要素をもたらす「わい」や、やや意気のいいキャラ要素を示す「いきまっせー」などの一時的に使われるバリエーションが、キャラクターにキャラを追加する様相を観察した。そしてライトノベルならではの現象として、キャラクター・スピークが複数の姿に変身する登場人物に一貫して使われる場合を考察した。

第6章でライトノベルにおける登場人物の直接話法としての会話らしい会話に焦点を当てたのと対照的に、第7章ではケータイ小説における私語りをする一人称主人公の語り部分を分析した。「私」「あたし」「自分」などの語彙の使用・非使用、私視点からの風景描写、私に語りかける呼びかけ、などを通して、語り手としての話者の複合性が明らかになった。ケータイ小説の語り部分には、若者言葉、ヤンキー言葉、方言などが使われ、創造的な表記による語りのキャラ提示や、話者の演出のために使われるツッコミや自分ツッコミなどの工夫も見られた。加えて語りのレトリックとしての、アイロニー、ふざけ、洒落、もじりなど、創造的でしばしばユーモアに満ちた表現を使うことで、一人称語り手主人公の存在感が鮮明なものとなる現象を観察した。ケータイ小説のキャラクター・スピークは、語り手の複数の発話・発想態度やキャラ要素にその複合性が観察されるだけでなく、語り手の声を借りた作者の告白を通して二重の意味で複合性を帯びていることが分かった。

第6章と第7章は書き言葉であったが、第8章と第9章はポピュラーカルチャーのジャンルの中から話し言葉をデータに選んだ。第8章ではトーク番組におけるおネエ言葉現象を分析した。データとして使用したのは、マツコ・デラックスがゲスト出演するテレビ番組の『おしゃれイズム』「テレフォンショッキング」『マツコ＆有吉の怒り新党』、そして、福山雅治がパーソナリティーを勤めるラジオ番組の「主婦雅子のTalking FM」と『福山雅治のSUZUKI Talking FM』である。分析の結果明らかになったことは、話者はおネエ言葉というバリエーションを会話の相手との相互関係を通して操作することで、その重層する複雑な自己を演出するということであった。おネエ言葉を使うと言っても、例えばマツコ・デラックスのキャラクター・スピークに観察されたように、その中に男性を想起させるバリエーションが含まれていたり、おネエ言葉を演出として取り入れる福山雅治が、雅子、雅治、福山というキャラクターの間を、時には自分の誤用を訂正しながら行き来したりする様子を見た。これらの相互交換的で広義の間主観的な現象は、話者複合性を具体的に示している。

テレビドラマを分析する第9章では、『花子とアン』(NHK 2014)と『あまちゃん』(宮藤2013a, 2013b)におけるフィクションとしての方言を分析した。『花子とアン』の方言使用は、生活に基盤を置く伝統的なものであるのに対し、『あまちゃん』では生育地域外のフィクションとしての方言を受容することで、キャラクターやキャラが創られる状況を理解した。『あまちゃん』で特に興味深いのは、アキとユイというふたりの女子高生の登場人物が、フィクションとしての袖が浜方言とフィクションとしての東京言葉を受容し、それがキャラクターを立てるために利用される現象であった。そこにはフィクションとしての方言が、複雑な心境の変化を動機とし、自分をどう提示したいのかという話者の願望を実現するために、多様にしかも戦略的に使われている様子が観察された。加えて『あまちゃん』では、登場人物が語り手としても登場し、会話体で不在の相手に語りかけたり視聴者に語りかけたり、他者を登場させてあたかもその人が発話したかのような声を想定引用したりすることで、話者が他者に乗り移り複数の話者として機能する様子が観察された。

第10章では、ビジュアル情報を含む少女マンガをデータとして、ごく限られた範囲であるがマルチジャンル分析を応用しながら、話者の現象を考察した。具体的には『ホットロード』(紡木1986, 1987)、『僕等がいた』(小畑2002, 2012)、『君に届け』(椎名2006, 2011, 2012)のモノローグとして浮遊するテクストを中心に分析した。モノローグは自由に内面を暴露する場を提供し、そこでは思考内容、心内会話、追加モノローグなどを通して話者のキャラクター設定がなされるだけでなく、話者がいろいろなキャラ要素の複合として創られることが明らかになった。少女マンガを代表する『ホットロード』におけるヤンキーキャラクターの和希は、モノローグ内でヤンキー言葉のみならず異なったスタイルを使い、その重層的で複雑なキャラクターが描かれていた。最近の少女マンガである『僕等がいた』の七美は、内面を直接告白する男性的キャラクター・キャラバリエーションを、他のバリエーションやアイロニーなどのレトリックの綾と混合して使い、率直でざっくばらんなキャラクターとして設定されていた。『君に届け』の爽子は七美とは対照的に、その頻度が極めて高い言いよどみを通して、内気で引っ込み思案な純情キャラクターとして特徴付けられた。さらに、モノローグとして浮遊するテクストは登場人物が語りの声を伝えたり、作者が作品の中に進入してコメントしたりするスペースを提供し、そこには確かに複合する話者の姿が認められた。

11.2. キャラクター・スピークとしてのバリエーションとキャラクター

五つのジャンルの話者をそのキャラクター・スピークを通して洗い出すという作業は、私達に次のような理解の仕方を促す。まず、ポピュラーカルチャーの作品では登場人物は語り手としても機能し、両者ともそれぞれ異なった重複するキャラ要素を伴う複合的な話者として存在することが分かった。そしてキャラクター・スピークには、典型的なキャラクターを立てるバリエーション、キャラクターを創る方言、性差を想起させるおネエ言葉に加えて、デス・マス体やダ体のシフト、数々のレトリックの綾が使われ、登場するキャラクターには、いわゆるポピュラーカルチャーの典型とされるヤンキー、お嬢様、老人、ツンデレだけでなく、「である」キャラクターや「なの」キャラクター、引っ込み思案タイプ、能天気タイプ、おネエキャラクター、さらに甲州キャラクターのような方言キャラクター、なども見受けられることが分かった。そしてそのキャラクターはさらにキャラに色付けされ、複合したものとして存在する。

この豊かなバリエーションはポストモダンという文化の潮流と無関係ではなく、それを細かな差異性を利用した「小さな物語」の中の、複数のキャラクターやキャラ現象として理解することができる。また、言語を遊びやエンターテインメントの一部として活用する傾向も、ポストモダン文化の一側面と考えられる。従来は特殊だと思われていたバリエーション、例えばおネエ言葉も、テレビドラマの『半沢直樹』（TBS 2013）やマツコ・デラックスのエッセイ『続・世迷いごと』（マツコ・デラックス2013）にあるように、差異性がエンターテインメント性の高いメディアに広く受け入れられている傾向を見てとることができた。

方言の使用についても、ポストモダン文化の中でその役割が従来のものから大きく変化していることを、テレビドラマの作品の中に見た。例えば生育地の東京言葉を拒否し、方言を方言地域だけでなく東京で東京出身の相手に対しても使うというキャラクター・スピークは、ポストモダンに必須のエンターテインメント性を盛り上げるために有効であるだけでなく、方言が自己表現のための新しい役目を果たすことを明示している。

上記のまとめで明らかなように、本研究では言語のバリエーションを中心に分析してきた。それは、言語学のより小さな単位として体系的な分析をもって片付けられがちな音韻論、語彙論、文法論より、談話レベルのバリエーションやスタイルに、話者の姿が鮮明に浮かび上がる傾向があるからである。バリエーションは主語的論理から述語的論理へのシフトを反映し（それは西田哲学、江戸の国語学、時枝文法という言語哲学の流れに呼応すると言えるのだが）、モダリティ中心の話者の創造的な態度を表現するリソースを提供する。

本研究ではキャラクター・スピークを理解するヒントとして、Bakhtin（1981）のキャラクター・ゾーンを応用したが、この概念が話者複合性を前景化することを可能にしてくれた。分析の対象となったポピュラーカルチャーの作品に登場する話者は、方言や標準語やヤンキー言葉などのバリエーションを意識的に受容したり確認したり回避したりすることで、そのキャラクター・ゾーンで会話性と対話性を相互活性化し、そこに多言語を招き入れることになるのであった。

例えばケータイ小説において、豊かなバリエーションやスタイルを駆使した私語りを通して、そのキャラクター・ゾーンに複数の人々が登場し、そこで多言語現象を生み、登場人物・語り手・作者間の声が相互活性化するハイブリッド構造を見た。ケータイ小説の語りのディスコースに観察される心内会話と発話される会話との交錯を通して表現される話者の内面には、多くの声の残響が響き合う。また、マンガ作品の浮遊するテクストとしてのモノローグには、豊かなキャラクター・ゾーンが認められ、作者と語り手と登場人物のそれぞれが各種のキャラクターやキャラとして創られ、多言語性を帯びた人々の複合した声がそのスペースに響き渡る状況を考察した。モノローグは相手には聞こえないが、読者には聞こえる声を提供するのであり、そこに少女マンガのモノローグという特殊なスペースの意義が認められた。ケータイ小説とマンガのディスコースには、従来会話と心内会話という別々の空間と見なされてきたディスコースを自由に行き来し、しかもあくまで相互交換的な関係に支えられた主体的で複合的な話者の存在が認められた。

本研究で明らかになったことで特に注目すべきことは、言語のバリエーションは、社会的な慣例（もっと根本的には、イデオロギー）と無関係ではないものの、それを超えて自分提示のためのリソースとして創造的に自由に使われるということであった。私達はライトノベルとケータイ小説というジャンルが従来の小説のイメージを覆し、より自由なかたちで作者、登場人物、語り手のそれぞれがバリエーションに富んだキャラクター・スピークを駆使している状況を観察した。加えて、おネエ言葉現象に見られるように、私達は言語というものがまぎれもなく個人の演出のためにあり、社会的な条件や慣例を超えて選ばれるものであることを理解した。さらに方言や標準語の使用・非使用が複数の自分提示というパフォーマンスのための戦略的なツールとなる例を観察した。そして少女マンガにおいても登場人物が、ジェンダーバリエーションを自己提示や演出のツールとすることで豊かに描かれていることが明らかになった。モノローグに観察されるのは、女性と男性というイデオロギーを超えて個人に与えられた自由を生かした複合的な話者の姿であった。

なお、本研究で分析したポピュラーカルチャーのディスコースは、あたかもポストモダンの文化が「大きな物語」の消滅に伴い多数の小さな物語を生むように、日本語文化という現象がひとつの日本語ではなく、バリエーションの中にさらなるバリエーションを内包する言語行為に彩られたものであることを、鮮明に印象付けるものである。

11.3.　空白の場所を埋める話者と話者複合論の可能性

私達は本書の第1章から第5章で、前項で示された話者の複合性を支える分析結果が、多くの分野で認められている思想と矛盾しないことを見た。これらの研究の中で特に重要なのは、本書で提唱する話者複合論を理論的にサポートしてくれる哲学を中心とした知の潮流である。

デカルトのコギトの思想から始まった近代西洋哲学は、Hume (1963) の挑戦を受けた。Humeは自分を感知・感受して経験する者として捉え、デカルト的我の同一性と単一性を否定したのだった。さらに、心理学の観点からJames (1984 [1890]) は瞬間的に感受する自分を重視し、その流動的な自分をデカルト主義の対極に置いた。人類学的観点からもデカルト主義に対する挑戦があった。Geertz (1984) は西洋の「人」の概念はその社会や文化に支えられたものであり、普遍的な概念ではないことを主張し、Goffman (1959) は話者を言語行為、特に、観衆を意識したパフォーマンスとの関係に発見した。言語における自分とは、いろいろな側面をあたかも演劇のステージ上で演じるように、自分を表出・演出しているとし、Goffmanはそこに「キャラクター」という概念を見たことも分かった。

同様に、自分 (self) の複数性を主張した研究にはTurner (2012)、Burke and Stets (2009)、Markus and Kitayama (1991) などがあり、認知科学においても言語の構造と関連付けながら、複数の自分を捉える動きがあった。社会言語学の分野でも言語のバリエーションと話者の関係が論じられ、その複数のアイデンティティが論じられてきた (Bell 1999; Bucholtz 1999b, Cutler 1999)。話者複合論を支える研究は、決して少なくないのである。

ところで、このような西洋の学問の潮流の中で次第に形作られてきた自己・自分という概念が、日本の哲学的伝統と呼応することは興味深い。片や、ポストモダンと自分の概念を関連付けながらGergen (2000 [1991]) が論じる空白の自分を他者で埋めるという思想であり、片や、ポストモダンに先んじて西田 (1949a, 1949b) が、無の場所で経験される我を大きな可能性を秘めた意識として捉えた哲学である。Gergenは個人の内面に本質的に存在するとされてきた自分が、現在は空白化しているとし、私達はそれを埋めるためにその中に多くの人を住まわせ「飽和状態の自分」として生きていると論じた。西田は、絶対無の場所を自分を映し出す鏡として捉え、その場所自体は空白であるとしても、その無の場所にこそ我が存在するのだと説いた。両者に共通するのは、話者とは空白の場所における経験によって現れるものであり、もともとコギトのような我として存在するわけではないという点である。そしてGergenが自分を他者との関係に置き、多くの他者の存在に基づいた自分の多様性を認めたように、西田もまた絶対的無の場所の中で、純粋経験を通して感じられる私の多様な姿を見ていた。

言語行為という観点からすると、私達は自分の中に他者の側面をとり入れるのみならず、言語表現を媒介として創作し、演じ、経験するキャラクターやキャラを内包している。そして本書の分析の章で繰り返し考察してきたように、私達は日本語のキャラクター・スピークを駆使することで、キャラクター・ゾーンに複数のキャラクターやキャラを住まわせ、飽和状態に近い複合的なポストモダンの日本の自分を経験するのである。

日本の文脈では、西田哲学の流れが現在に至るまで、反・脱デカルト主義に基づく主体と話者の複数性の探求として受け継がれてきた。宮沢賢治は私（わたくし）をモナドというスペースの中に、せわしく明滅し心に次々と浮かんでは消え行く風景として捉え、和辻（1934）は存在とは場所における人間の行為的連関であると強調し、森（1979）も日本人の場における自己を「汝の汝」という二項関係の中に置いた。場所における相手を切り捨てることなく、言語と人間の関係を把握することは、他者や社会に関連付けられるキャラクターやキャラを内包する話者を理解するための前提条件であった。

浅野（2005）は社会心理学的アプローチから自己物語について論じ、若者の間で自己でありながらその中に他者も感じられるような自己、つまり自己の多元化が進んでいることと、若者達は自己の一貫性を必要としていないことを報告していた。そして小説家の視点から、平野（2012）は、私という存在は分人として多数あり本当の自分は存在しないと主張した。この分人は、相手との反復的なコミュニケーションを通して自分の中に形成されるパターンとしての人格であり、自己とはネットワークとして存在する多数の分人の比率であると論じた。近代西洋哲学においても、日本の哲学的伝統においても、そして幾多の学問の流れの中にも、コギトの我を超える立場が強く主張されてきたのである。

複合的な自分という概念を言語行為の主体と関係付けるのは、本研究で提案するキャラクター・スピークを通して浮かび上がるキャラクターとキャラであるが、キャラクターやキャラについても多くの考察がなされてきた。キャラについては、白田 (2005) が社会的キャラと仮想的キャラについて述べていたことを思い起こそう。本研究で分析したデータから浮かび上がった仮想的なキャラは、その場や状況によって流動的に変わり得るもので、それは話者の可変性と重複性を強調することになった。また土井 (2009) は、私達はキャラクターのキャラ化を通して、それぞれの対人関係に適した外キャラを演じているのだと主張していた。私達は荻上 (2008) の言うキャラ型自己をその場のニーズに応じて様々に使い分け、自分を複数のキャラクターとしてイメージすることで、自分自身を複合的な存在として経験するのである。キャラクターとキャラは真空の中にアプリオリに存在するわけではなく、人間の相互行為に支えられて具現化する。そして社会における自己は、キャラクターがそうであるように、断片的な要素の寄せ集めであり、それはポストモダンに典型的に見られる価値観の多元化と矛盾しない。

本項で復習した知の潮流は、本研究のコンテクストを提供してくれる。言語の研究と言えども、その言語が使われる社会や思想を無視したまま、既成の言語理論を安易に受け入れて分析するのは、片手落ちと言わねばならない。本研究では上記のような流れに支えられ、具体的なキャラクター・スピークの分析結果に基づいて理論構築を試みた。そのプロセスを考えると、筆者が提唱する話者とキャラクターを結び付ける話者複合論は、決して唐突な理論ではない。本書の冒頭で述べたように、筆者は話者の探求を通して、言語哲学による話者、ひいては自分という概念を理解したいと思ってきたのだが、話す主体としての自己・自分とは何かという問いかけについては、話者複合論をもってひとつの答えに至ることができたのではないかと思う。

11.4. 日本の言語文化から発信する言語哲学

本書で論じてきた言語哲学は、日本語の特徴を無視しては語れない面がある。それは、本研究の根底を流れる日本における反・脱デカルト主義の伝統が、日本語を使用することで可能であったという事実があるからである。言語は哲学を方向付け、その文化と社会に深い影響を与える。そしてより深いところで、日本語を話す者をある存在論的理解へと誘う。それは本書で何度も日本の哲学と言語の関係を論じてきた通りである。

例えば、西田哲学の無の場所における純粋経験は、考える以前に外界の景色を受けとめる「山が見える」というような主体のゼロ化現象と繋がり、さらに主語より述語や辞的要素、ひいては陳述を重視する日本語の構造に繋がっている。加えて和辻（1934, 2000［1934］）の行為的連関と森（1979）の汝の汝に象徴される相手重視の自分の捉え方は、本研究で焦点を当てた日本語のバリエーションの動機付けに繋がっている。そして筆者が主張してきたトピック・コメントの軸に基づいたパトス的な言語としての日本語の特徴とその交渉的意味（メイナード2000; Maynard 2002）にしても、本書で触れた日本の文脈と無関係ではない。同様に、伝統的な西洋の言語学が信じて疑わない主語と述語からなる命題を基軸とする思考過程は、それを誘う言語と無関係ではないだろう。もちろん言語が思考を完全に支配するわけではない。それは同一言語による思索が、対立する理論を生み出す現実を顧みれば一目瞭然である。しかし言語と学問の相関関係は、やはり否定し難いものがある。

デカルトのコギトを否定する伝統には、日本語の特徴とそれを媒介として思索した知の積み重ねがあったのである。筆者が本書で論じた話者の言語哲学もまた、日本語と英語という具体的な言語を媒介とした思索の結果である。しかし筆者は、日本語のディスコースという特殊な現象を特殊な言語を媒介として研究するとしても、その特殊性を超えることは可能だと思っている。それは思っている程単純な作業ではないかもしれないが、少なくともそのような希望を持って、日本語文化を観察・分析・考察するべきであると思っている。私達が追求する学問の知とは、常により大きなもの、より普遍的なものを志向しなければならないからであり、しかもその普遍性とは、一元論的なものでなく、多元論的な見方も含めて考えていく必要があるのである。筆者はこれまで拙著や研究論文を通して言語学の流れに挑戦し、分析結果を日本語と英語で発表・報告してきたが、それは独善的で孤立した論述に終わらないようにするために必要なプロセスであった。本書に報告されている言語哲学の試みもまた、これら一連の研究に続くものである。

筆者が言語学を最初に学んだ1970年代後半、アメリカで主流を占めていたのは形式言語学であった。しかしその潮流に納得できない面があり、筆者は実際のコミュニケーションに使われる言語の姿を見つめることを原則として、日本語の研究を進めていた。それは書き言葉中心主義で、研究者の創作による例文を分析する言語学を、話し言葉とそのインターアクションに拡げた会話分析であり（Maynard 1989; メイナード 1993）、文中心だった分析単位から談話に焦点を当てた談話分析や談話言語学（Maynard 1980, 1993, 1998; メイナード 1997, 2003, 2005）であった。

筆者は、場交渉論（メイナード 2000; Maynard 2002）に関連して論じたように、話者とは何よりも相手に向けて表現する主体として捉えるべきだという立場をとってきた。言語の主体とは相手とのコミュニケーションを求めて創造し続ける者であり、場に孤立する話者ではなく、他者である相手と間主観的な関係を保ちながら実現される存在だからである。さらに、研究を通して情報だけでなく情意をも言語学に取り入れる必要性を感じ、場交渉論に基づいた情意の言語学を提唱した（メイナード 1998, 2000; Maynard 2002, 2005）。研究をさらにビジュアル情報にも拡げ、言語主体の創造性を重視する研究に従事してきた（Maynard 2007; メイナード 2008）。ポピュラーカルチャーの日本語に焦点を当てることで、日本語が新しいジャンルでどのように機能しているのかを見た（メイナード 2012, 2014; Maynard 2016）。

筆者は言語学者としてあくまで言語に基づいた論述を進めてきたのだが、言語学は言語学的発見にとどまらず、より人間的なメッセージを求めるべきだと思っている。筆者はそのひとつの試みとして、言語哲学という研究を本書に綴った。本研究に導かれた話者複合論は、言語の研究だけでなく自分をどのように理解するかという課題にひとつの答えを与えてくれる。一般的に考えられている自我・自己を否定し、複数の複合した自分として理解するという立場は確かに根源的な挑戦である。しかし、人間を複合的に捉える視点は、私達の日常においても、ある決められた（例えば不運な）自分を受け入れてがんじがらめになる必要はないことを教えてくれる。

自我とか自己をその単一で安定した恒久的な何かとして理解しようとする願望は、確かに私達自身が育むものであるが、それはむしろ近代西洋哲学に惑わされた結果に過ぎないのかもしれない。自分探しというような自分を常に意識に置く行為は、西洋的な個人主義を盲目的に受け入れた不幸な結果であり、それが人々を困惑させているに過ぎないのかもしれない。

私達は身の回りの世界を固定せず、与えられたコンテクストから脱却することができる。主体性とはそういう自由を意味するのではないだろうか。そしてそれを可能にするのが、言語という人間に与えられた能力である。言語は思考のため、感情経験のため、そして対人関係調整のために多彩な手段を提供してくれる。その手段の中でも特にバリエーションを自由に使うことが、新しいコンテクストを作り、今置かれたコンテクストから脱却することを可能にしてくれる。言語はパフォーマンスとして複数の自分を演じることを可能にする。言語のバリエーションというツールは、自分の望む自分を創る可能性、少なくとも多くの可能性から選ぶ自由があることを教えてくれる。

ところで、日本の文化には、固定された自分や常に自分の存在を意識することを否定的に捉えてきた伝統がある。それは日本人が好んで身を置く修行という伝統文化の中に発見できる。西田哲学の禅的な無の哲学は言うに及ばず、例えば弓道における無の境地（Herrigel 1971）や武道における自我の着脱の精神（内田2013）がある。内田（2013）は日常生活においても「私」を忘れることの大切さを、非常時には自我意識がリスクを増すという現実的な経験を交えて論じている。なお、あくまで個人的なことであるが、無我という状態は筆者の長年にわたる書道経験でも感じることのできる境地である。本研究は言語の主体としての話者を理解することを目的としてきたのだが、その結果は、最終的には人間理解へのひとつの答えを提供してくれる。

最後に本書で分析してきたポピュラーカルチャーについて、一言述べておきたい。日本語文化の代表のひとつであるポピュラーカルチャーは国内外で人気があり、そのジャンルの言語文化を研究することは言語学に携わる者として避けては通れない作業である。それが、日本語がどのような言語なのか、言語をどのように観察・分析・考察するべきなのか、言語というものをどう理解しどのような理論から解明するべきか、それをどのような人間考察に繋げていくか、という永遠のテーマに繋がっているからである。

もっともポピュラーカルチャーをデータとした本研究には、残された課題があることにも触れておかなければなるまい。ポピュラーカルチャーはフィクションとしての世界であるが、その根強い人気を考えると、作品の中の日本語表現が実生活にも登場することは充分想像できることである。しかし、その具体的な相互関係がどうなっているのか、そして両者の類似点と相違点は何なのかを明らかにするのは、今後に残された研究課題である。ただ、ポピュラーカルチャーはそれを創造し消費することで、多かれ少なかれ複合的な話者を育んでいるのであり、その研究がもたらす人間的な観察と知見が言語哲学に不可欠なものであることは確かである。

いずれにしても、現代の日本人と日本に興味を持つ世界の若者達が消費し続けるポピュラーカルチャーに登場する日本語は、変化に富んでいて流動性があり創造性に満ちている。その言語文化を彩るバリエーションとキャラクターの言語学を、日本だけでなく世界に向けて問いかけることは決して無駄ではない。もちろん言語学を哲学的学問として探求することの本当の意味は、何らかの新しい知の枠組みを提供できるか、そして既成の言語理論への真の挑戦となり得るか、という課題と関係してくる。筆者はこれからもこれらの課題も含めて、深く問い続けていきたいと思う。本書で報告・論述した筆者の学問上の冒険が、読者の皆様が目まぐるしく変化を続ける日本語文化に魅力を感じ、それを学問の対象とする契機となってくれれば幸いである。

参照文献・サイト

相原博之　2007『キャラ化するニッポン』講談社

浅野智彦　2001『自己への物語論的接近　家族療法から社会学へ』勁草書房

浅野智彦　2005「物語アイデンティティを越えて？」『脱アイデンティティ』上野千鶴子（編集）77-101 勁草書房

東浩紀　2001『動物化するポストモダン　オタクから見た日本社会』講談社

東浩紀　2007『ゲーム的リアリズムの誕生　動物化するポストモダン 2』講談社

東浩紀・桜坂洋 2008『キャラクターズ』新潮社

阿部ひで子ノーネス
2014「ゲイ / オネエ / ニューハーフのことば」『日本語学』33（1 月号）44-59.

尼ヶ崎彬　1988『日本のレトリック』筑摩書房

池上嘉彦　1981a『「する」と「なる」の言語学』

池上嘉彦　1981b「言語の型と文化の型」『言語』10（12 月号）36-44

池上嘉彦　2006「＜主観的把握＞とは何か—日本語話者における＜好まれる言い回し＞」『言語』35（5 月号）20-27

池上嘉彦　2011「日本語と主観性・主体性」『主観性と主体性』澤田治美（編集）49-67 ひつじ書房

石黒圭　2007『よくわかる文章表現の技術 V 文体編』明治書院

石原千秋　2008『ケータイ小説は文学か』筑摩書房

石森章太郎　2006『マンガ家入門』角川書店

井出祥子　1979『女のことば　男のことば』日本経済通信社

伊藤剛　2005『テヅカ・イズ・デッド　ひらかれたマンガ表現論へ』NTT 出版

稲葉振一郎　2006『モダンのクールダウン』NTT 出版

井上史雄　2000『日本語の値段』大修館書店

井上史雄・荻野綱男・秋月高太郎
2007『デジタル社会の日本語作法』岩波書店

岩崎勝一・大野剛
1999「『文』再考　会話における『文』の特徴と日本語教育への提案」『言語学と日本語教育　実用的言語理論の構築を目指して』アラム佐々木幸子（編集）129-144 くろしお出版

上野千鶴子　2005「脱アイデンティティの理論」『脱アイデンティティ』上野千鶴子（編集）1-41 勁草書房

内田樹　2013『修行論』光文社
NHK 盛岡放送局
　2013「ご当地サイト」http://www.nhk.or.jp/morioka/amachan/dialect/ 2013 年 8 月 5 日 アクセス
NHK　2013「脚本家宮藤官九郎インタビュー」http://www.1.nhk.or.jp.amachan/special/kudo/ 2013 年 8 月 5 日 アクセス
榎本秋　2008『ライトノベル文学論』NTT 出版
大塚英志　1994『戦後まんがの表現空間　記号的身体の呪縛』法蔵館
大塚英志 2001 [1989]『定本物語消費論』角川書店
大塚英志　2001「マンガ論」『教養としてのマンガ・アニメ』大塚英志・榊原剛（編集）15-131 講談社
大塚英志　2003『キャラクター小説の作り方』講談社
大塚常樹（編集）
　1996『作家の随想 8 宮沢賢治』日本図書センター
大森望・三村美衣
　2004『ライトノベル☆めった斬り！』太田出版
岡室美奈子　2014「話者とアイデンティティー　ドラマ批評の立場から」『ドラマと方言の新しい関係：「カーネーション」から「八重の桜」、そして「あまちゃん」へ』金水敏・田中ゆかり・岡室美奈子（編集）44-51 笠間書院
荻上チキ　2008『ネットいじめ：ウェブ社会と終わりなき「キャラ戦争」』PHP 研究所
小田切博　2010『キャラクターとは何か』筑摩書房
尾上圭介　1999「文の構造と“主観的”意味」『言語』28（1 月号）95-105
ORICON STYLE
　2013「『半沢直樹』最終回で『ミタ』超え、“紅白”並みの視聴率 42.2%、瞬間最高 46.7%」http://www.oricon.co.jp/news/2028958/ 2014 年 7 月 8 日アクセス
勝又浩　2015『私小説千年史　日記文学から近代文学まで』勉誠出版
香山リカ　2002『若者の法則』岩波書店
柄谷行人　1988『日本近代文学の起源』講談社
木島由晶　2008「なぜキャラクターに萌えるのか」『文化社会学の視座　のめりこむメディア文化とそこにある日常の文化』南田勝也・辻泉（編集）147-168 ミネルヴァ書房
木田元　1970『現象学』岩波書店
金水敏（編集）　2003『ヴァーチャル日本語　役割語のなぞ』岩波書店
金水敏（編集）　2007『役割語研究の地平』くろしお出版
金水敏（編集）　2011『役割語研究の展開』くろしお出版

金水敏（編集） 2014 『＜役割語＞辞典』研究社

金水敏・田中ゆかり・岡室美奈子（編集） 2014 『ドラマと方言の新しい関係：「カーネーション」から「八重の桜」、そして「あまちゃん」へ』笠間書院

金田一春彦 1956 「山梨」『方言の旅』日本放送協会（編集） 94-102 宝文館

Goo ランキング 2013 「好きなオネエキャラタレントランキング」http://ranking.goo.ne.jp/column/goorank/36462/ 2014年5月14日アクセス

宮藤官九郎 2013a 『NHK 連続テレビ小説「あまちゃん」完全シナリオ集第1部』角川マガジンズ

宮藤官九郎 2013b 『NHK 連続テレビ小説「あまちゃん」完全シナリオ集第2部』角川マガジンズ

黒川裕二（編集） 2008 『超入門！　ケータイ小説の書き方』（別冊ジュノン）主婦と生活社

小林隆 2004 「アクセサリーとしての現代方言」『社会言語科学』7, 1: 105-107.

小林秀雄 1962 『Xへの手紙・私小説論』新潮社

小牧治 1986 『和辻哲郎』清水書院

小谷野敦 2009 『私小説のすすめ』平凡社

斉藤環 2009 「ヤンキー文化と『キャラクター』」『ヤンキー文化論序説』五十嵐太郎（編集） 247-264 河出書房新社

斉藤環 2011 『キャラクター精神分析　マンガ・文学・日本人』筑摩書房

酒井潔 2005 『自我の哲学史』講談社

笹本純 2002 「少女マンガにおける『重層的な語り』　紡木たくの作品を例として」『マンガ研究』1: 121-125

佐竹秀雄 1995 「若者ことばとレトリック」『日本語学』14（11月号） 53-60

佐竹秀雄 1997 「若者ことばと文法」『日本語学』16（4月号） 55-64

定延利之 2005 「『雑音』の意義」『言語』34（1月号） 30-37

澤田治美 2011 「モダリティにおける主体性と仮想性」『主観性と主体性』澤田治美（編集） 25-48 ひつじ書房

柴田武 1958 『日本の方言』岩波書店

島田雅彦 2008 「島田雅彦さん『読むに堪えない』ケータイ小説に挑戦」『朝日新聞』http://www.asahi.com/komimi/TKY200801180201.html 2013年1月22日アクセス

しらべぇ 2015 「一人称が下の名前な女性の割合が三十代で突出の謎…『恋のから騒ぎ』に理由あり？！」http://sirabee.com/2015/05/26/32675/ 2015年8月15日アクセス.

白籏直樹 1995a 「吹きだしの形が変わればセリフの意味もスッカリ変わってしまう　マンガにとって『吹きだし』とは何か」『マンガの読み方』井上学（編集） 8-9 宝島社

白籏直樹　1995b「吹きだしは何を伝えているか」『マンガの読み方』井上学（編集）138-145 宝島社

白田秀彰　2005「意思主義とネット人格・キャラ選択時代について」http://orion.mt.tama.hosei.ac.jp/hideaki/internet/netpersonality.htm 2015 年 2 月 10 日アクセス

新城カズマ　2006『ライトノベル「超」入門』ソフトバンククリエイティブ

陣内正敬　2005「関西弁の広がりと日本語のポストモダン」『関西方言の広がりとコミュニケーションの行方』陣内正敬・友定賢治（編集）321-330 和泉書院

陣内正敬　2007「若者世代の方言使用」『方言の機能』真田信治・陣内正敬・井上史雄・日高貢一郎・大野道男著 27-65 岩波書店

新村出（編集）1998『広辞苑』第五版　岩波書店

杉本章吾　2007「岡崎京子『リバーズエッジ』における内面の位相」『マンガ研究』11, 25-41

鈴木朖　1979 [1824]『言語四種論』小島俊夫・坪井美樹（解説）勉誠社

瀬戸賢一　1997『認識のレトリック』海鳴社

瀬沼文彰　2007『キャラ論』STUDIO CELLO

竹内オサム　2005『マンガ表現学入門』筑摩書房

竹宮恵子　2001『竹宮恵子のマンガ教室』筑摩書房

田中章夫　1999『日本語の位相と位相差』明治書院

田中久美子　2008「ケータイ小説の表現は貧しいか」『國文學　解釈と教材の研究』53（4 月号）38-45

田中春美・田中幸子
1996『社会言語学への招待』ミネルヴァ書房

田中ゆかり　2011『「方言コスプレ」の時代』岩波書店

田中ゆかり　2014「『あまちゃん』が開いた新しい扉：『方言コスプレドラマ』ができるまで」『ドラマと方言の新しい関係：「カーネーション」から「八重の桜」、そして「あまちゃん」へ』金水敏・田中ゆかり・岡室美奈子（編集）22-43 笠間書院

千田洋幸　2013『ポップカルチャーの思想圏：文学との接続可能性あるいは不可能性』おうふう

因京子　2003「談話ストラテジーとしてのジェンダー表示形式」『日本語とジェンダー』Vol. 3: 17-36

辻大介　1999「若者語と対人関係　大学生調査の結果から」『東京大学社会情報研究所紀要』57: 17-42

土屋渓　2013「あまちゃん：じぇじぇじぇの真相」『毎日新聞』2013 年 5 月 18 日 http://mainichi/jp/select/news/20130518k0000e040173000c.html 2013 年 8 月 5 日 アクセス

土屋俊　2008『真の包括的な言語の科学』言語哲学コレクション　第1巻　くろしお出版

土井隆義　2009『キャラ化する / される子どもたち　排除型社会における新たな人間像』岩波書店

土居健郎　1971『「甘え」の構造』弘文館

時枝誠記　1941『国語学原論』岩波書店

富岡幸一郎　2011「私小説、その『虚』と『実』の織物」『国文学　解釈と鑑賞』6月号 6-13

内藤みか　2008『ケータイ小説書こう』中経出版

永江朗　2009「ヤンキー的なるもの　その起源とメンタリティ」『ヤンキー文化論序説』五十嵐太郎（編集）32-51 河出書房新社

中沢新一　2012『東方的』講談社

中田祝夫・竹岡正夫

1960『あゆひ抄新注』風間書房

中西新太郎　2008「読者を後押しする＜誰でもない誰か＞の物語」『國文學　解釈と教材の研究』53（4 月号）6-13

中村明　1991『文章をみがく』NHK 出版

中村光夫　2011『風俗小説論』講談社

中村桃子　2002「言語とジェンダー研究の理論」『言語』31（2 月号）24-31

中村雄二郎　1993『中村雄二郎著作集 X トポス論』岩波書店

七沢潔　2008「“愛情砂漠”の幻か、オアシスか　ケータイ小説流行の背景を考える」』『國文學　解釈と教材の研究』53（4 月号）14-21

難波功士　2001「『少女』という読者」『マンガの社会学』宮原浩二郎・荻野昌弘（編集）188-208 世界思想社

難波功士　2009『ヤンキー進化論』光文社

西田幾多郎　1949a「場所」『西田幾多郎全集』第 4 巻 208-289 岩波書店

西田幾多郎　1949b「働くもの」『西田幾多郎全集』第 4 巻 175-207 岩波書店

日本テレビ　2012「徹底調査！　なぜ増える？　自分を名前で呼ぶ女子」http://www.ntv.co.jp/zip/onair/hatenavi/404162.html 2012 年 10 月 20 日アクセス

服部裕幸　2003『言語哲学入門』勁草書房

林智之　2013「監督も想定外！「半沢直樹」メガヒットの裏側」『東洋経済 ONLINE』http://toyokeizai.net/articles/-/17385 2016 年 2 月 24 日アクセス

平野啓一郎　2009『ドーン』講談社

平野啓一郎　2012『私とは何か　「個人」から「分人」へ』講談社

平山輝男　1983『全国方言辞典』角川書店

藤本由香里　2008『私の居場所はどこにあるの？　少女マンガが映す心のかたち』朝日新聞出版

前田彰一　2004『物語のナラトロジー　言語と文体の分析』彩流社
マリィ、クレア 2013『「おネエことば」論』青土社
三尾砂　1948『国語法文章論』三省堂書店
三宅和子　2008「ケータイ方言　ハイブリッドな対人関係調整装置」『國文學　解釈と教材の研究』53（4月号）92-103
三宅直子　2005「関西域外における関西方言の受容について　好悪コメントより」『関西方言の広がりとコミュニケーションの行方』陣内正敬・友定賢治・廣橋研三（編集）267-278 和泉書院
宮沢賢治　「詩ノート」青空文庫 http://www.aozora.gr.jp/cards/000081/files/47029_46743.html 2015年4月6日アクセス
宮沢賢治　『春と修羅』第二集　青空文庫 http://www.aozora.gr.jp/cards/000081/card47027.html 2015年4月6日アクセス
宮沢賢治　『春と修羅』第三集　青空文庫 http://www.aozora.gr.jp/cards/000081/card47028.html 2015年4月6日アクセス
宮台真司　2009「ヤンキーから日本を考える」『ヤンキー文化論序説』五十嵐太郎（編集）14-31 河出書房新社
宮本大人　2003「漫画においてキャラクターが『立つ』とはどういうことか」『日本児童文学』49（1-3）46-52
メイナード、泉子・K.
1993『会話分析』くろしお出版
メイナード、泉子・K.
1997『談話分析の可能性　理論・方法・日本語の表現性』くろしお出版
メイナード、泉子・K.
1998「パトスとしての言語」『言語』27（6月号）34-41.
メイナード、泉子・K.
2000『情意の言語学　「場交渉論」と日本語表現のパトス』くろしお出版
メイナード、泉子・K.
2001『恋するふたりの「感情ことば」ドラマ表現の分析と日本語論』くろしお出版
メイナード、泉子・K .
2003「談話分析の対照研究」『朝倉日本語講座7巻　文章・談話』佐久間まゆみ（編集）227-249 朝倉書店
メイナード、泉子・K.
2004『談話言語学　日本語のディスコースを創造する構成・レトリック・ストラテジーの研究』くろしお出版
メイナード、泉子・K.
2005『日本語教育の現場で使える　談話表現ハンドブック』くろしお出版

メイナード、泉子・K.
2006「指示表現の情意　語り手の視点ストラテジーとして」『日本語科学』19: 55-74.

メイナード、泉子・K.
2008『マルチジャンル談話論　間ジャンル性と意味の創造』くろしお出版

メイナード、泉子・K.
2012『ライトノベル表現論　会話・創造・遊びのディスコースの考察』明治書院

メイナード、泉子・K.
2014『ケータイ小説語考　私語りの会話体文章を探る』明治書院

メイナード、泉子・K.
近刊「ライトノベルのビジュアルデザインを『読む』 表記操作・符号・背景と意味の創造」『日本語表記のビジュアルデザイン』岡本能里子・奥泉香（編集）くろしお出版

免田賢 2012「宮沢賢治の世界の心理学的考察」『佛教大学教育学部論集』23: 147-163

森有正 1979『森有正全集』第12巻　筑摩書房

ヨコタ村上孝之2006『マンガは欲望する』筑摩書房

吉田悟美一 2008『ケータイ小説がウケる理由』マイニチコミュニケーションズ

吉本隆明 2013 [1984]『マス・イメージ論』講談社

米川明彦 2002「現代日本語の位相」『現代日本語講座』第4巻『語彙』飛田良文・佐藤武義（編集）46-69 明治書院

李雪 2011「日本語の自然会話に見られる女性の表現の丁寧さ　あいづち、笑い、ジェンダースタイル交替の視点から」『日本語とジェンダー』Vol. 11 http://www.gender.jp/journal/no11/07_Li_Xue.html 2016年1月12日アクセス

渡部芳紀（編集）2007『宮沢賢治大事典』勉誠出版

和辻哲郎 1934『人間の学としての倫理学』岩波書店

和辻哲郎 1935『風土　人間学的考察』岩波書店

和辻哲郎 2000 [1934]『人間存在の倫理学』米谷匡史解説　京都哲学撰書　第8巻　燈影舎

Austin, J. L.
1976 [1962]. *How to Do Things with Words*. Cambridge, MA: Harvard University Press.

Bakhtin, M. M. 1981. *The Dialogic Imagination*, trans. by Caryl Emerson and Michael Holquist, ed. by Michael Holquist. Austin, TX: The University of Texas Press.

Bakhtin, M. M. 1984. *Problems of Dostoevsky's Poetics*, trans. and ed. by Caryl Emerson. Minneapolis, MN: University of Minnesota Press.

Bakhtin, M. M. 1986. *Speech Genres and Other Late Essays*, trans. by Verne. W. McGee, ed. by Caryl Emerson and Michael Holquist. Austin, TX: The University of Texas Press.

Baudrillard, Jean.
1994 [1981]. *Simulacra and Simulation*, trans. by Shella Faria Glaser. Ann Arbor, MI: The University of Michigan Press.

Baumgarten, Nicole, Du Bois, Inke, and House, Juliane (eds).
2012. *Subjectivity in Language and Discourse*. Leiden: Brill.

Beaugrande, Robert de.
1998. Performative speech acts in linguistic theory: The rationality of Noam Chomsky. *Journal of Pragmatics* 29: 765-803.

Bell, Allan. 1999. Styling the other to define the self: A study in New Zealand identity making. *Journal of Sociolinguistics* 99: 523-541.

Benveniste, Emile.1971. *Problems in General Linguistics*. Miami, FL: University of Miami Press.

Bilmes, Jack. 1988. The concept of preference in conversation analysis. *Language and Society* 17: 161-171.

Brasor, Philip. 2013. NHK drama dives into the 'idea' of idols in rural Japan. The Japan Times News. http://www.japantimes.co.jp/news/2013/07/27/national/media-national/nhk-drama-dives-into-the-idea-of-idols-in-rural-Japan/#.WHJFi33kU4A 2014年7月6日アクセス

Buber, Martin. 1970. *I and Thou*. New York: Charles Scribner's Sons.

Bucholtz, Mary. 1999a. Bad examples: Transgression and progress in language and gender studies. In *Reinventing Identities: The Gendered Self in Discourse*, ed. by Mary Bucholtz, A. C. Liang, Laurel A. Sutton, and Caitlin Hines, 3-24. New York: Oxford University Press.

Bucholtz, Mary. 1999b. You da man: Narrating the racial other in the production of white masculinity. *Journal of Sociolinguistics* 99: 443-460.

Burke, Peter J., and Stets, Jan E.
2009. *Identity Theory*. New York: Oxford University Press.

Butler, Judith. 1990. *Gender Trouble: Feminism and the Subversion of Identity*. New York: Routledge.

Cameron, Deborah.
1990. Demythololologizing sociolinguistics: Why language does not reflect society. In *Ideologies of Language*, ed. by John E. Joseph and Talbot J. Taylor, 79-91. London: Routledge.

Chomsky, Noam. 1957. *Syntactic Structures*. The Hague: Mouton.

Chomsky, Noam. 1965. *Aspects of the Theory of Syntax*. Cambridge, MA: MIT Press.

Chomsky, Noam. 1995. *The Minimalist Program*. Cambridge, MA: The MIT Press.

Cook, Haruko M. 2008. *Socializing Identities through Speech and Thought*. Bristol: Multilingual Matters.

Cutler, Cecilia A. 1999. Yorkville crossing: White teens, hip hop and African American English. *Journal of Sociolinguistics* 99: 428-443.

Daneš, Frantisek. 1974. Functional Sentence Perspective and the organization of the text. In *Papers in Functional Sentence Perspective*, ed. by Frantisek Daneš, 106-128. Prague: Academic Publishing House of the Czechoslovak Academy of Sciences.

Deleuze, Gilles, and Guattari, Felix.
1987. *A Thousand Plateaus: Capitalism and Schizophrenia*, trans. by Brian Massumi. London: Athlone Press.

Descartes, Rene.
2001 [1901]. *Meditations on First Philosophy*, trans. by J. Veitch. The Classical Library. http://www.classicallibrary.org/indexhtm 2016 年 2 月 10 日 アクセス

Firbas, Jan. 1964. In defining the theme in functional sentence analysis. *Trauvauz Linguistiques de Prague*, 1: 267-280.

Forster, E. M.
1985 [1927]. *Aspects of the Novel*. New York: Harcourt Brace Jovanovich.

Gal, Susan. 1995. Language, gender and power: An anthropological review. In *Gender Articulated*, ed. by Kira Hall and Mary Bucholtz, 169-182. New York and London: Routledge.

Geertz, Clifford. 1984. From the native's point of view: On the nature of anthropological understanding. In *Culture Theory: Essays on Mind, Self, and Emotion*, ed. by Richard A. Shweder and Robert A. Levine, 123-136. Cambridge: Cambridge University Press.

Gergen, Kenneth. 1996. Technology and the self: From the essential to the sublime. In *Constructing the Self in a Mediated World*, ed. by Debra Grodin and Thomas R. Lindlof. 127-140. Thousand Oaks, London, New Delhi: Sage.

Gergen, Kenneth.
2000 [1991]. *The Saturlted Self: Dilemmas of Identity in Contemporary Life*. New York, NY: Basic Books.

Gil-Salom, Luz, and Soler-Monreal, Carmen.
2014. Introduction. In *Dialogicity in Written Specialised Genres*, ed. by Luz Gil-Salom and Carmen Soler-Monreal. vii-viii. Amsterdam and Philadelphia: John Benjamins.

Goffman, Irving. 1959. *The Presentation of Self in Everyday Life*. New York: Doubleday.

Grice, Paul. 1975. Logic and conversation. In *Syntax and Semantics*, Vol. 3. *Speech Acts*, ed. by Peter Cole and Jerry L. Morgan. 41-58. New York: Academic Press.

Haiman, John. 1995. Grammatical signs of the divided self: A study of language and culture. In *Discourse Grammar and Typology: Papers in Honor of John W.H. Verhaar*, ed. by Werner Abraham, T. Givon, and Sandra A. Thompson. 215-234. Amsterdam and Philadelphia: John Benjamins.

Haiman, John. 1998. *Talk is Cheap: Sarcasm, Alienation, and the Evolution of Language*. Oxford: Oxford University Press.

Hall, Stuart. 1996. Introduction: Who needs identity? In *Questions of Cultural Identity*, ed. by Stuat Hall and Paul de Gay, 1-17. London: Sage.

Herrigel, Eugen. 1971. *Zen in the Art of Archery*. New York: Vintage Books.

Hume, David. 1963. A treatise of human nature. In *The Philosophy of David Hume*, ed. and with an introduction by V. C. Chappell. 11-311. New York: Random House.

Husserl, Edmund. 1969. *Formal and Transcendential Logic*. The Hague:Marinus Nijholf.

Iwasaki, Shoichi. 1993. *Subjectivity in Grammar and Discourse: Theoretical Considerations and a Case Study of Japanese Spoken Discourse*. Amsterdam: John Benjamins.

James, William.
1984 [1890]. *The Works of William James: Psychology Brief Course*. Cambridge, MA: Harvard University Press.

James, William. 1904. A world of pure experience, Part 1 and 2. *Journal of Philosophy, Psychology, and Scientific Methods* 1: 30-543, 561-570.

James, William.
1929 [1890]. *The Varieties of Religious Experience: A Study in Human Nature*. London, New York, Toronto: Longmans, Green and Co.

Jameson, Fredric. 1984. *Postmodernism or, the Cultural Logic of Late Capitalism*. Durham, NC: Duke University Press.

Jewitt, Carey, and Oyama, Rumiko.
2001. Visual meaning: a social semiotic approach. In *Handbook of Visual Analysis*, ed. by Theo van Leeuwen and Carey Jewitt. 134-156. London: Sage.

Johnson, David E., and Lappin, Shalom.
1997. A Critique of the Minimalist Program. *Linguistics and Philosophy* 20: 273-333.

Kress, Gunther, and van Leeuwen, Theo.
1996. *Reading Images: The Grammar of Visual Design*. London: Routledge.

Kress, Gunther, and van Leeuwen, Theo.
2001. *Multimodal Discourse: The Modes and Media of Contemporary Communication*. London: Arnold.

Lakoff, Robin. 1975. *Language and Women's Place*. New York: Harper and Row.

Laury, Ritva, Etelämäki, Marja, and Couper-Kuhlen, Elizabeth.
2014. Introduction (in Approaches to grammar for interactional linguistiscs). *Pragmatics* 24: 435-452.

Lunsing, Wim, and Maree, Claire.

2004. Shifting speakers: Negotiating reference in relation to sexuality and gender. In *Japanse Language, Gender, and Ideology: Cultural Models and Real People*, ed. by Shigeko Okamoto and Janet Shibamoto, 72-109. Oxford and New York: Oxford University Press.

Lyotard, Jean-François.

1984. *The Postmodern Condition: A Report on Knowledge*. Minneapolis, MN: University of Minnesota Press.

Maree, Claire. 2003. *Ore wa ore dakara* (because I'm me): A case study of gender and language in the documentary Shinjuku Boys. http://intersections.anu.au/issue9/maree.html 2014 年 5 月 1 日アクセス

Markus, Hazel Rose, and Kitayama, Shinobu.

1991. Culture and the self. *Psychological Review* 98: 224-253.

Maynard, Senko K.

1980. Discourse Functions of the Japanese Theme Marker *Wa*. Ph.D. Dissertation. Northwestern University.

Maynard, Senko K.

1982. Theme in Japanese and topic in English: A Functional comparison. *Forum Linguisticum* 5: 235-261.

Maynard, Senko K.

1985. Choice of predicate and narrative manipulation: Functions of *dearu* and *da* in Modern Japanese Fiction. *Poetics* 14: 369-385.

Maynard, Senko K.

1989. *Japanese Conversation: Self-contextualization through Structure and Interactional Management*. Norwood, NJ: Ablex.

Maynard, Senko K.

1990. *An Introduction to Japanese Grammar and Communication Strategies*. Tokyo: The Japan Times.

Maynard, Senko K.

1991. Pragmatics of Discourse Modality: A case of *da* and *desu/masu* forms in Japanese. *Journal of Pragmatics* 15: 551-582.

Maynard, Senko K.

1993. *Discourse Modality: Subjectivity, Emotion and Voice in the Japanese Language*. Amsterdam: John Benjamins.

Maynard, Senko K.

1995. "Assumed Quotation" in Japanese. In *Gengo Hen'yoo ni okeru Taikeiteki Kenkyuu,oyobi sono Nihongo Kyooiku e no Ooyoo*, ed. by Misato Tokunaga, 163-175. Tokyo: Kanda Gaikokugo Daigaku.

Maynard, Senko K.

1997. *Japanese Communication: Language and Thought in Context*. Honolulu: University of Hawai'i Press.

Maynard, Senko K.
1998. *Principles of Japanese Discourse: A Handbook*. Cambridge: Cambridge University Press.

Maynard, Senko K.
1999. Grammar, with attitude: On the expressivity of certain *da*-sentences in Japanese. *Linguistics* 37: 215-250.

Maynard, Senko K.
2001. Falling in love with style: Expressive functions of stylistic shifts in a Japanese television drama series. *Functions of Language* 8: 1-39.

Maynard, Senko K.
2002. *Linguistic Emotivity: Centrality of Place, the Topic-Comment Dynamic, and an Ideology of Pathos in Japanese Discourse*. Amsterdam: John Benjamins.

Maynard, Senko K.
2004. Poetics of style mixture: Emotivity, identity, and creativity in Japanese writings. *Poetics* 32: 387-409.

Maynard, Senko K.
2005. *Expressive Japanese: A Reference Guide for Sharing Emotion and Empathy*. Honolulu: University of Hawai'i Press.

Maynard, Senko K.
2007. *Linguistic Creativity in Japanese Discourse: Exploring the Multiplicity of Self, Perspective, and Voice*. Amsterdam: John Benjamins.

Maynard, Senko K.
2008. Playing with Multiple Voices: Emotivity and Creativity in Japanese Style Mixture. In *Style Shifting in Japanese*, ed. by Kimberly Jones and Tsuyoshi Ono, 91-129. Amsterdam: John Benjamins.

Maynard, Senko K.
2009. *An Introduction to Japanese Grammar and Communication Strategies*. 2009. Tokyo: The Japan Times.

Maynard, Senko K.
2011. *Learning Japanese for Real: A Guide to Grammar, Use, and Genres of the Nihongo World*. Honolulu: University of Hawai'i Press.

Maynard, Senko K.
2016. *Fluid Orality in the Discourse of Japanese Popular Culture*. Amsterdam: John Benjamins.

Merleau-Ponty, M.
1962. *Phenomenology of Perception*. London: Routledge and Kegan Paul.

Mey, Jacob L. 1993. *Pragmatics: An Introduction*. Oxford: Blackwell.

Myers-Scotton, Carol.
1993. *Social Motivations for Codeswitching: Evidence from Africa*. Oxford: Oxford University Press.

Neisser, Ulric. 1988. Five kinds of self-knowledge. *Philosophical Psychology* 1: 35-59.

Okamoto, Shigeko.
1994. 'Gendered' speech styles and social identity among young Japanese women. In *Cultural performances: Proceedings of the 3rd Berkeley Women and Language Conference*, ed. by Mary Bucholtz, A. C. Liang, Laurel A. Sutten, and Caitlin Hines, 569-581.

Okamoto, Shigeko.
1995. 'Tastless' Japanese: Less 'feminine' speech among young Japanese women. In *Gender Articulated: Language and the Socially Constructed Self*, ed. by Kira Hall and Mary Bucholtz, 297-325. New York: Routledge.

Okamoto, Shigeko.
2004. Ideology in linguistic practice and analysis: Gender and politeness in Japanese revisited. In *Japanse Language, Gender, and Ideology: Cultural Models and Real People*, ed. by Shigeko Okamoto and Janet Shibamoto, 38-56. Oxford and New York: Oxford University Press.

Onodera, Noriko O., and Suzuki, Ryoko.
2007. Historical changes in Japanese: With special focus on subjectivity and intersubjectivity. *Journal of Historical Pragmatics* 8: 153-169.use

Pomerantz, Anita. 1984. Agreeing and disagreeing with assessments: Some features of preferred/dispreferred turn shapes. In *Structure of Social Action*, ed. by J. Maxwell Atkinson and John Heritage, 57-101. Cambridge, England: Cambridge university Press.

Propp, V. 1968. *Morphology of the Folktale*. Austin, TX: University of Texas Press.

Rampton, Ben 1999. Styling the Other: Introduction. *Journal of Sociolinguistics* 99: 421-427.

Sacks, Harvey, Schegloff, Emanuel A., and Jefferson, Gail.
1978 [1974]. A simplest systematics for the organization of turn-taking for conversation. In *Studies in the Organization of Conversational Interaction*, ed. by Jim Schenkein, 7-55. New York: Academic Press.

Saussure, Ferdinand.
1966. *Course in General Linguistics*, trans. by Wade Basken, ed. by Charles Bally and Albert Schehaye. New York: McCraw-Hill.

Schegloff, Emanuel A.
1968. Sequencing in conversational openings. *American Anthropologist* 70: 1075-1095.

Schegloff, Emanuel A.
2013. Ten operations in self-initiated, same-turn repair. In *Conversational Repair and Human Understanding*, ed. by Makoto Hayashi, Geoffrey Raymond, and Jack Sidnell, 41-70. Cambridge: Cambridge University Press.

Schegloff, Emanuel A., Jefferson, Gail, and Sacks, Harvey.
1977. The preference for self-correction in the organization of repair in conversation. *Language* 53: 361-382.

Searle, John.
1994 [1969]. *Speech Acts*. Cambridge: Cambridge University Press.

Shamoon, Deborah.2008. Situating the *shōjo* in *shōjo* manga: Teenage girls, romance comics, and contemporary Japanese culture. In *Japanese Visual Culture: Explorations in the World of Manga and Anime*, ed. by Mark MacWilliams, 137-154. Armonk, NY: M.E. Sharpe.

Takahashi, Mizuki.2008. Opening the closed world of *shōjo* manga. In *Japanese Visual Culture: Explorations in the World of Manga* and Anime, ed. by Mark MacWilliams, 114-136. Armonk, NY: M.E. Sharpe.

ten Have, Paul. 1999. *Doing Conversation Analysis: A Practical Guide*. London: Sage.

Teshigawara, Mihoko, and Kinsui, Satoshi.
2011. Modern Japanese 'Role Language' (Yakuwarigo): fictionalised orality in Japanese literature and popular culture. *Sociolinguistic Studies* 5: 37-58.

Traugott, Elizabeth Closs.
2003. From subjectification to intersubjectification. In *Motives for Language Change*, ed. by Raymond Hickey, 124-139. Cambridge: Cambridge University Press.

Turner, Jonathan H.
2012. *Contemporary Sociological Theory*. Los Angeles, London, and New York: Sage.

van Leeuwen, Theo.
2003. A multimodal perspective on composition. In *Framing and Perspectivising in Discourse*, ed. by Titus Ensink and Christoph Sauer, 23-61. Amsterdam: John Benjamins.

van Leeuwen, Theo.
2004. Ten reasons why linguists should pay attention to visual communication. In *Discourse and Technology: Multimodal Discourse Analysis*, ed. by Philip LeVine and Ron Scollon, 7-19. Washington, D. C.:Georgetown University Press.

Vasvári, Louise O.
2006. Queer Theory and discourse of desire. *Comparative Literature and Culture* 8, 1: 1-14.

Vološinov, V. N.
1973 [1929]. *Marxism and the Philosophy of Language*, trans. by Ladislav Matejka and I. R. Titunik. New York: Seminar Press.

Vygotsky, L. S.
1962 [1934]. *Thought and Language*. Cambridge, MA: The MIT Press.

Wertsch, James V.1979. *The Concept of Activity in Soviet Psychology*. Armonk, NY: Sharpe.

Whorf, Benjamin Lee.
1956. *Language, Thought, and Reality*. Cambridge, MA: The MIT Press.

使用データ

ライトノベル

井上堅二　2007『バカとテストと召喚獣』エンターブレイン
神坂一　2008『スレイヤーズせれくと 1　ナーガの挑戦』富士見書房
桑島由一　2003『神様家族』メディアファクトリー
桜坂洋　2005『よくわかる現代魔法 Jini 使い』集英社
桜庭一樹　2009『砂糖菓子の弾丸は撃ちぬけない A Lollypop or A Bullet』角川書店
時雨沢恵一　2000a『キノの旅　— the Beautiful World —』アスキー・メディアワークス
時雨沢恵一　2000b『キノの旅 II　— the Beautiful World —』アスキー・メディアワークス
高千穂遥　2008『ダーティペアの大征服』早川書房
高橋弥七郎　2008『灼眼のシャナ XVII』アスキー・メディアワークス
竹宮ゆゆこ　2006『とらドラ！』アスキー・メディアワークス
谷川流　2003a『涼宮ハルヒの憂鬱』角川書店
谷川流　2003b『涼宮ハルヒの溜息』角川書店
西尾維新　2008『クビキリサイクル　青色サヴァンと戯言遣い』講談社
野村美月　2006『“文学少女”と死にたがりの道化』エンターブレイン
支倉凍砂　2006『狼と香辛料 III』アスキー・メディアワークス
みかづき紅月　2008『おまもりひまり 1　浪漫ちっくメモリー』富士見書房

ケータイ小説

秋桜　2008『Bitter』スターツ出版
Ayaka　2008『空色想い』スターツ出版
香乃子　2012『いつわり彼氏は最強ヤンキー』上　スターツ出版
からさわなお　2010『ポケットの中』スターツ出版
沙絢　2010『君を、何度でも愛そう』上　スターツ出版
櫻井千姫　2011『天国までの 49 日間』スターツ出版
星瑠　2011『やっぱり俺のお気に入り』スターツ出版
Chaco　2005『天使がくれたもの』スターツ出版
十和　2007『クリアネス』スターツ出版
夏木エル　2009『告白 –synchronized love–』Stage 1　スターツ出版
陽未　2011『ラブ★パワー全開』スターツ出版
藤原亜姫　2008『イン　ザ　クローゼット blog 中毒』上　河出書房新社

本城沙衣　2009a『視線』上　ゴマブックス株式会社
本城沙衣　2009b『視線』下　ゴマブックス株式会社
岬　2011a『お女ヤン!!　イケメン☆ヤンキー☆パラダイス』アスキー・メディアワークス
岬　2011b『お女ヤン!! 2　イケメン☆ヤンキー☆パラダイス』アスキー・メディアワークス
やっぴ　2011『*。° *hands*°。*　～命をかけて、愛した～』スターツ出版
ユウ　2009a『ワイルドビーストⅠ　―出逢い編―』アスキー・メディアワークス
ユウ　2009b『ワイルドビーストⅡ　―黒ソファ編―』アスキー・メディアワークス
れい　2007『大好きやったんやで』上　河出書房新社

トーク番組

TBS　2016『安住紳一郎の日曜天国』2016年2月28日放送
テレビ朝日　2014『マツコ＆有吉の怒り新党』2014年2月26日放送、2014年5月28日放送
TOKYO FM
2006, 2011「主婦雅子のTalking FM」『福山雅治のSUZUKI Talking FM』のコーナー 2006年12月17日放送、2011年5月8日放送、2011年5月29日放送、2011年6月12日放送、2011年10月9日放送
TOKYO FM　2014『福山雅治のSUZUKI Talking FM』2014年5月11日放送、2014年7月6日放送
日本テレビ　2010『おしゃれイズム』2010年5月23日放送
フジテレビ　2014「テレフォンショッキング」『森田一義アワー　笑っていいとも』のコーナー 2014年2月11日放送

ドラマ

NHK　2013『あまちゃん』
NHK　2014『花子とアン』
宮藤官九郎　2013a『NHK連続テレビ小説「あまちゃん」完全シナリオ集第1部』角川マガジンズ
宮藤官九郎　2013b『NHK連続テレビ小説「あまちゃん」完全シナリオ集第2部』角川マガジンズ
TBS　2013『半沢直樹』
フジテレビ　1996『ロングバケーション』

マンガ

小畑友紀　2002『僕等がいた』第1巻　小学館
小畑友紀　2012『僕等がいた』第16巻　小学館

椎名軽穂　2006『君に届け』第 1 巻　集英社
椎名軽穂　2011『君に届け』第 14 巻　集英社
椎名軽穂　2012『君に届け』第 15 巻　集英社
紡木たく　1986『ホットロード』第 1 巻　集英社
紡木たく　1987『ホットロード』第 2 巻　集英社
はやかわともこ
2008-2011『ヤマトナデシコ七変化♡』シリーズ　講談社
矢沢あい
2000-2002『NANA』シリーズ　集英社

その他

嵐山光三郎　2003「床屋談義ベッカム様」『週刊朝日』6 月 11 日号 128-129
池井戸潤　2008『オレたち花のバブル組』文藝春秋
テレビ朝日　2013『Doctor-X 外科医・大門未知子』紹介サイト www.tv-asahi.co.jpdoctor-x/photo/0009　2016 年 2 月 22 日アクセス
信本敬子　2002「映画と私」『キネマ旬報』3 月下旬号 12
マツコ・デラックス
2013『続・世迷いごと』双葉社

著者索引

事項索引

き

く

け

こ

さ

し

す

そ

た

R

S

著者紹介

泉子・K・メイナード Senko K. Maynard

山梨県出身。AFS（アメリカン・フィールド・サービス）で米国に留学。甲府第一高等学校およびアイオワ州コーニング・ハイスクール卒業。東京外国語大学卒業後、再度渡米。1978年イリノイ大学シカゴ校より言語学修士号を、1980年ノースウェスタン大学より理論言語学博士号を取得。その後、ハワイ大学、コネチカット・カレッジ、ハーバード大学、プリンストン大学で教鞭をとる。現在、ニュージャージー州立ラトガース大学教授（Distinguished Professor of Japanese Language and Linguistics）。会話分析、談話分析、感情と言語理論、語用論、マルチジャンル分析、創造と言語論、ポピュラーカルチャー言語文化論、言語哲学、日本語教育などの分野において、日本語、英語による論文、著書多数。

主要著書

『情意の言語学 「場交渉論」と日本語表現のパトス』2000 くろしお出版

『談話言語学　日本語のディスコースを創造する構成・レトリック・ストラテジーの研究』2004 くろしお出版

『マルチジャンル談話論　間ジャンル性と意味の創造』2008 くろしお出版

『ライトノベル表現論　会話・創造・遊びのディスコースの考察』2012 明治書院

『ケータイ小説語考　私語りの会話体文章を探る』2014 明治書院

Principles of Japanese Discourse: A Handbook. 1998. Cambridge, England: Cambridge University Press.

Linguistic Creativity in Japanese Discourse: Exploring the Multiplicity of Self, Perspective, and Voice. 2007. Amsterdam: John Benjamins.

Learning Japanese for Real: A Guide to Grammar, Use, and Genres of the Nihongo World. 2011. Honolulu: University of Hawai‘i Press.

Fluid Orality in the Discourse of Japanese Popular Culture. 2016. Amsterdam: John Benjamins.

話者の言語哲学
——日本語文化を彩るバリエーションとキャラクター——

2017年4月5日　第1刷発行

著　者　泉子・K・メイナード

発行人　岡野秀夫
発行所　株式会社　くろしお出版
〒113-0033　東京都文京区本郷3-21-10
電話：03-5684-3389　FAX：03-5684-4762　e-mail: kurosio@9640.jp

装　丁　庄子結香（カレラ）　印刷所　シナノ書籍印刷株式会社

ISBN978-4-87424-726-6 C3081